1　鹿苑寺金閣

応永5年（1398），足利義満は京都北山の御所に移住し，池のほとりに三重の楼閣《ろうかく》を建てた．はじめは舎利殿・三重殿閣などと呼ばれ，金閣といわれたことがわかるのは応仁の乱のあとである．

2　足利義持画像

応永 21 年（1414），足利義持が 29 歳のときの画像．藤原行秀《ゆきひで》の作と伝えられる．強い自己主張と絶妙のバランス感覚をあわせもった室町殿は，禅宗の奥義に精通した当代一流の文化人でもあった．

3　瑠璃光寺五重塔

山口の瑠璃光寺《るりこうじ》にある五重塔は，堺で戦死した大内義弘《よしひろ》の菩提を弔うために弟の盛見《もりみ》が建立を計画，盛見の没後11年目の嘉吉2年（1442）に完成したと伝えられる．大内氏の隆盛を今に伝える建築である．

4　結城合戦絵詞

鎌倉公方足利持氏《もちうじ》の滅亡から，その遺児を奉じた結城氏朝《ゆうきうじとも》の決起，結城落城と若君の処刑に至る一連の関東の事件は，文学作品の題材にもなり，詞書と絵を交互につなげた絵詞も作られた．

日本中世の歴史 5

室町の平和

山田邦明

吉川弘文館

企画編集委員

木村茂光

池　　享

目　次

図版目次

〔口絵〕

〔挿図〕

序章　室町という時代

印象の薄い室町時代

日本歴史上のさまざまな時代のなかで、一般にもなじみがあり、いつも話題に上るのはなんといっても戦国時代だろう。信玄《しんげん》や謙信《けんしん》、信長《のぶなが》・秀吉《ひでよし》・家康《いえやす》といった英雄や、彼らの下で活躍した武将たちのことは、テレビドラマなどでもてはやされて一種の「国民の常識」になっているようにもみえる。

社会が大きく変わる激動の時代で、登場人物に躍動感があるというのが、戦国時代が関心を集める理由だろうが、一方でこの時代が現代に直接的につながっていることが、一種の「安心感」を人々に与えているという側面も見逃せない。たとえば信玄や謙信は今でも郷土の英雄として崇められているし、前田利家《まえだとしいえ》・伊達政宗《だてまさむね》・山内一豊《やまうちかつとよ》といった近世の大名家の始祖は地域社会のアイデンティティの象徴となっている。江戸時代の大名家が各地で支配を始めてから四百年あまりが過ぎているが、この時代からあとのことは現代社会につながるものとしてそれなりに認識することができるのである。

しかしこうした「英雄の時代」の前、日本や各地域にどのようなことが起き、どんな人物が活躍していたか、ということになると、一般的に共有する知識の量は格段に少なくなってしまう。戦国時代の前にある「室町時代」のことは、一般にはほとんど知られていないし、もっと厳密にいうと、信玄や謙信の時代より前、戦国時代の前半のことも記憶が継承されてはいない。戦国時代の後半、各地で戦国大名が台頭して覇を競った時代からあとのことは今につながるけれども、それ以前の歴史は現代に生きる自分との関連を実感できず、情報量も格段に少なくなってしまうのである。

今から八十五年前、内藤湖南《ないとうこなん》が「応仁《おうにん》の乱に就《つい》て」という講演で、「今日の日本を知るために日本の歴史を研究するには、古代の歴史を研究する必要はない。応仁の乱以後の歴史を知っていればそれで充分だ。それ以前のことは外国の歴史と同じくらいにしか感じられない」と述べたことはよく知られている（内藤一九二三）。応仁の乱以前のことは現代とはつながらないという認識は古くからあったわけだが、京都だけでなく地方にまで目を広げてみると、応仁の乱というより戦国の末期より前のことはよくわからないというのが正直なところではないかと思われる。

ただ戦国以前のことが全く知られていないというわけでもなく、たとえば源平合戦とか鎌倉幕府の成立ということがらは、芸能の素材になっていることもあり、かなりなじみ深い存在である。中国や朝鮮とは異なって、日本では貴族が政治を握る時代が永続せず、武士（武家）による統治が確立していった。そうしたこともあって、「武士」というものが日本文化の大きな特徴だという認識は広がっているし、学生たちに聞いてみても「どちらかといえば武士は好き」というほうが大半である。そういう意味で頼朝《よりとも》による幕府創設は歴史的な大事件ととらえられていて、鎌倉幕府というのもそれなりに有名である。

鎌倉と戦国の間に挟まれた「室町時代」は、著名な人物や政治的事件もなく、なかなかイメージがつかみにくい時代である。だいたい室町幕府というものが印象の薄い幕府で、列島全体にまたがる強固な支配ができずに、最後はジリ貧になっていくというイメージで捉えられることが多い。この時代で有名なものといえば金閣と銀閣程度で、能《のう》や狂言《きょうげん》といった芸能や文化の世界では一定の脚光を浴びているけれども、肝腎の政治史や社会状況についてはなかなか一般に理解されにくい状況になっているのである。

中世社会の爛熟期

ところで鎌倉と室町を経て戦国に至る時期は、長い歴史の中では「中世」としてとらえられている。もちろん古代・中世・近世・近代という時代区分の中の一つであるが、鎌倉幕府と室町幕府の時代をまたにかけて、ひとつの共通性をもった社会が続いていると認識されているわけである。中世社会を特徴づけるものとしてまずあげられるのは「荘園公領《しょうえんこうりょう》制《せい》」というシステムで、また武家政権が朝廷とのかかわりをもちつつも支配権力として成長していった時代だというのも大きな特徴である。こうした中世の社会の形というものは、平安の末期から鎌倉時代にかけて形成されるが、やがて動揺し、鎌倉幕府の滅亡、南北朝の内乱という激動にみまわれることになる。

しかし南北朝内乱によって中世社会が解体するということにはならず、京都に置かれた新たな幕府のもとで社会の再編がなされ、社会構造はむしろ安定化の相貌をみせることになる。室町時代は「中世後期」にあたるが、これは中世社会の解体期ではなく、いったんの動揺を経てより安定した社会体制が築きあげられた時代ととらえることもできるだろう。たびたび飢饉にみまわれることもあり、人々の生活は安定しているとはいいがたかったが、それでも戦争がしばらくとだえる中で、それなりの平和が維持され、社会は爛熟《らんじゅく》の度合いを深めてゆくことになる。黄昏《たそがれ》の時代というより、中世という時代の達成がなされ、人々がそれなりに幸せに生きた時代というふうにとらえ直してみることもできるだろう。

本巻のねらいと構成

室町は一般にはなじみの薄い時代であるが、専門的な研究のレベルでいえばこれまでにかなりの蓄積があり、さまざまな議論が展開されている。室町幕府の性格をどうとらえるかということについてみても、古くはこれを「守護大名の連合政権」とする見解があり、これに対して将軍の権力の大きさを認識すべきだという議論が展開したという経緯がある。また幕府と朝廷の関係に関しても、足利義満《よしみつ》が天皇の地位をみずからのものとしようとしていたかどうか、といったことが話題に上ったこともある。このように多様な議論が展開されているが、幕府の性格も時代によって一様ではなく、義詮《よしあきら》—義満—義持《よしもち》—義教《よしのり》—義政《よしまさ》と続く代々の「室町殿」のそれぞれの時代ごとに、具体的に政権の実態をつかんでいくという作業がまだ必要なのではないかという印象を持つ。

本書の受け持つ時代範囲は義詮の時代から義政の時代の初期までの約百年であるが、この間の政治史の叙述にあたっては、あえて問題別の構成をとらず、時代を追って主要な事件を紹介しながら、将軍や大名、あるいは公家たちの動きをみていくという形をとることにした。前述したように、この時代の政権の性格というのは、時代によって固有の形をみせるから、まずは時代ごとにその実態をとらえ、そのうえで全体の特質をつかんでいくほうが適切と考えたからである。

京都の室町幕府は、朝廷もまきこんでその支配を展開していたが、列島全体を直接の支配下に置いていたわけではなく、関東の一〇ヵ国は鎌倉府という政権の管轄下にあった。鎌倉府と関東の動向はこの時代の政治史のひとつの主題で、本書でもできるだけとりあげたが、そこでも時間軸にそって、それぞれの時代における関東の情勢と幕府との関係を具体的に示すことにした。関東についてはまとめて別途に述べるというのではなく、これもあくまで時間軸に位置づけて見てみたいというのがねらいである。

この時代のことを考える場合、地域支配を担った守護のことは欠かせないので、本書でもその職務と活動についてあらためて整理し直してみたが、その前提として守護大名の分国がどのように固まってきたかという、時代の変化について見取り図を作ってみることにした。幕府政治と同じように、守護とその領国というものも、時代の流れの中で変転をみながら固まってきたのだということを表現したかったからである。

地域社会におけるさまざまな人々の活動については、関東の事例などもまじえて整理してみたが、能や連歌《れんが》などの文化にかかわることがらも、特別の章を設けずに、人々の活動の一端を語るものとしてここに組み入れてみた。構成としては異例かもしれないが、文化史というものを独立して構想するより、当時の社会の特質を考える素材として溶け込ませるほうがいいのではないかと、とりあえず考えた結果である。

一　貞治・応安の平和

1――義詮と基氏

足利義詮と重臣たち

延文《えんぶん》三年（一三五八）四月三十日の深夜、足利尊氏《あしかがたかうじ》は五十四歳の生涯を閉じた。周囲の武士たちの要請をうけて鎌倉で挙兵し、いったん敗れて九州に走ったものの、再起して京都を制圧し、あらたな幕府を樹立した。南朝方との戦いを有利に進めながらも、幕府内部の対立に悩まされ、弟の直義《ただよし》と対決することとなるが、この危機も克服して、将軍としての地位を保った。降伏した者も赦《ゆる》してやる寛大さと、類《たぐい》まれな行動力によって、ひとつの時代を切り開いたといえるだろう。二度にわたって南朝方の入京を許すなど、五十歳になっても心の休まらない日々が続いたが、こうした危機も乗り越えて、それなりの安定をもたらしたうえでの往生だった。

尊氏のあとは嫡男《ちゃくなん》の義詮《よしあきら》が継いだが、彼はここで突如歴史の舞台に上ったわけではなく、父の名代《みょうだい》としてそれなりの経験を重ねてきていた。鎌倉幕府滅亡ののち、わずか四歳で父のかわりに鎌倉の主となり、尊氏が幕府を開いたのちも鎌倉と関東の押さえを担った。二十歳のときに上京して幕府の政

図1　足利義詮木像

務に参画し、観応《かんのう》二年（一三五一）に尊氏が関東に下ったときは、京都に残って幕府を統括、尊氏帰京ののちも、父と協力しながらこれを支えつづけた。尊氏が死去したとき義詮は二十九歳、すでにかなりの政治経験を有していたのである。

しかし彼の前途は多難だった。決して若くはない年齢に達していたが、周囲には年長の重臣たちが並び立っており、そうした中で自らの地位をいかにして保つかという難題が、新将軍につきつけられたのである。

将軍を支える執事職《しつじしょく》には、足利一門の仁木《にっき》頼章《よりあき》が任じられていたが、尊氏が死去するとまもなく出家《しゅっけ》して、執事職を退いてしまった。後継の執事に誰を任命するか、世間の注目が集まる中、義詮が選んだのは、同じく足利一門の細川清氏《ほそかわきようじ》だった。執事職にはかつて高師直《こうのもろなお》が任じられたこともあるが、近年は足利一門から選定する形が定まっていた。細川氏の中心にいた清氏と、頼章の弟の仁木義長《よしなが》が有力候補で、関東にいる畠山《はたけや》国清《まくにきよ》も彼らと並ぶ力をもっていた。義詮が幼年で鎌倉の主となったとき、重臣筆頭として支えたのは細川和氏《かずうじ》だったが、清氏は彼の長男で、早くから尊氏に従って活躍し、南朝方との戦いにおいても功績を挙げた。越前《えちぜん》の守護職《しゅごしょく》を望んだものの尊氏に拒否されて阿波《あわ》に逃れていたが、尊氏が死去すると帰京して、晴れて執事に抜擢されたのである。仁木義長も功績抜群の重臣で、二回にわたって侍所《さむらいどころ》の執事をつとめ、さらに伊勢《いせ》・志摩《しま》・伊賀《いが》・三河《みかわ》と続く東海四ヵ国の守護でもあった。畠山国清も古くからの重臣で、一時足利直義に従って尊氏と敵対したが、帰服ののちは尊氏に重用され、その鎌倉入りに従軍してそのまま関東を管轄する関東執事の地位に立った。

足利直義と高師直の対立に端を発する、観応の擾乱《じょうらん》とよばれた内紛は、足利政権を二分する深刻なものだった。師直が滅亡したのちも、尊氏派と直義派の対立という形で内紛は続き、直義が死去しても直義派の活動は止まらなかった。各地に残る反対派の動きを抑えながら、尊氏の政権はなんとか保たれていたが、政権内部の分裂の中で、まがりなりにも尊氏を支えてきた一門がこの三人だったのである。二十九歳の義詮の周囲には、経験を積んだ一門の重鎮が並び立っていた。

大きな顔をしていたのは一門だけではない。足利氏の政権はその当初から、畿内の周辺の大名たちに支えられ、彼らも政治に参画していた。足利一門だけでなく外様《とざま》の大名も政治の中枢にいるというのが、この幕府の特質である。京都のすぐ東、近江《おうみ》の佐々木《ささき》氏は二流に分かれ、近江南部七郡を押さえる六角《ろっかく》家と、北部五郡を支配する京極《きょうごく》家が並び立っていたが、両家とも尊氏に従って、幕府の中でそれなりの地位を得た。六角家の佐々木氏頼《うじより》（入道崇永《すうえい》）は近江守護の地位にあったが、幕府内部で実権を握ったのは京極家の佐々木高氏《たかうじ》（入道導誉《どうよ》）で、尊氏の信任を得てはなばなしい活躍をみせた。尊氏死去当時六十二歳になっていたが、精力は衰えをみせず、幕臣の長老として大きな発言力をもった。また近江の東の美濃《みの》出身の土岐頼康《ときよりやす》は、功績を認められて美濃と尾張《おわり》の守護を兼ね、東海の押さえとしての役割を果たしていた。一方西国方面の要となったのは播磨《はりま》守護の赤松則祐《あかまつそくゆう》で、その兄貞範《さだのり》は美作《みまさか》の守護だった。土岐頼康と赤松則祐は美濃と播磨にいることが多かったらしいが、幕府の政治には深くかかわり、侮りがたい勢力をもっていた。

仁木義長の没落

延文《えんぶん》三年十二月、義詮は征夷大将軍《せいいたいしょうぐん》に任じられ、細川清氏を中核とするあらたな政権はその歩みを始めたが、新政権がまず着手したのは南朝勢力に対する攻撃だった。鎌倉には義詮の弟の基氏《もとうじ》がおり、関東執事の畠山国清が補佐していたが、延文四年（一三五九）になると義詮の南朝進攻に協力するべく、関東の武士たちにも基氏から軍事動員がかけられた。やがて執事の畠山を大将とする関東の軍勢が西に向かって出発、十一月に入京を果たした。十二月になって義詮が京都を出発、摂津《せっつ》の尼崎《あまがさき》に進み、ここで形勢を見守ることになる。関東の軍勢を率いた畠山国清も京都を出て河内《かわち》に入り、四条《しじょう》で戦って年を越した。延文五年（一三六〇）の三月には南進した畠山軍が河内の金剛寺《こんごうじ》に乱入して寺を焼き払い、さらに紀伊《きい》に進んで多くの城を攻め落とした。いっぽう細川清氏に率いられた一隊は、河内や和泉《いずみ》の城を攻め、南朝方の拠点である赤坂城《あかさかじょう》（大阪府南河内郡千早赤阪村）を陥落させた。南朝方の抵抗にあいながらも、幕府軍は順調に進軍しているかにみえたが、ここまでくるのに半年を費やしており、長陣は不可能だった。五月二十七日、義詮は尼崎から帰京し、細川や畠山の軍勢もつぎつぎと京に戻った。

大軍を動かした進攻劇は、こうして幕を閉じた。それなりの打撃を相手に与えたとはいえ、軍勢の緩慢さは否定しがたく、手放しで喜べない結果だった。そもそも義詮自身尼崎に留まって情勢を静観しており、どこまで本気で南朝征討を考えていたか疑問も残る。合戦を主導したのは細川清氏と畠山国清だったが、仁木義長は軍勢を率いて出発しながら、西宮《にしのみや》に陣取って淀川《よどがわ》を一歩も越えなかった。もともと仁木は諸大名とそりが合わず、一連の戦いの中で静観をきめこんだ仁木に対する不満がまもなく爆発することになる。七月六日、細川清氏は南朝方を討伐すると称して京都を出発するが、これは京都に残った仁木を討つための作戦で、不利を悟った仁木は十八日に京都から逃走した。

仁木追い落としの首謀者は定かでないが、細川清氏がその中心にいたことはまちがいないだろう。あらたに管領となった清氏は、畠山国清と協力して政敵の追い払いに成功したが、敗れた仁木もたいしたもので、伊勢の長野城《ながのじょう》（津市）に籠もって抵抗を続け、また仁木に従う各地の武士たちが決起して、細川や畠山を悩ませつづけた。まもなく畠山国清は関東の軍勢を率いて帰国の途につくが、三河で仁木配下の武士たちに道を塞がれてしまう。三河は仁木義長が守護をつとめた国で、守護代の西郷弾正左衛門尉《さいごうだんじょうざえもんのじょう》が矢作《やはぎ》（愛知県岡崎市）に出て東海道《とうかいどう》を塞ぎ、吉良《きら》（西尾市）に本拠をおく吉良満貞《みつさだ》も矢作の東に布陣して畠山軍の下向を妨害した。結局こうした抵抗は撃退され、国清は関東帰還を果たすが、京都での政変が直ちに地域に波及し、各地で合戦がなされたことは留意する必要があるだろう。

図2　足利一門系図

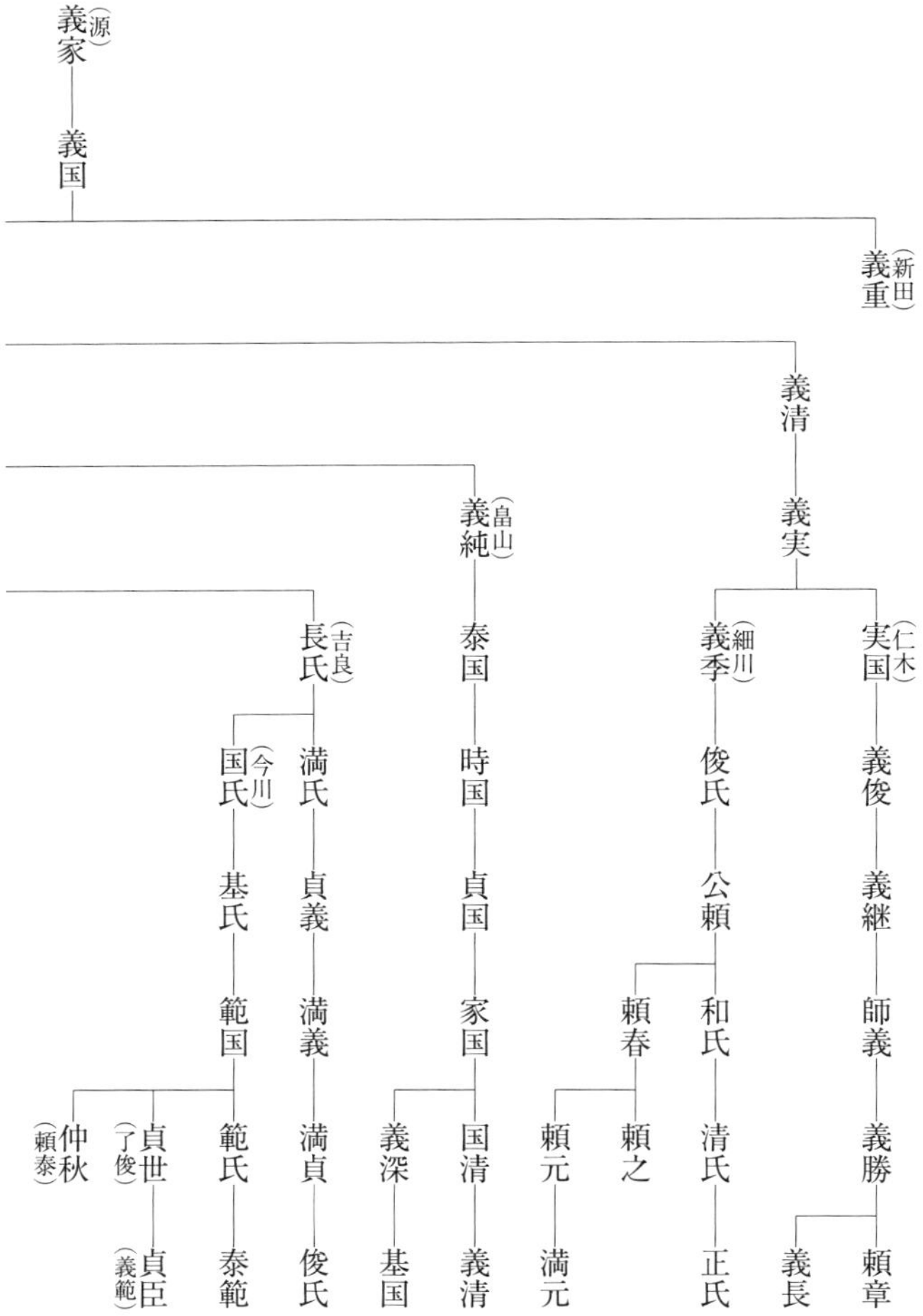
(源)義家
義国
(新田)義重
義清
義実
(仁木)実国
義俊
義継
師義
義勝
頼章
義長
(細川)義季
俊氏
公頼
和氏
清氏
正氏
頼春
頼之
頼元
満元
(畠山)義純
泰国
時国
貞国
家国
国清
義清
義深
基国
(吉良)長氏
満氏
貞義
満義
満貞
俊氏
(今川)国氏
基氏
範国
範氏
泰範
貞世
(了俊)
貞臣
(義範)
仲秋
(頼泰)

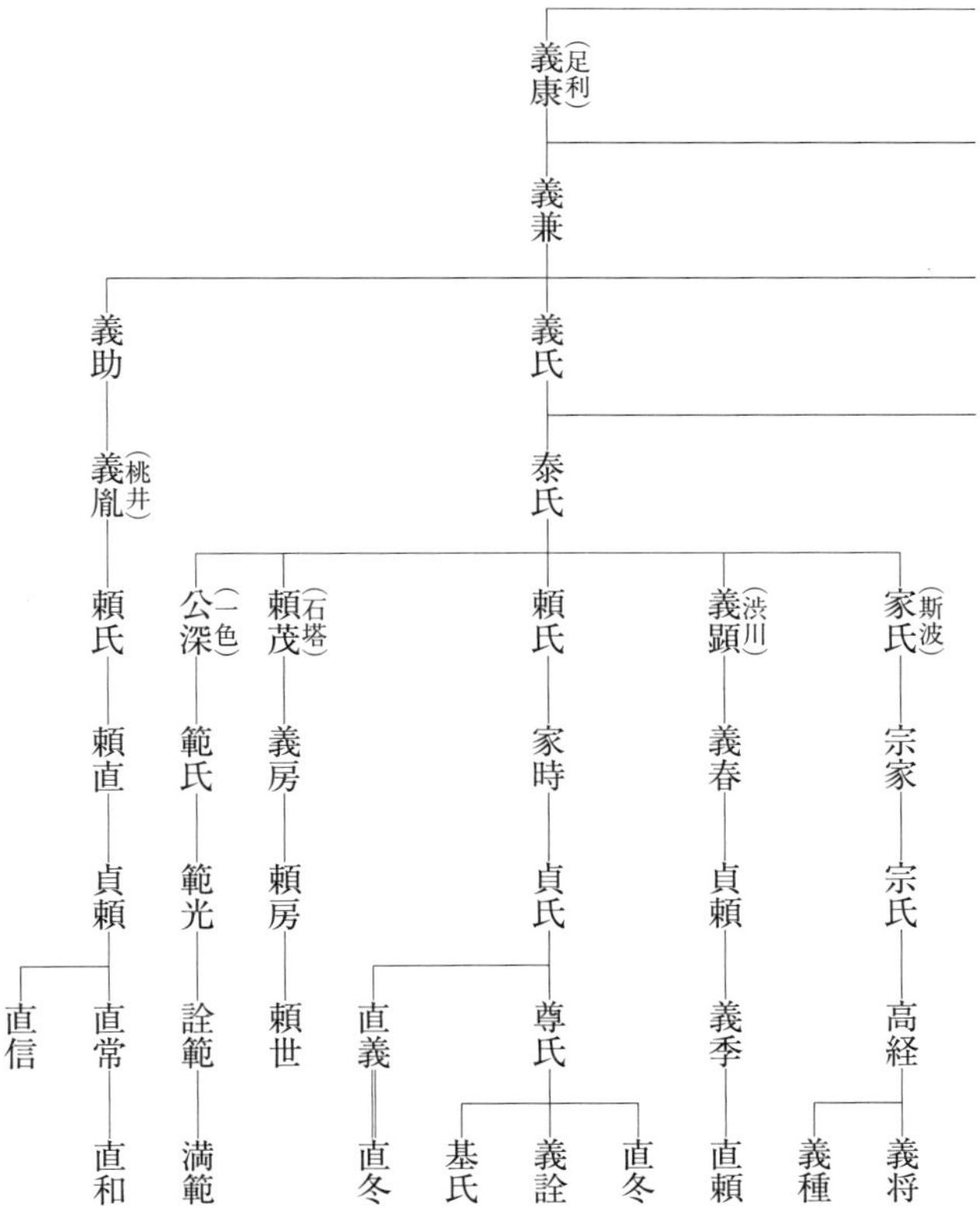

義康（足利）
義兼
義助
義氏
義胤（桃井）
泰氏
頼氏
頼直
貞頼
直信
直常
直和
公深（一色）
範氏
範光
詮範
満範
頼茂（石塔）
義房
頼房
頼世
頼氏
家時
貞氏
直義
直冬
尊氏
基氏
義詮
直冬
義顕（渋川）
義春
貞頼
義季
直頼
家氏（斯波）
宗家
宗氏
高経
義種
義将

三河国には星野《ほしの》・行明《ぎょうめい》という国人《こくじん》がいたが、彼らは守護の仁木には従わず、細川清氏と個人的に関係を結んでいた。これを根に持った仁木が両人の所領を奪ったことから、清氏が仁木に恨みをいだくようになったと『太平記《たいへいき》』は伝える。細川や仁木といった一門大名は、自らの守護任国だけではなく、各地の国人たちを個別に被官に編入しており、これが彼らの抗争の要因となっていたのである。京都でおきる政変劇は、狭い中央政界だけの問題ではない。各地にひろがる武士たちにとっても、自らの命運を左右しかねないことであり、彼ら自身も地域においてその渦中に身を投じていたのである。

細川清氏の滅亡

仁木の失脚によって管領細川清氏の政権が確立するかにみえたが、事態は思わぬ展開をみせた。清氏は義詮に抜擢されて管領をつとめており、将軍との関係は円満のはずだったが、仁木追い落としの手法はかなり強引だったし、また仁木なきあとの幕政が清氏によって進められてゆく中、義詮と清氏の関係はしだいに疎遠になっていった。康安《こうあん》元年（一三六一）九月二十三日、清氏が謀反《むほん》を企てていると察した義詮は、後光厳《ごこうごん》天皇とともに京都を出て新熊野《いまくまの》に立て籠もり、清氏討伐を諸将に命じた。危急を悟った清氏は自らの守護国である若狭《わかさ》に逃れ、翌日義詮は新熊野から京都に戻った。仁木追い落としに成功してわずか一年あまりで、細川清氏は京都を追われたのである。

清氏失脚は佐々木導誉の策略だと『太平記』は記す。石清水八幡宮《いわしみずはちまんぐう》の神殿に清氏が納めた願文《がんもん》に「天下を執る」という文言があり、これを知った導誉が伊勢貞継《いせさだつぐ》を通して義詮に披露したことで、義詮が疑心を深めたというのである。清氏の専横《せんおう》を快く思わない大名たちによって義詮が動かされたということもありうるが、清氏追放の主役はやはり義詮その人とみるべきだろう。今川貞世《いまがわさだよ》（入道了俊《りょうしゅん》）がのちに著した『難太平記《なんたいへいき》』には、義詮が今川範国《のりくに》をひそかに召しだし、子息の貞世は清氏と親しいから、彼を上京させて清氏と刺し違えさせよ、そうすれば多くの兵士を失わずに目的を達成できると述べたという記事がみえる。命を受けた貞世が京都に向かっている間にことは終わってしまったが、貞世の述懐が事実ならば、清氏を討つ計画は将軍によって周到に進められていたことになる。

陳弁《ちんべん》かなわず若狭に赴いた清氏は、戦い敗れて近江の坂本《さかもと》（大津市）に逃れ、さらに宇治《うじ》を経由して吉野《よしの》の南朝のもとに走り、京都を攻め落としてこれまでの南朝の苦難を雪《すす》いでみせますと宣言、勢いづいた南朝方の軍勢は、京都めがけて兵を進めた。将軍義詮はこれを迎え撃つべく東寺《とうじ》に進んだが、敵が迫るのを見てあっさりと陣を引き、天皇とともに近江に逃れた。十二月八日のことである。

たいした兵力ではない南朝方との決戦を避け、あっさりと京都を放棄したのにはそれなりの理由があった。仁木の没落といい、清氏の失脚といい、京都に駐留している側が周囲の攻撃を受けて敗北するというのが、当時よくみられる現象だった。盆地である京都は守備には適さず、まわりを敵に囲まれたら防御できない宿命をもっていた。正面衝突して損害をだすより、いったん京都を放棄したうえで、外から攻撃をかけるのが得策と、彼は判断したのである。南朝軍は難なく京都に入り、後村上天《ごむらかみ》皇は宿願を果たしたが、遠からず危機が迫るのは必定だった。敵に囲まれたことを悟った南朝軍は、十二月二十六日、一戦も交えず京都から退去し、その三日後、義詮は帰京を果たした。

いったん京都に入りながら、細川清氏はこれを保ちえず、与党の残る四国に落ちのびた。阿波《あわ》や讃岐《さぬき》は細川氏の基盤だが、当時阿波・讃岐・土佐《とさ》・伊予《いよ》四国の守護を兼ねていたのは、清氏のいとこの細川頼之《よりゆき》で、彼が義詮の命を受けて清氏と戦うことになる。このころ頼之自身は備中《びっちゅう》にいたらしいが、清氏が四国に入るやいなや、備中・備前《びぜん》の軍勢を率いて讃岐に渡り、清氏の軍勢と対峙した。しばらく両軍のにらみあいが続いたのち、讃岐の白峰《しらみね》（香川県坂出市）で合戦があり、清氏は討死を遂げた。

将軍による管領抹殺はこうして成功したが、やはりこの一件は後味の悪いものだった。清氏が謀反を企てていたという証拠ははっきりせず、義詮自身も例の願文の真偽には疑いを抱いていたらしいと、さきにみた今川貞世の『難太平記』には書かれている。おそらく清氏には将軍にとってかわろうといった野心はなく、権力の集中を恐れた将軍と、反感をもつ大名たちによって粛清《しゅくせい》されてしまったというのが実状らしい。こうしたこともあって、彼の死後、その怨霊《おんりょう》の祟りが取り沙汰されることもあった。応安《おうあん》六年（一三七三）に関東の大名結城直光《ゆうきなおみつ》が病気になり、鎌倉の遍照院頼印《へんじょういんらいいん》が祈禱《きとう》のためにその宅に赴いたとき、細川清氏の鬱憤《うつぷん》がいまだ解けていないので、なんとかしなければならぬ、という霊《れい》託《たく》があったと、『頼印大僧正行状絵詞《らいいんだいそうじょうぎょうじょうえことば》』は伝えている。結城と清氏とのかかわりは定かでなく、結城が個人的に清氏の恨みを買っていたということではないらしい。無実の罪で落命した清氏の怨霊は、事件から十年以上を経た時点でも人々を恐れさせていたのである。

足利基氏と上杉憲顕

京都で細川が失脚したころ、遠く関東でも大きな事件がおきた。かつて大軍を率いて京都に入り、南朝方との戦いや仁木の追い落としで清氏と協力して活動した畠山国清が、突如鎌倉を追われて伊豆《いず》に籠もったのである。半年以上に及ぶ長陣に疲れて無断で関東に帰った武士たちの所領を勝手に没収するなど、目にあまる行為があったので、たまりかねた武士たちが団結して公方《くぼう》の基氏に訴え、これをうけて基氏が国清の放逐を決断したと『太平記』は伝える。あるいはこのような事実があったかもしれないが、『太平記』は国清をことさら悪役に仕立てているきらいがあり、そのままうのみにするわけにもいかない。関東の武士たちの支持を失ったという面もなくはないだろうが、やはり国清追放を企てたのは、公方基氏その人とみるのが至当であろう。

足利基氏は義詮より十歳年少の弟で、貞和《じょうわ》五年（一三四九）に十歳で鎌倉に下向し鎌倉公方となった。文和《ぶんな》二年（一三五三）に父の尊氏が鎌倉に入るが、翌年に帰京すると、基氏はふたたび関東を統括する立場に立つ。当時基氏は十四歳だったが、この年若い公方を執事として補佐したのが畠山国清で、公方とともに武蔵《むさし》

図3　足利基氏木像

の入間川《いるまがわ》（埼玉県狭山市）に出て南朝勢力の掃討を進めた。基氏が鎌倉に入った当初は、高師冬《こうのもろふゆ》と上杉憲顕《うえすぎのりあき》の両人が執事をつとめ、まもなく両者が対立して直義派の憲顕が勝利を収めたものの、尊氏の軍勢に敗れて逃走したという経緯がある。憲顕とその与党は各地で活動を続け、新田《にった》をはじめとする南朝方も侮れなかったが、それでも関東はさしたる戦乱もなく落ち着きを取り戻していた。基氏を支えながら関東の安定をもたらした国清の功績は大きかったといえなくもない。

しかし成長した公方と、長く政権を担当してきた執事との間に溝が生じるのは、ある意味で必然的だったといえるだろう。尊氏が京都で死去したとき、公方基氏は十九歳になっていた。京都の兄と協力関係を保ちながら、自らの政治を実現してゆきたいと考え始めたとしても無理はない。仁木追い落としの策動は、細川と畠山が協同して行ったものと巷《ちまた》では噂されたが、京都での細川の失脚と、関東での畠山の没落は、やはり連動していると考えざるをえない。もちろん証拠はないが、京都の義詮と鎌倉の基氏が裏で連絡を取りながら事を進めていったとみていいだろう。国清は伊豆で抵抗を続けるが、基氏の命を受けた軍勢をはねかえすことができず、逃走して京都の七条道場《しちじょうどうじょう》に落ちのび、さらに山城と大和の境あたりに赴いてまもなく病死した。

こうして基氏は名実ともに関東の主君となったが、政治の実務を司る人物はやはり必要で、かつて執事をつとめた経歴もある上杉憲顕が抜擢されて鎌倉に入ることになる。尊氏の軍勢に敗れて野に下ってから十年、長い雌伏《しふく》の時代を乗り越えて、憲顕は再び政治の表舞台に踊り出たのである。

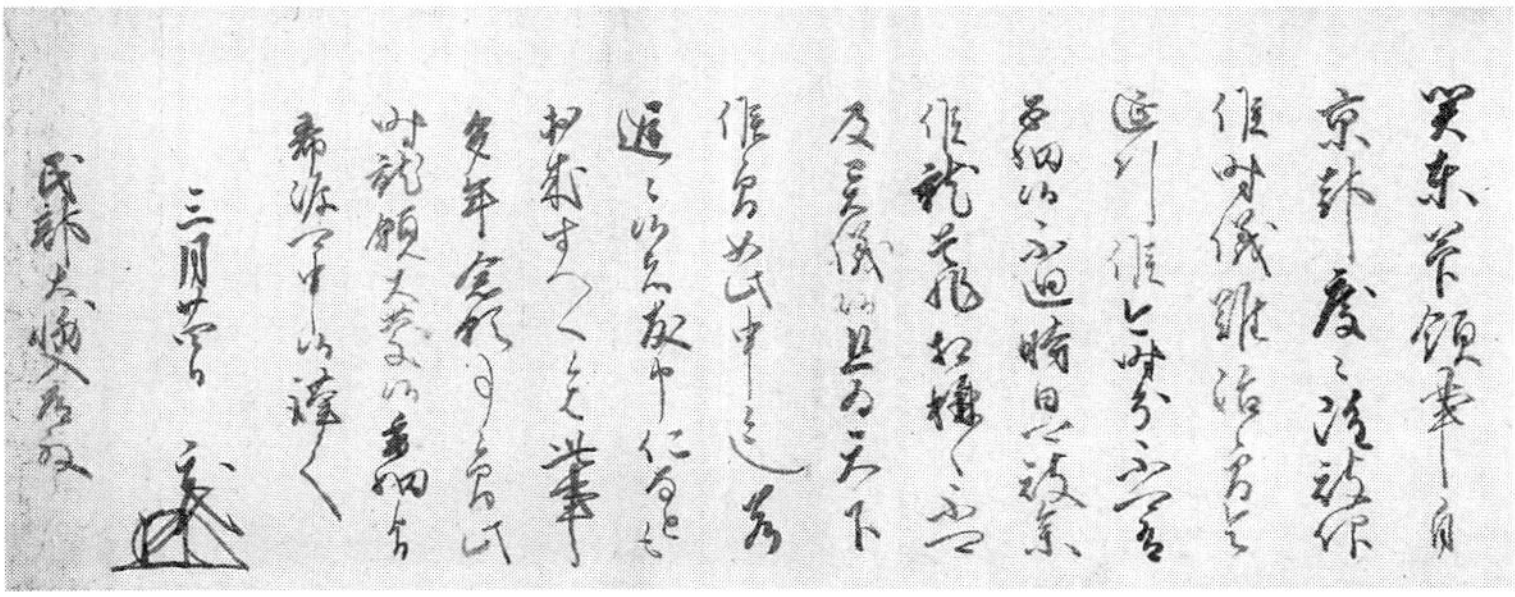

図４　足利基氏書状

上杉憲顕に宛てたもの．関東管領として政界に復帰するよう促している．

上杉憲顕はかつて上野《こうづけ》と越後《えちご》の守護職をつとめていたが、その失脚によって両国の守護職は下野の宇都宮氏綱《うつのみやうじつな》に与えられた。しかし上杉憲顕とその一党の活動は沈静化せず、守護の宇都宮も対応に苦慮しつづけた。そして十年の歳月を経て、かつての賊軍の将が、赦されて政界に復帰したのである。宇都宮氏綱は両国の守護職を没収され、上杉憲顕は守護に返り咲いた。憲顕自身は当時越後にいたらしいが、貞治《じょうじ》二年（一三六三）の三月、関東管領の職に任命するから早く鎌倉に来るようにと、基氏は書状で憲顕に命じた。「関東管領のことは、京都からたびたび仰せられているにもかかわらず、時期が熟さないからと延引してきたが、そろそろ大丈夫でしょう」とこの書状には書かれているから、憲顕の関東管領任命の件は、京都の将軍義詮の発案でもあったことがうかがえる。国清の排斥と憲顕の登用は、京都と鎌倉の公方が綿密に連絡をとりあいながら決行したことだったのである。

まもなく憲顕は越後を出発して鎌倉に向かったが、ゆえなく守護職を奪われた宇都宮がおとなしくしているはずもなかった。宇都宮の重臣芳賀《はが》高貞《たかさだ》を大将とする一隊が憲顕を待ち伏せしていると聞き、基氏は自身鎌倉を出発、武蔵の岩殿山《いわどのやま》（埼玉県東松山市）で決戦がなされた。撃退された宇都宮はまもなく降伏し、上杉憲顕は晴れて鎌倉に入った。公方を補佐する役目はこれ以来関東管領の名で呼ばれることになるが、初代の関東管領に就任した上杉憲顕が公方基氏を支えながら政治を行う体制がここで築かれることになる。時に基氏二十四歳、上杉憲顕は五十七歳だった。

平和の到来

南朝方を京都から追い出した義詮は、あらたな政治を始めたが、将軍の補佐役やはり必要で、当時十三歳の斯波義将《しばよしゆき》が執事に任命された。斯波氏は足利一門きっての名族で、当主の斯波高経《たかつね》は越前の守護だった。観応の擾乱においては直義に与し、尊氏を苦しめたが、やがて降伏して足利政権の京都掌握に尽力し、大きな地歩を築いていた。五十八歳に達していた高経自身は後見人の地位に立ち、四男の義将が執事となったが、京都に入った高経は事実上幕府の中枢を仕切ることになる。義将の執事就任は貞治元年七月、これから義詮と斯波を中心とする政治が始まる。

京都から南朝方が退去したのちも、南朝勢力の動きは続き、足利直冬《ただふゆ》と山名時氏《やまなときうじ》が兵を進めて備後《びんご》の府中《ふちゅう》（広島県府中市）で合体するという事態になったが、結局両人はここを動くことができず、翌貞治二年になると不利を悟った直冬は備後の陣から逃走し、山名時氏は幕府に降伏した。長年にわたって尊氏と義詮を苦しめてきた時氏も、時勢を判断して帰順を決断したわけだが、義詮はあっさりとこれを認め、山名一族が確保していた権益もそのまま安堵《あんど》した。敵とはいえ長年にわたって領国を経営し、幕府を苦しめてきた山名の実力は侮れないものがあり、これを撃滅するより味方にするのが得策と、義詮は考えたのである。貞治三年（一三六四）三月、時氏の子の氏冬《うじふゆ》と時義《ときよし》が上洛《じょうらく》し、八月には時氏自身が美作から上洛した。時氏が経営してきた五ヵ国の守護職はすべて安堵され、時氏が丹波《たんば》と伯耆《ほうき》、子息の師義《もろよし》・氏冬・時義がそれぞれ丹後《たんご》・因幡《いなば》・美作の守護となった。中国筋に多くの守護職を持つ山名氏が幕政にも参与するという形はここから始まったのである。

西国の要《かなめ》である周防《すおう》・長門《ながと》に勢威を振るっていた大内弘世《おおうちひろよ》も、山名に先んじて幕府に帰順した。大内氏は長く南朝方に属していたが、幕府への帰服を決意し、将軍義詮に申し入れた。ここでも自らが平定した周防と長門の守護職を安堵してほしいという条件が提示されたが、義詮はあっさりとこれを認めてしまう。大内弘世は堂々と上京を果たし、数万貫の銭貨や唐物《からもの》などを人々にばらまいた。

大内と山名の帰順によって、内乱状況は急速に終息に向かった。九州では南朝方がもりかえしていたが、ほかの地域での南朝方の動きは逼塞《ひっそく》し、幕府を脅かすものはいなくなった。山名と大内の帰順を認め、彼らの権益を安堵するという方法で、幕府はようやく平和を獲得したのである。

長い間楯突いてきた人物を、たいした処罰もなく登用するのは節操がない、ともいえるかもしれない。しかし彼らが将軍から認められたなによりの理由は、長年にわたって培ってきたその実力にあった。力のないものは評価しないという鉄則がここには貫かれているのである。大内が幕府に帰服して長門守護に任命されたとき、長く北朝方として戦ってきた厚東《こうとう》氏は守護職を解任され、恨みを抱いて南朝方に転じたという。ゆえなく守護職を奪われた厚東の無念も理解できるが、長門の戦いにおいて厚東氏は大内を破ることができず、結局は大内に征服されてしまったという経緯がある。味方でも役に立たない者は切り落とされてしまうのである。関東における上杉憲顕の復権も、将軍義詮が企てたものらしいが、越後と上野の守護になった宇都宮の領国経営がうまくゆかず、上杉氏の抵抗を抑えられなかったという事情が作用している。過去のいきさつにこだわらず、実力のあるものを重用するという、徹底した合理主義が、義詮を中心とする幕府の政治には貫かれていた。

春日社の嗷訴

南朝とその与党の脅威は除かれ、京都とその周辺に平和が到来したが、戦争の危機が去ったとたんに、あらたな難題が幕府に降ってかかることになる。延暦寺《えんりやくじ》と園城《おんじよう》寺《じ》、奈良の興福寺《こうふくじ》と春日社《かすがしや》といった、伝統的宗教権門《しゆうきようけんもん》が、武士たちによる権益侵害などをはね返すべく、続々と嗷訴《ごうそ》を始めたのである。貞治二年に延暦寺の衆徒《しゆと》が佐々木氏頼らの狼藉《ろうぜき》を訴えるため、神輿《しんよ》を動座《どうざ》させ洛中《らくちゆう》を動きまわったのが最初で、訴えに理がないとして幕府もとりあわなかったが、将軍義詮や佐々木導誉、さらには当事者の佐々木氏頼までが、夢のお告げを受けて怖気《おじけ》づき、近江の所領を寄進して事なきをえたという。さらに祇園社《ぎおんしや》から不当な役をかけられたとして、石清水八幡宮の神官たちが神輿をかついで押し寄せ、これも祇園社の目代《もくだい》を配流《はいる》すると幕府が決めたことで一段落し、神輿はようやく帰座した。神輿をかつぎ出して自らの主張を実現させるという手法は、古くからなされていたが、戦争の危機が去るやいなや、権門たちは争ってこうした手段を行使したのである。

一連の権門の訴訟のなかで、もっとも大きな衝撃を与えたのは、春日社の神木《しんぼく》の動座だった。執事の父として実権を握っていた斯波高経が、越前にある春日社の所領を押領《おうりょう》したことを弾劾《だんがい》するというのと、春日大社の造替《ぞうたい》を進めるよう幕府に迫るというのが神木動座の目的だったが、貞治三年の十一月五日、春日社を出発した一行は、宇治になだれこんで平等院《びょうどういん》に神木を入れ、さらに京都に向かって進んで、十二月十九日の真夜中に六波羅《ろくはら》の長講堂《ちょうこうどう》に神木を鎮座《ちんざ》させた。神人《じにん》たちが交代で番をつとめて神木を守り、訴えが認められるまでは退去しないと、幕府と朝廷に迫ったのである。

春日社の造替の件はさっそく幕府の議事にかけられ、翌貞治四年二月には、このために棟別《むなべつ》十文の銭を集めるよう、義詮から諸国の守護にあてて命令が出されたが、これで神木が帰座《きざ》するはずもなかった。神人たちの真の狙いは斯波高経その人であり、一定の処罰が彼に与えられなければ引き下がらないと、その後も居座りを続けたのである。

図5　春日神木（『春日権現験記絵巻』）

そもそも春日社は藤原《ふじわら》氏の氏神だったから、朝廷の構成員の大半を占める藤原氏の公卿《くぎょう》たちはその行動を制約され、朝廷の儀式も滞った。貞治五年（一三六六）正月の節会《せちえ》には、藤原氏の公卿たちが出仕《しゅつし》せず、殿上《てんじょう》淵酔《のえんすい》の儀式もとりやめとなった。また神木が鎮座している間に、目も鼻もなく、月代《さかやき》の跡だけあって、髪が長々と生えた入道の頸《くび》がころがって消えるとか、十歳ばかりの童《わらわ》が狂ったように三日三晩飛び跳ね、「人ヤカツ神ヤマクルトシバシマテ御室《みむろ》ノ山ノアランカギリハ」と叫んで正気に戻ったとか、奇怪な事件が続いたと『神木入洛記《しんぼくじゅらくき》』は記す。春日の神木の霊力を強調するつくりごとかもしれないが、当時の都の人々が不安におののいていたことはたしかであろう。

貞治五年八月九日の朝、斯波高経は自ら邸宅を焼いて越前に逃れた。将軍の命が出たといって大名たちの軍勢が集結したが、義詮はここで使いを高経のもとに遣わして、早く越前に下向するようにと迫り、説得された高経があきらめて逃走したのだと、京には噂が広まり、しらせを聞いた吉田社《よしだしゃ》の神官は、「神木の神罰だ」と感想をもらしている。子息を表に立てながら実権を掌握していた高経を、佐々木導誉や山名時氏らは快く思っていなかっただろうから、これも仁木の追い落としのような大名間の争いの結果とみることもできるが、春日の神木の件が大きく作用していることは否定できない。将軍義詮も神木の影響を無視できず、信頼していた斯波を切り捨てざるをえなかったのである。

目的を達成した神人たちは、まもなく神木を擁して奈良に帰っていったが、この神木帰座にあたっては、関白二条良基《かんぱくにじょうよしもと》をはじめとする藤原氏の公卿たちが、神木に従って宇治まで供をしている。古代以来の伝統をもつ寺社の実力は侮りがたいものがあり、あらたな京都の支配者となった幕府は、この後もこうした勢力との応対に苦慮しつづけることになるのである。

義詮と朝廷

斯波高経が失脚したとき、子息の義将は父とともに越前に逃れ、幕府はまた執事不在の事態となるが、将軍の義詮はかわりの執事を置くことなく政務を開始した。三十七歳になった義詮は、年配の重臣たちに気兼ねせず政治を司れる立場をようやく獲得したのである。

図6　中殿御会（『太平記絵巻』）

貞治六年の三月二十九日、清涼殿《せいりょうでん》において中殿御会《ちゅうでんごかい》とよばれる和歌会が開かれた。ようやく到来した平和を寿《ことほ》ぐ会を開きたいと義詮が立案し、天皇や公卿たちも同意して盛大な儀式が挙行された。きらびやかな衣裳をまとった多くの武士を従えて、義詮は清涼殿に参上、関白以下の公卿が着座《ちゃくざ》する中、そこには加わらずに天皇の前に進んでこれと対座した。天皇に敬意は表するが公卿たちとは同列ではないという自らの立場と意思を、こういう形で表現したのかもしれない。

ところでこの和歌会の際に、天皇の御製《ぎょせい》を読み上げる講師《こうじ》の人選をめぐって、義詮が天皇に抗議するという一幕があったらしく、三条公《さんじょうきん》忠《ただ》という公卿がある人から聞いた話として日記に書いている。御製を読む講師には御子左為遠《みこひだりためとお》が指名されていたが、御会の当日になって義詮が不服を申したてた。この役目は冷泉為秀《れいぜいためひで》にやらせてほしいと、三《さん》宝院光済《ほういんこうさい》を通して申し入れてきたのである。もう為遠に頼んでしまったから、いまさら変更できないと天皇は返答したが、為秀は私の師匠なので、ぜひこの人にと義詮は言い張り、「師範の人が面目を失ったときは、弟子は出仕しないというのが通例だから、今夜の御会には出ない」と言い出す始末で、結局講師は変更ということになった。「こんな噂話が最近多い」と公忠は述べていて、真偽は定かでないが、将軍義詮が天皇に対しても臆することなく我を通したという話は充分ありうると、当時の人々は認識していたのである。

図7　後光厳天皇画像

御会の半月後、世尊寺行忠《せそんじゆきただ》の家に関白の二条良基が訪れ、招かれて義詮も参会した。例の冷泉為秀もこの席にいたが、ここで義詮のために新たに作られた洲崎《すさき》の箱と破子《わりご》が披露された。飯菜《はんさい》や珍物を入れた洲崎の蓋の上には中殿御会のようすが描かれ、義詮や帯刀《たちはき》の武士たちの姿もその中にあった。ところがこれを見た義詮は嬉しそうな顔をせず、「生きている人の似せ絵を画くというのは、どうもいただけない」ともらしたという。世尊寺や冷泉は義詮のお近づきで、関白も同様だった。御機嫌とりに奔走する公卿たちを尻目に、将軍義詮は余裕たっぷりだったのである。

ちょうどこのころ、朝廷と幕府は思いがけない来訪者の応対にとまどっていた。この年の二月、はるか遠く高麗《こうらい》から使者が来朝し、牒状《ちょうじょう》を提出したのである。どうしたものか朝廷も応対に困ったが、とりあえず幕府が使者の応接にあたることになり、四月には将軍義詮が天竜寺《てんりゅうじ》で使者と会い、彼らの舞楽《ぶがく》を見物した。この席では日本人の舞楽も披露され、そののち使者は奈良に赴いて大仏殿《だいぶつでん》などを見物している。すぐに返答はできないので、時間稼ぎのために奈良見物を命じたのかもしれない。

朝廷でも高麗国に対する返牒《へんちょう》をどうするか審議がなされたが、牒状の文章が無礼なので返牒は出さないという結論になった。倭寇《わこう》を取り締まってほしいというのが牒状の内容だったが、高麗の「皇帝《こうてい》」から日本の「国主《こくしゅ》」にあてられた、その表現を公卿たちは問題にしたのである。「皇帝」とか「天皇」「天子《てんし》」とあるのならば納得がいくが、「和王《わおう》」「国王」「国主」と書くのは無礼だと、彼らは口を揃えて主張した。神功皇后《じんぐうこうごう》の三韓《さんかん》征伐以来、朝鮮はわが国に服属してきたのだという歴史認識は、当時の公卿たちの心の中に根強く残っていたのである。ただ「倭寇を取り締まるといっても、九州はまだわれわれに服していないのだから土台無理な話だ。こうしたことを牒状に載せたら、こちらの限界をあからさまにすることになる」といった現実的な意見を述べた公卿もなかにはいた。

こうして朝廷からは返牒を出さないことが決まったが、幕府の対応について朝廷は特別の制約を加えず、結局は将軍義詮の名で返牒が出されることになり、義詮から多くの土産をもらって使者は帰国の途についた。このとき天竜寺の僧がいっしょに渡海し、翌年お返しの財宝を抱えて帰国している。

高麗使節の来朝に際して、朝廷と幕府はその応対にかかわったが、朝廷は対応を議論するのみで、実際の応接は幕府が担い、返牒も結局は幕府から出されることになった。朝廷と幕府が同じ京都で向かい合うことになってからすでに三十年、朝廷の政務はあいかわらず続けられていたが、京都の治安維持は幕府の侍所によっておおかたなされることになり、外交を担ったのも実際には幕府だった。そして将軍義詮も、公卿たちの一部を従えながら、天皇の意思も掣肘《せいちゅう》しはじめていた。幕府が朝廷を圧倒してゆく素地は、この時代にすでに形成されていたのである。

2——細川頼之と上杉能憲

幼君の時代

鎌倉の円覚寺《えんがくじ》黄梅院《おうばいいん》にいた義堂周信《ぎどうしゅうしん》が、鎌倉公方足利基氏が軽い病気だと聞いたのは、貞治六年（一三六七）三月十三日のことだった。翌日義堂は見舞いに赴いたが、基氏の病はなかなか治らず、四月下旬には重篤《じゅうとく》になった。二十四日に基氏は義堂を病床に招いて、以後のことをいろいろ頼み、三日後に逝去《せいきょ》する。まだ二十八歳の若さだった。

土佐に生まれた義堂周信は、臨済録《りんざいろく》をすらすら読むような少年で、京都の臨川寺《りんせんじ》に赴いて夢窓疎石《むそうそせき》の弟子となり、天竜寺や建仁寺《けんにんじ》で修行を重ねた。そして延文《えんぶん》四年（一三五九）に公方基氏の求めによって鎌倉に赴き、これから七年の間公方との親交を重ねた。重病になった基氏が義堂になにを頼んだかはわからないが、あとつぎになるわが子の教育をよろしく頼むと言われたのかもしれない。

このとき基氏の子の金王丸《こんのうまる》はまだ九歳だったが、将軍義詮はこの少年が父のあとをついで公方となることを認め、佐々木導誉が使者として鎌倉に来て、このことを伝えた。鎌倉の側でもこれに答えるべく、関東管領の上杉憲顕が自身上京して礼を述べた。基氏から金王丸への家督継承はすんなり進み、鎌倉府が関東一〇ヵ国を管轄するという形もそのまま続くことになる。

上杉憲顕が上洛していたころ、興福寺の嗷訴《ごうそ》によって越前に追われていた斯波高経が六十三歳で死去した。かつて執事をつとめたこともある子息の斯波義将は九月四日に上京して将軍義詮と対面し、お咎めを受けていた父が死去したので、どうか赦免してほしいと願い出た。斯波義将の帰参はこうして実現し、彼はまもなく越中守護に任じられた。またこの直後の七日には、四国の押さえとして活躍していた細川頼之が讃岐から上洛した。彼を執事にするために将軍が京都に呼んだのだろうと噂が広まり、われこそはと思っていた山名時氏が憤慨しているという話も流れた。

その二ヵ月後の十一月八日、将軍義詮は病気になる。はじめは風邪のようだったが、日を追って病は重くなり、食事もままならない状態になった。十一月二十五日、義詮は細川頼之を召して、政務を子息の義満《よしみつ》に譲ると語り、

図８　細川頼之画像

管領（執事）に任命するからよろしく後見してほしいと頼んだ。このとき義満は十歳の少年だったが、病床の父のもとを訪れ、三献《さんこん》の後に剣一腰《こし》を与えられた。そして十二月七日、義詮はその三十八年の生涯を閉じた。

幼少の将軍をかかえながら、細川頼之は幕府政治をとりまとめる立場に置かれた。翌応安元年（一三六八）正月の幕府の評定始《ひようじようはじめ》には、足利一門の吉良満貞・今川貞世と、美濃・尾張・伊勢三国の守護をつとめる土岐頼康が参加した。四月には義満の元服《げんぷく》の儀がなされ、頼之が加冠役《かかんやく》をつとめるが、二日目と三日目の儀式を担当したのは今川貞世と山名時氏だった。当時の京都にあって幕府の政治に深くかかわっていた大名は、頼之を除けば土岐・山名・今川といったメンバーに限定されていた。

このようにして京都も鎌倉も十歳前後の幼君を擁することになったが、政治体制が大きく崩れることはなかった。京都ではさしたる内紛はなく、関東でも若干の内乱が起きたもののほどなく鎮圧された。義満の家督相続を祝賀するために上杉憲顕が上京したすきを狙って、武蔵を中心とする武士の集団である平一揆《たいらいつき》と、下野の宇都宮氏が反乱を起こし、また新田義宗《よしむね》（義貞《よしさだ》の子）も南朝方の再起をはかって立ち上がったが、鎌倉に帰った憲顕はただちにその鎮定にあたり内乱を収めた。吉野の南朝は健在で、京都の幕府はこの後もその対応に悩まされるが、関東における南朝方の抵抗はなりをひそめた。関東に限定すれば、南北朝内乱は応安元年の時点で実質的に終息したとみていいだろう。

反乱の鎮圧を果たした上杉憲顕は、九月十九日に六十三歳でこの世を去った。後継の関東管領には子息の能憲《よしのり》と甥にあたる朝房《ともふさ》の二人が選ばれ、両人が管領をつとめる形であらたな政治が始まった。

延暦寺の嗷訴

細川頼之の主導する幕府政治は、とりあえずは平穏に開始された。応安元年の六月には、諸国の荘園などの半済《はんぜい》について全体的にまとめた法令が定められた。内乱の中で兵粮《ひょうろう》などを確保するため、荘園・公領の年貢の半分を守護が徴収する半済が各国で行われ、これが荘園領主と武士たちの争いの種になっていたが、前将軍の遺言に従って、幕府の基本方針が策定されたのである。ここでは天皇や院の御料所《ごりょうしょ》や、寺社が完全に支配している寺社一円領《いちえんりょう》、さらに摂関家に伝えられた殿下渡領《でんかわたりりょう》については半済を認めないとしたうえで、そのほかの諸国の本所領《ほんじょりょう》(一般の公家などの所領)については、しばらくの間半分を本所の雑掌《ざっしょう》に与え、残りの半分を守護方の人物が預かる形にするようにと定めている。この法令は半済の存在を全国的に確定したものだが、天皇家・摂関家や寺社の所領には半済を適用しないと明言しており、伝統的な権門の権益を守るという幕府の姿勢を広く示したものといえる(村井二〇〇五)。

幕政を主導する頼之にとって、天皇家や摂関家はもとより、延暦寺をはじめとする権門寺社との関係をどうとりつけるかが大きな課

図9　延暦寺根本中堂

図10　延暦寺の僧兵（『天狗草子』）

題だった。興福寺の嗷訴によって斯波高経が失脚に追い込まれた記憶はなまなましかったし、そうした旧勢力との対決を避けるために、寺社領については半済を適用しないと定めたのではないかとも思われる。しかし寺社の側はおとなしく引き籠もってはいなかった。戦争が一段落して世の中が平和になった情勢を狙って、大規模な嗷訴を決行したのである。

延暦寺や園城寺を誹謗《ひぼう》する「続正法論《ぞくしょうぼうろん》」というあやしげな書きつけが発見されたのがことの起こりだった。「禅法《ぜんぽう》は諸仏を管轄する」と書き始めて禅のすばらしさを論じ、密宗《みっしゅう》（真言宗）・法相《ほっそう》・天台《てんだい》・華厳《けごん》・三論《さんろん》・律宗《りつしゅう》・成実《じょうじつ》・倶舎《くしゃ》の八宗はその足元にも及ばないと言い切ったあと、こう続ける。「延暦寺の法師たちは、七社の獼猴《びこう》（おおざる）だ。人に似て人ではない。園城寺の悪党たちは、三井《みい》の蝦蟇《がま》（ひきがえる）だ。畜生にも劣る。彼らは南禅寺《なんぜんじ》が繁栄し、春屋妙葩《しゅんおくみょうは》の法道《ほうどう》が興隆しているのを妬んで、いろいろ悪事をたくらんでいるが、怖れることはない」。文中には明記されていないが、南禅寺住持《じゅうじ》の定山祖禅《じょうざんそぜん》が書いたものだといううわさが広まり、さすがに怒った延暦寺の衆徒らは、南禅寺を処罰してほしいと幕府に訴えた。しかし幕府の奉行《ぶぎょう》の安威性威《あいしょうい》は、これは落書《らくしょ》で作者不明だから訴えは受け取れないと拒絶し、これが衆徒たちの怒りに火をつけた。

閏《うるう》六月二十一日、京都の犬神人《いぬじにん》に南禅寺を打ち壊させることが、延暦寺の政所集会《まんどころしゅえ》で決定された。決行の予定は二十七日だったが、朝廷から綸旨《りんじ》が出されたこともあって延期となり、春屋妙葩と定山祖禅、それに訴えを拒絶した安威性威を遠流《おんる》にするようにと朝廷に訴えることに決まった。そして衆徒のうち宿老格の八人が朝廷に赴いて、南禅寺の破却《はきゃく》と三人の流罪《るざい》を訴えた。もし聞き入れられなければ神輿を京都に送り込むぞ、というメッセージもこれにはこめられていた。

困り果てた朝廷は、天台座主《ざす》の入道尊道《そんどう》親王ら三人に、衆徒たちを説得してほしいと頼んだ。延暦寺のトップを動かして事を収めようとしたわけだが、いったん盛り上がった衆徒たちがいうことをきくはずもなかった。八月四日、日吉《ひえ》十禅師《じゅうぜんじ》の彼岸所《ひがんしょ》において集会がなされ、朝廷や幕府に提出する二九ヵ条の事書《ことがき》が作られた。「禅法は国土にとって無用であり、仏法の虫害だから、朝廷も幕府も許容してはならない。日本一州は山王《さんのう》の領地であり、山門の護持《ごじ》によって朝敵の滅亡が果たされてきたことを忘れてもらっては困る。武士たちが尊崇している八幡大菩薩も天台の仏法を守護してくれている。武士は八幡大菩薩と天台を崇めていればいいわけで、禅宗などに心を惑わせてはいけない」。二九ヵ条に及ぶ訴えはさすがに迫力があるが、当時の延暦寺、ひいては天台宗らの古くからの仏教集団が、あらたに台頭してきた禅宗をいかに警戒していたかを、ここからうかがうことができる。強硬手段に訴えねばならない事情を、彼らも抱えていたのである。

神輿の下山が近いとみて、幕府の側も京都警固の体制を固めた。比叡山《ひえいざん》からの通り道、内裏《だいり》の東北にあたる、中賀茂《なかがも》や多々須《ただす》（糺）河原《がわら》には赤松則祐・山名時氏・佐々木氏頼らの軍勢が並び、内裏の西北の法成寺《ほうじょうじ》には一色範光《いっしきのりみつ》・吉見氏頼《よしみうじより》らの兵が集まった。そして管領の細川頼之は土岐頼康らとともに将軍義満の宿所に籠もり、内裏の警固にあたった。

この一件への対応をめぐっては大名たちの意見もさまざまで、山名・赤松・佐々木などは延暦寺の言い分を聞き入れてはどうかと進言したが、細川頼之と土岐頼康がかたくなに拒んで、神輿が来てもしかたないという結論になった。八月二十九日の深夜、日吉社の神輿が四つ送り込まれ、二つは内裏の北門に到着、二つは多々須河原に振り捨てられたが、衆徒がいなかったこともあって大事には至らず、警固の武士たちも手出しをしなかった。そして翌日四つの神輿は祇園社に安置された。

衆徒たちに攻め込まれるという事態は防げたものの、神輿四基が京都に置かれるというのは尋常ではなかった。しかし幕府はその姿勢を崩さず、翌応安二年（一三六九）には衆徒たちの襲来を受けることになる。四月二十日の夕刻、大勢の衆徒たちが四基の神輿を擁して京都に現われた。去年のような厳重な警固はなされず、侍所の土岐義行《よしゆき》（頼康の養子）の手兵が法成寺近辺、赤松の軍勢が三条河原《さんじょうがわら》のあたりに配置され、佐々木氏頼が家人《けにん》を率いて頼之の兵とともに内裏を固めた。衆徒たちは内裏まで押し寄せ、西面の唐門《からもん》の前で合戦があって、それぞれ二、三人の死者が出た。佐々木氏頼の奔走もあって内裏に累《るい》が及ぶことはなく、神輿はみな祇園社に送り込まれた。

さすがの幕府も対応を迫られた。何もしないわけにはいかないということで、南禅寺にあらたに造られた楼門《ろうもん》を破壊することが決まった。七月二十七日に楼門の解体が開始され、八月三日の朝には柱だけ残して取り壊しは終了、この日に日吉社の神輿は帰っていった。

建長寺と円覚寺の争い

延暦寺衆徒の嗷訴は、禅宗とくに夢窓門派の急速な台頭を抑えるためになされたものだったが、夢窓派の興隆は禅宗の内部にも深刻な対立をひきおこした。そもそも禅の教えは中国で生まれ、これを多くの僧が個別に日本に伝えて広まったのであり、日本の禅宗には固有の開祖が存在しない。そして夢窓疎石は鎌倉の円覚寺を開いた無学祖元《むがくそげん》（仏光禅師《ぶっこうぜんじ》）の弟子である高峰顕日《こうほうけんにち》に師事していた。鎌倉にある禅宗寺院の第一位である建長寺《けんちょうじ》は、蘭渓道隆《らんけいどうりゅう》（大覚禅師《だいかくぜんじ》）を開山とし、その法を嗣いだ僧侶たちの門派を大覚派とよぶ。建長寺にやや遅れて開かれた円覚寺の開山が無学祖元で、この法流は仏光派とよばれ、夢窓疎石はこの派に属していたことになる。建長寺のほうが早く開かれたこともあって、鎌倉の禅寺の中では建長寺が一位、円覚寺が二位という形になっており、大覚派が優位を誇っていた。ところが仏光派の中から夢窓疎石があらわれ、足利氏の尊崇を得て活躍するようになると、鎌倉でも円覚寺と仏光派の勢いがおのずと強まっていき、これを快く思わない建長寺、大覚派の僧侶たちとの確執が表面化することになる（以下、玉村一九六四）。

建長寺にも円覚寺にも個別の住持を祀る多くの塔頭《たっちゅう》があり、建長寺開山蘭渓道隆の塔頭は西来庵《せいらいあん》、円覚寺開山無学祖元の塔頭は正続院《しょうぞくいん》といった。西来庵はもちろん建長寺の中にあるが、正続院もはじめは建長寺の塔頭の一つだった。円覚寺の僧侶たちは開山の忌日《きにち》の諷経《ふぎん》のためにわざわざ建長寺まで出向いていたわけだが、夢窓が後醍醐天皇に頼み込んで、この正続院を円覚寺の中に移すことになる。これも仏光派の台頭を物語る一件だが、争いの発端となったのは、西来庵で行われる建長寺開山の忌日諷経に円覚寺の僧侶が行くべきかどうか、という問題だった。

そもそも円覚寺の住持には大覚派も仏光派もいたので、西来庵の諷経に赴くかどうかは住持の経歴によっていたが、やがて住持が誰かにかかわらず、円覚寺の僧侶がこれに参加するのが通例になっていた。しかし夢窓派の台頭の中で気をよくした仏光派の僧侶たちは、われわれはこんなものに参加する必要がないと言い出したのである。建長寺と大覚派は当然反発し、事態は緊張を増した。

鎌倉の政治を司っていたのは関東管領の上杉能憲と上杉朝房だったが、鎌倉だけではかたがつかず、争いは京都の幕府まで持ち込まれた。応安二年十月に幕府の裁許がなされたが、円覚寺に対してはいままで通りに西来庵の諷経に行くように命じながら、建長寺に対しては円覚寺の仏日庵《ぶつにちあん》の諷経に出向くようにと指示する形をとっていた。仏日庵は二つの寺の檀越だった北条時宗《ほうじょうときむね》の廟所《びょうしょ》だから、建長寺の僧侶が忌日諷経に赴くのは当然ともいえる。仏光派の言い分をそのままのむわけにもいかないが、拒絶するにしても何か見返りが必要かと悩んだ幕府が考えついた一案だった。

しかし両派の争いはおさまらず、一触即発の情勢が続いた。当時瑞泉寺《ずいせんじ》にいた義堂周信は、中立の態度を貫きながら、両派の僧侶たちに対して問答し、説得につとめている。「今どきの僧侶たちは、仏の教えに思いをめぐらさず、人を怨むのみで、戒律《かいりつ》も守らず儀式も行わず、僧服の上に鎧《よろい》を着ている。これでは天台・真言の悪僧たちと同じではないか。こんなことでは、わが宗門、すなわち禅宗に、何の面目があろうか」。訪ねてきた仏光派の堅中妙弥《けんちゆうみようみ》に対し、義堂はこう語って戒めた。

しかし義堂の思いはなかなか通じなかった。さきに懇々と説諭したはずのあの堅中妙弥が中心となって仏光派の僧侶たちの連署状《れんしよじよう》を携えて上京し、この訴えが功を奏したのか、応安三年（一三七〇）十一月に今後はそれぞれの開山の忌日諷経に互いに赴くようにとの幕府の命が下された。先年の裁許《さいきよ》では、建長寺の僧侶たちに仏日庵諷経に行くようにとあったが、ここでは正続院で行われる円覚寺開山忌に出向くようにと改められている。前述のようにもともと円覚寺の開山忌は建長寺の中でなされており、正続院が円覚寺の中に移ったのちも、大覚派の僧が円覚寺開山忌に参加することはなかった。円覚寺と仏光派が主張したのは、われわれは建長寺や大覚派と同格だということである。そして両方の開山忌に互いに赴くべしという幕府の裁許によって、形式的にせよこの願いは達成されたのである。

図11　義堂周信木像

もちろん建長寺の側がすんなりこれを受け入れるはずもなく、応安五年（一三七二）五月には、大覚派の僧侶が数百人徒党を組んで円覚寺に放火しようとする事件がおきた。このしらせは京都に伝わり、幕府は大覚派の僧侶は五山派の住持などの役職から追放すると指令を出す。ここに至って建長寺の側も和解を考えはじめ、正続院での忌日諷経に参加することでようやく事なきを得た。

党派の争いを非難しながら中立を貫いた義堂の姿勢はさすがともいえるが、僧侶たちをまきこんだ建長寺と円覚寺の対立は、当時の鎌倉における宗教勢力の活力を示すできごととみることもできるだろう。鎌倉幕府が滅びたのちも都市鎌倉は健在で、さまざまな寺院が並び立ち、多くの僧侶が活躍しながら、活気ある空間を形づくっていたのである。鶴岡八幡宮寺《つるがおかはちまんぐうじ》とこれに属する二十五坊が、やはり鎌倉の宗教的中核であり、真言密教を学んだ僧侶たちがひしめいていたが、建長寺や円覚寺に代表される臨済宗の寺院も、これと相並ぶ地位におどりでていた。京都でも鎌倉でも、旧仏教と新興の禅宗という二つの宗教勢力が並び立ち、相競い合う状況が生まれていたのである。

後光厳天皇の譲位

ここで場面をまた京都に戻そう。延暦寺の嗷訴が一段落してほっとしたのもつかの間、細川頼之は一つの難題に直面する。二十年近く天皇の地位にいた後光厳天皇が、そろそろ譲位したいと言い出したのである。応安三年八月十九日、柳原忠光《やなぎわらただみつ》が頼之のもとを訪れ、天皇の内意を口頭で伝えた。承知しましたと頼之は答えたが、内心は複雑だった。譲位の儀式の費用をどう算段するかも気がかりだったが、それだけではない複雑な事情があったのである。

後光厳天皇はこのとき三十三歳、譲位してもおかしくない年齢だったが、問題は後継者だった。そもそもこの天皇は光厳上皇の次男で、本来は仏門に入る予定だったが、政局の急変によって十五歳で天皇の地位についたという経緯をもつ。当時は兄の崇光《すこう》天皇が在位していたが、光厳・光明《こうみょう》の両上皇と天皇が南朝によって奪い取られるという珍事が起き、ここで弟の弥仁《いやひと》がかつぎ出されて天皇になったのである。やがて崇光上皇は京都に戻るが、後光厳天皇はそのまま在位を続け、今に至っていた。そして心ならずも天皇の地位を失った崇光上皇も天皇とはそれなりに円滑な関係を築いていた。

後光厳天皇には当時十三歳になる男子がいたが、崇光上皇にも栄仁《よしひと》という男子がいて、もう二十歳になっていた。やむを得ない事情で弟が天皇になっているものの、次の天皇には自分の子をと、上皇は願い続けてきたに違いない。しかし後光厳天皇には兄の子に位を譲る意志など全くなかった。譲位後は院政をしくつもりだから、自分の子が天皇でないと困る。うがった見方をすれば、わが子を天皇にして皇統を一つに固めるために譲位しようと考えた、ということもできるだろう。

朝廷側と幕府のやりとりが続く中、幕府の態度はようやく明確になってゆく。譲位自体は了承しながらも、後継者を誰にするかということには幕府は口を挟まないと、頼之は言い張った。後嵯峨《ごさが》院《いん》のとき以来の通例なので、後継者の指名は武家の執奏《しっそう》に任せると天皇は発言したらしいが、そんなことはとてもできない、とにかく「聖断《せいだん》」で決めてほしいというのが幕府側の主張だった。まかりまちがえば皇統の分裂をひきおこしかねない話で、幕府としても責任を取りたくなかったのである。

図12　天皇家系図

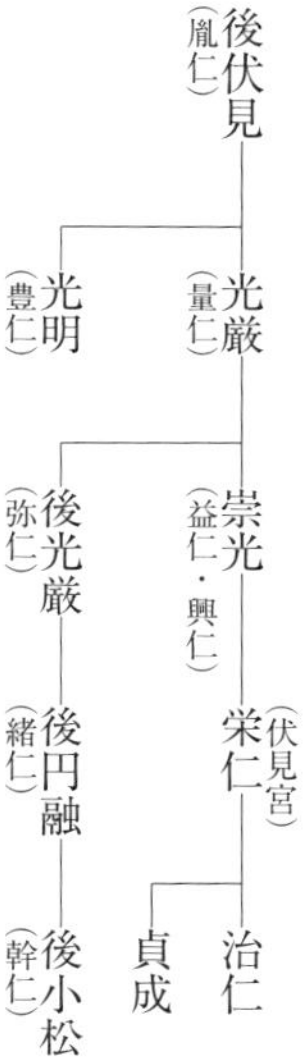

幕府との交渉を進めながら、天皇は公卿たちにも内意を伝え始めていたが、ある公卿が崇光上皇にこれを話してしまったため、事がややこしくなる。さすがに怒った上皇は、三条実音を使いとして派遣して天皇に詰問《きつもん》した。「譲位されるということだが、私の子のことはどうされるつもりなのか。前の時代のようにふたつの皇統から交互に天皇を出すべきだと言っているのではない、ただ息子の進退が気がかりなだけだ。そうしたことだが、だいたいこんな大事なことは武家に伝える前にこちらに言うのが筋ではないか」。使者が伝えた上皇の内意はこのようなものだった。ほかに人がいないからと言われて、いやいや使者をつとめたのですと話す実音に向って、後継は武家のほうで決めてほしいと頼んだのに、これは「聖断」ですといわれて困っていると天皇は返答している。

後継は聖断によるべしという幕府の態度は変わらず、自動的に天皇の子が後継者になることになった。応安四年三月、譲位の儀式が行われて十四歳の緒仁《おひと》が践祚《せんそ》し（後円融《ごえんゆう》天皇）、父の上皇は院庁《いんのちょう》で政務を開始した。崇光上皇の流れが天皇となる途はいったん絶たれ、皇統は分裂を免れたのである。

興福寺の嗷訴

比叡山の嗷訴などの難題を抱えながらも、細川頼之は幕府の中心に立ち、それなりに政治をきりもりしていたが、彼に反感を抱く人もいて、思うにまかせないことが多かった。日吉社の神輿が上京してきたとき、彼らの要求に対して拒否の姿勢を貫いたのは、頼之と土岐頼康だったが、どういういきがかりがあったのか、この土岐が頼之といさかいを起こし、守護をつとめる尾張に下向してしまった。応安三年十二月のことである。また足利一門の重鎮今川貞世（入道了俊）は、応安四年二月に九州平定の任務を帯びて京都を去っていった。まもなく南朝方から幕府方に転じた楠木正儀《くすのきまさのり》を救うために南朝を攻めようということになり、頼之が大名の軍勢を集めるが、誰も淀川を渡ろうとせず、憤慨した頼之が引退を表明し、将軍義満の説得によってようやく思いとどまる一幕もあった。山名・佐々木・赤松・土岐などの大名の軍勢はやがて淀川を越えるが、さしたる戦いもせずに京都に帰ってしまう。そしてこの年の十一月には、比叡山嗷訴一件の火付け役となった春屋妙葩が丹後の雲門寺《うんもんじ》に引き籠もるという事件がおきる。細川頼之との対立がその理由だったらしいが、比叡山の反発を招いた春屋の傍若無人さに、頼之も愛想を尽かしていたのかもしれない。

こうした中、またもや朝廷や幕府を悩ませる事件がおきる。南都興福寺の衆徒たちが春日社の神木を擁して、また京都に乱入してきたのである。嗷訴の原因は大乗院《だいじょういん》・一乗院《いちじょういん》の門主と学侶《がくりょ》・衆徒の対立にあったが、そもそもの遠因は大乗院門主の内輪もめだった。もともと九条道教《くじょうみちのり》の弟の教尊《きょうそん》が大乗院の門主の地位にあったが、彼が狂気を起こしたため、道教の子息の教信《きょうしん》が入室して新たに門主となった。ところが教尊の狂気が直ったことから問題が起きる。病気が平癒《へいゆ》した以上、教尊に門主の地位を返すのがいいと九条経教《つねのり》（道教の子、教信の兄）が諭したにもかかわらず、教信は納得しなかったので、経教は教信を義絶《ぎぜつ》するとともに、教尊を扶持《ふち》するようにと一乗院門主の実玄《じつげん》に頼み込んだ。こうして大乗院門主と一乗院門主の対立が表面化したのである。こんなことでは仏法が滅びてしまうと考えた学侶と衆徒は一致して決議し、両門主を訴えることにしたが、こうした事態に直面した二人の門主は、いままでのいきがかりを捨てて突然和解し、いっしょに学侶や衆徒の行動を非難しはじめた。いままで争っていながら、いきなりまとまって押さえつけにかかる門主たちの行動に、衆徒たちの怒りもおさまらず、春日の神木を持ち出して、二人を処罰せよと迫ったのである。応安四年（一三七一）の十二月二日、京都に入った神木は、御所《ごしょ》の南方にある長講堂《ちょうこうどう》に納められた。

神木を上洛させるとともに、南都の六方衆《ろっぽうしゅう》は二人の門主の家に押しかけた。十二月十三日、一乗院門主の実玄は自ら家に火を放って平群郡《へぐり》に逃れ、大乗院の教信も逐電《ちくでん》した。また訴えをまともに受理しなかったという理由で、柳原忠光と勘解由小路《かでのこうじ》仲光《なかみつ》を放氏《ほうし》するという宣言がなされたとの噂が広まった。いうまでもなく春日社は藤原氏の氏神で、その意向に背いた者を藤原氏から放逐することができたのである。まもなく忠光と仲光の邸宅に、それぞれ六、七本の神木が振り入れられた。

神木を振り入れられた忠光と仲光は、さすがに家にいられなくなり、自分の青侍《あおざむらい》や縁者《えんじゃ》の家に逃げ込んだ。この二人だけでなく、中御門《なかみかど》宣方《のぶかた》も放氏を宣言され、一乗院から賄賂《わいろ》をもらって返事を引き延ばしたという理由で、醍醐寺《だいごじ》三宝院《さんぼういん》の光済《こうさい》と覚王院《かくおういん》宋縁《そうえん》を流罪に処せという訴えも追加され、万里小路《までのこうじ》嗣房《つぐふさ》も放氏の憂き目にあった。政務にかかわっていた公卿の多くが放氏の処分をうけたわけで、朝廷の政治機能は実質的に停止した。やがて公卿たちは放氏の処分を解かれてゆくが、春日の神木は京都に留まり、細川頼之を中心とする幕府も対応に苦慮しつづけた。

神木在京のまま一年以上が過ぎた。応安六年（一三七三）になると、興福寺の衆徒たちは、三宝院光済と覚王院宋縁が京都を徘徊することを禁じるようにと訴えるとともに、摂津守護代の赤松範顕《のりあき》の悪行も告発して、これを処分せよと迫った。先にみたように寺社領については半済を停止するとの幕府の法令が出されており、半済分を寺社の雑掌に返すようにとの指示も各国の守護あてに下されていたが、現地にいる守護代がなかなかこれを実行しなかった。摂津の場合も守護代の赤松範顕が興福寺領の年貢半分の返還をなかなか行わず、名指しで糾弾されるはめに陥ったのである。

なかなかあとに引こうとしない衆徒たちに、朝廷と幕府もさすがに弱りはて、それなりの処罰を下して衆徒たちを納得させようということになる。応安六年十一月には赤松範顕が越後、一族の赤松性準《しょうじゅん》が上総《かずさ》に配流となり、翌応安七年（一三七四）の六月には大乗院の教信が讃岐に流された。そして十一月五日、前から名指しされていた三宝院光済と覚王院宋縁ら四人が配流に処せられた。

応安七年十二月十七日、春日の神木はようやく京都から去っていった。まるまる三年もの間、神木は京都に鎮座し、三宝院光済のような政治の中枢にいた人物までもが配流の憂き目にあった。光済も宋縁もまもなく赦免されて京都に帰還しており、処分が形式的なものだったことがうかがえるが、朝廷や幕府としても何もしないわけにはいかなかったのである。

鎌倉に神輿が入る

春日社の神木が京都に持ち込まれていた時期に、鎌倉でも同じような事件が起きていた。応安七年の三月八日に、下総《しもうさ》の香取社《かとりしゃ》の神官たちが決起して、神輿を鎌倉にかつぎこんだのである。

ことは九年前に溯る。香取社は常陸《ひたち》の鹿島社《かしましゃ》と並ぶ藤原氏の氏神で、下総の一宮《いちのみや》でもあり、地域の武士たちからも尊崇されていたが、力をつけてきた新興の武士の中には、勢いにのって香取社の権益を侵そうとする者もあらわれていた。貞治四年（一三六五）のこと、中村胤幹《なかむらたねもと》という武士が軍勢を率いて香取社に乱入して神殿に放火し、神輿に矢が射込まれるという事件がおきる。彼は守護をつとめる千葉《ちば》氏の重臣で、千葉の権威を背景にしてこうした所行《しょぎょう》に出たという一面もあった。

香取社の神官たちのまとめ役だった大禰宜《おおねぎ》の大中臣長房《おおなかとみながふさ》はさすがに怒り、中村胤幹の処罰と、武士たちによって押領されていた社領の回復を求めて、守護の千葉氏に訴えを起こした。しかし千葉はなかなか動かず、らちがあかないと考えた長房は、鎌倉府に訴訟を提起するが、関東管領の上杉能憲が主宰する鎌倉府の側も、千葉がからむ案件に気乗りがするはずもなく、裁決はのびのびになる。

ここで長房はあらたな手段に打って出る。香取社は藤原氏の氏神だからということで、京都の摂関家に事態を訴え、摂関家から幕府に働きかけをしてもらおうとしたのである。応安五年（一三七二）十一月、訴えは関白で氏長者《うじちょうじゃ》もつとめる二条師良《にじょうもろよし》のもとに持ち込まれ、まもなく師良から管領細川頼之にあてて、香取社の要求が実現するよう努めてほしいという内容の御教書《みぎょうしょ》が出された。これを見た頼之は、直ちに関東管領上杉能憲にあてて、この件をきちんと処理せよと命ずる奉書《ほうしょ》を作った。そして香取社の側は、二条の御教書と管領の奉書を携えてあらためて鎌倉府に訴え出た。

周到な手続きをとられて鎌倉府の側も困惑したが、なかなか裁決に踏み切れないまま一年が経過した。そしてしびれをきらした香取社の神官たちが、神輿を担いで決起し、鎌倉に入り込んできたのである。鎌倉府側も何もしないわけにもいかず、千葉の代官を召しだして長房らの訴えが真実かどうかを問いただした。香取社の訴えは三つあり、香取社遷宮《せんぐう》の事業を千葉が速やかに行うこと、中村胤幹を処罰することと、武士たちが押領した所領を神官に返すことがその内容だったが、千葉の代官は遷宮の件については納得したものの、中村胤幹に罪はないし、彼らが神官の所領を押領しているのも事実ではないと主張した。このままではすまないと判断した鎌倉府は、安富道轍《やすとみどうてつ》と山名智兼《ちけん》の両名を下総の現地に派遣することとし、四月の末に二人は鎌倉を出発、香取社の神輿もこれと同行した。

安富と山名はまず千葉のもとを訪れ、香取側が訴えている三ヵ条について尋ねた。千葉も遷宮のことについては納得したが、あとの二つについては強硬に抵抗した。自らの配下にある武士たちを守るため、彼も必死だったのである。それでも二人の使いは香取に向かって進んだが、ここで千葉方の武士たちに道を塞がれてしまう。こちらも言い分があるのだから、改めて審理をし直すのが道理だと彼らは主張し、二人の使者もしかたなく鎌倉に帰った。そして鎌倉での審議が再開、香取社側の要求がやはり認められ、例の二人が香取に向かうが、またまた武士たちの抵抗にあい引き戻された。そして八月、とうとう三度目の両使下向が決行される。二度にわたって抵抗した千葉側の武士たちもさすがに弱腰になり、いくらかの所領を神官に引き渡すことで一応の決着がはかられた。

所領の押領などによって力をつけてきた武士たちを組織しながら、千葉のような大名もその勢威を保っていた。だから配下の武士たちの権益を守るべく行動するのは当然ともいえるが、守護として地域秩序を守らねばならない地位にあり、幕府や鎌倉府の意向に最後まで抵抗することはできなかった。新興の武士たちによってその権利を侵害され続けてきた香取社は、神輿動座という実力行使によって、全面的とはいえないまでも、それなりの勝利をつかみとったのである。

神輿や神木を振り入れて宿願を達成しようとする権門寺社の行動は、京都でも鎌倉でもこの時期に集中的に見られる。戦乱が終息して世の中が平和になり、朝廷や公家と協調しながら政治運営を進めるという武家の姿勢が明らかになると、こうした伝統的勢力はむしろ活気づく。香取社の神輿動座は関東固有の事件ではない。神輿や神木がいつも振り入れられている京都の情勢を学びとって、神官たちは嗷訴に及んだのである。

関東管領上杉能憲

上杉憲顕のあとを継いで関東管領になったのは、憲顕の子の能憲と甥の朝房の両人だった。鎌倉公方の金王丸は、やがて元服して氏満《うじみつ》と名乗るが、まだ少年だったため、能憲と朝房の両人が鎌倉府の政治を担う形が続いた。ところが応安三年の八月になって、朝房が突然引退を表明して鎌倉を飛び出してしまい、残された能憲が一人で管領をつとめることになる。

建長寺と円覚寺の争いや、香取社の嗷訴など、頭の痛い事件が続いたが、そんな中でもこの管領はそれなりに任務を全うし、事件の解決に力を尽くした。義堂周信も彼とはことに親しく、応安四年には能憲が開基となって創建した報恩寺《ほうおんじ》に招かれ、その開山となった。工事着工の儀式の際、義堂は自ら鍬《くわ》を取って土をすくってもっこに入れ、檀那《だんな》の能憲といっしょにこれを運んだ。

永和《えいわ》二年（一三七六）の四月に能憲は病を得、しだいに重態になった。五月のある日、能憲は義堂に向かって臨終の際の心構えを尋ねた。「十七歳で夢窓国師に参じたとき、工夫《くふう》用心のことを質問したら、国師は「即心即仏《そくしんそくぶつ》」と言われた。それからというもの、座禅するたびにこの言葉を念じてきたが、これでいいのですか」。「それでいい」と答えたのち、義堂はこう続ける。「馬祖《ばそ》ははじめに即心即仏と言って、後には話を変えて非心非仏《ひしんひぶつ》と唱えた。このように仏法というものは物事にこだわることを忌むものだ。平生《へいぜい》悪い行いがあったとしても、臨終のときの一念が正しければ、その瞬間に邪が正に転じる。あなたも来世ではきっと仏祖の域にのぼることができるでしょう」。

かつて悪行があっても、臨終のときの一念が正しければ救われると義堂は説いたわけだが、二十年以上も前、能憲は忘れられない事件を引き起こしていた。足利政権の大分裂のさなか、大軍を率いて鎌倉から京都に入り、宿敵高師直とその一族を摂津で討ち取ったのが、ほかならぬ彼だったのである。まだ十九歳のときだった。能憲は上杉憲顕の子だが、伯父にあたる上杉重能《しげよし》の養子になっていた。直義派の中心にいたこの養父が師直によって殺されたことに対する報復ともいえるが、かなり血気盛んな若者だったとみていいだろう。こののち十年あまりの雌伏の後、父とともに政界に復帰し、やがて関東管領の地位につくことになるが、壮年に達したとき、彼は生真面目な政治家に変貌していた。そして長年政務に励み、臨終を前にしてこうした対話を交わしたのである。

このとき能憲は義堂に向って、もう管領をやめたいから、公方の許可をもらってきてほしいと頼んだ。早速義堂は公方氏満のもとを訪れてこれを伝えたが、氏満はなかなか承知しなかった。翌日能憲はまた義堂を招き、ほんとうにもうやめたいのだと訴えかけた。義堂から話を聞いた氏満は、「管領職の任免は京都の幕府が決めることなので、すぐに京都に使いを出すから、しばらく待っていてほしい」と返答した。事実上の了承といえる。喜んだ義堂は早速能憲邸にかけこんでこれを伝えた。

願いが叶ったと能憲は喜んだが、その顔色はどうみても病人のものではなかった。「重職から脱することができたので、病気も飛んでいってしまったのだ」と人々は噂したが、辞職が決まったとたんに能憲の病気は直ってしまう。そしてこれがかえって災いし、もういちど管領に戻ってほしいと公方に頼まれ、八月になって心ならずも管領職に戻ることになる。そしてその二年後、永和四年(一三七八)の四月十七日、能憲は急な病を得、四十六歳で亡くなった。

京都の細川頼之と鎌倉の上杉能憲は、ともに年少の主君を抱えながら政治を司り、さまざまな難題に直面しながらも政権の安定につとめた。室町幕府と鎌倉府の基盤は、この両人の時代に築かれたといっていいだろう。しかし管領の仕事はかなりの負担で、できれば早く引退したいと、ほんとうは二人とも願っていたのかもしれない。強い権力欲を持ち、地位にしがみつこうとするのが政治家の特徴だとわれわれは考えがちだが、たまたまそうした家柄に生まれ、一定の能力があるため抜擢されて宰《さい》相《しょう》をつとめることになった人々は、円満な引退を夢見ながら政務に励んでいたのではないだろうか。

今川貞世の九州経略

細川頼之が管領をつとめていた時代、吉野の南朝は健在だったが、その衰勢は覆いがたく、京都に攻め込むような力はなくなっていた。また関東や東北などでは南朝方の動きはなりをひそめた。おおまかにいえば幕府の優位はゆるぎないものとなったといえるだろうが、この時代にも九州だけは容易にその支配に服さなかった。後醍醐《ごだいご》天皇の皇子の懐良《かねよし》親王は、肥後《ひご》の菊池《きくち》氏に支えられながら、足利政権の分裂に乗じて勢力を伸ばし、大宰府《だざいふ》（福岡県太宰府市）を拠点としながら九州の大半を押さえていた。頼之が管領になったころが懐良を戴く征西将軍府《せいせいしょうぐんふ》の全盛期で、倭寇の禁圧を求める明《みん》の皇帝の使節は、京都ではなく大宰府の懐良のもとに現われている。こうした状況を克服し、九州を幕府の統治下に置くことが、頼之が主導する幕府の大きな宿願だった。そして足利一門の重鎮今川貞世が九州制圧の

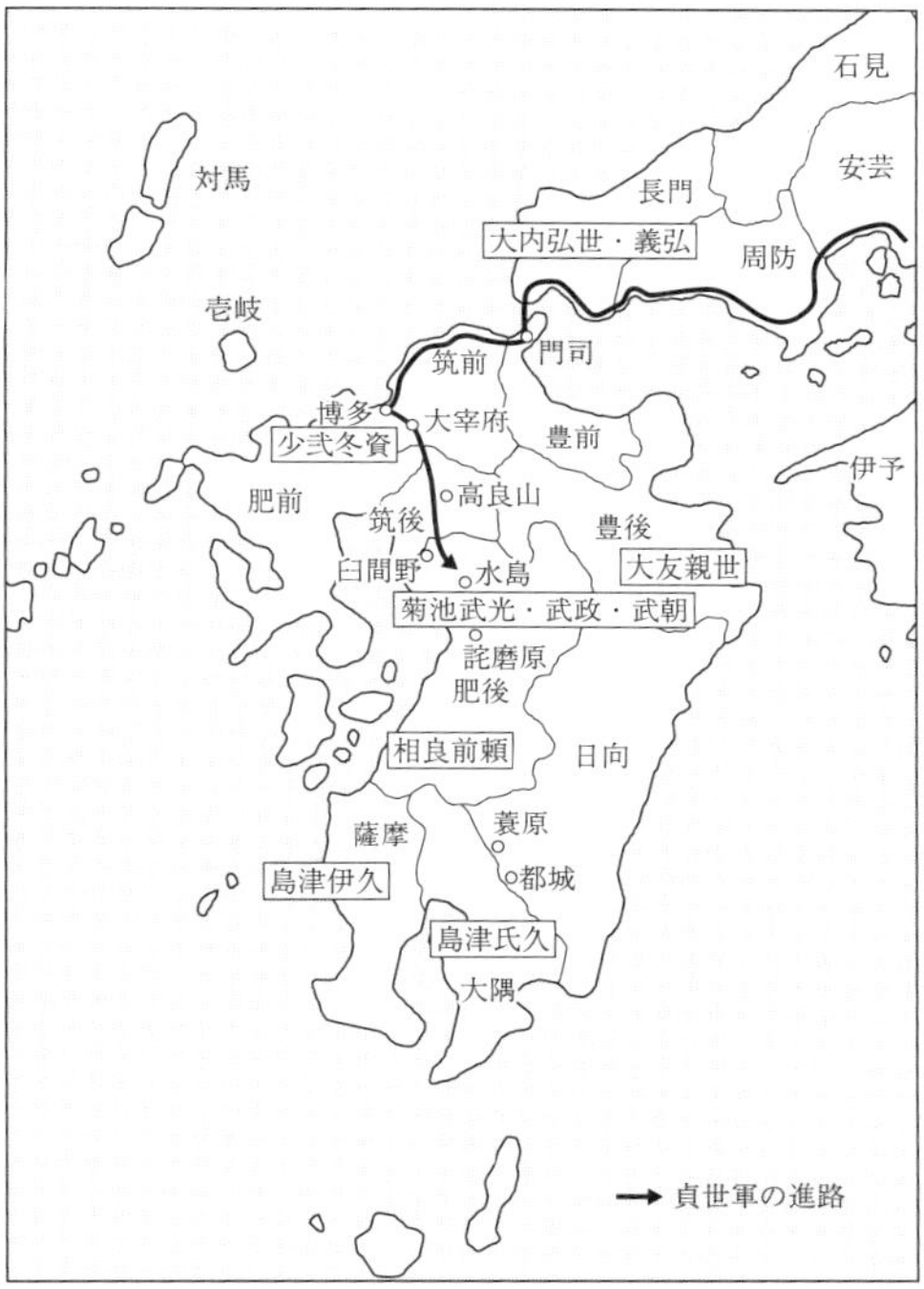

図13　今川貞世の九州経略

大将に抜擢され、一門とともに九州に赴くことになる。

今川貞世が京都を出発したのは応安四年（一三七一）二月、このあと貞世は各地の武士を組織しながら山陽道《さんようどう》を悠然と進むが、子息の義範《よしのり》と弟の頼泰《よりやす》に別働隊を組織させ、こちらのほうが一足早く九州に到着する。貞世が豊前《ぶぜん》の門司《もじ》（北九州市）に到着したのは、十二月十九日のことだった。

大将の貞世が率いる軍勢が門司から大宰府に進み、義範の軍勢が豊後《ぶんご》、頼泰の軍勢が肥前《ひぜん》を経略するというように、三つの部隊がそれぞれ動く形で九州経略は進められた。山陽道を進みながら貞世は国人《こくじん》たちを次々に組織していったとみえ、その軍勢には毛利《もうり》・山内《やまのうち》・吉川《きつかわ》といったそうそうたるメンバーが加わった。また豊後の大友《おおとも》氏ははじめから協力的で、豊後の義範や肥前の頼泰のもとにも近隣の国人たちが集まってきた。

周防の大内弘世と筑前《ちくぜん》の少弐冬資《しょうにふゆすけ》も貞世に協力して合戦に加わった。少弐氏はもともと大宰府を押さえていたが、懐良との戦いに敗れてこれを失っていた。貞世の下向は大宰府回復の好機だが、今川主導で九州平定がなされると自分の立場がなくなるという、複雑な思いだったに違いない。周防・長門から筑前にかけて勢力を伸ばそうとしていた大内にとっても、貞世の下向は手放しでは喜べないものだっただろうが、一応は幕府に従っている以上協力しないわけにはいかなかったのである。

応安五年（一三七二）八月十二日、今川貞世はとうとう大宰府を陥落させ、近くの城山に陣所《じんしょ》を置いた。そしてここを拠点としながら、薩摩《さつま》・大隅《おおすみ》の島津《しまづ》氏をはじめとする南九州の武士たちを味方に誘い、菊池らの動きを封じこめようとしてゆく。菊池の反撃もなかなかのものだったが、幕府方の優勢は動かしがたく、戦線は南下して筑後《ちくご》が戦いの舞台となった。応安七年（一三七四）十一月十二日、貞世が率いる幕府軍は大挙して筑後川を渡って筑後に攻め込み、高良山《こうらさん》（福岡県久留米市）にいた懐良親王と菊池武朝は、こらえきれずに肥後に逃れた。九州に上陸して三年で、貞世は敵を肥後まで追いつめたのである。

九州の武士たちを組織するにあたって今川貞世はさまざまに心を砕いた。所領を安堵してほしいとか、官途《かんと》がほしいといった彼らの要求に応えて、吹挙状《すいきょじょう》（推薦状）を作って幕府に上申するという作業を重ね、いまだに参陣してくれない薩摩や大隅の島津氏に対しても、その配下の武士たちの所領安堵を進めてほしいという要求に答えつつ、円満な関係を築こうとつとめていた。こうした努力が実って戦況は有利に進み、永和元年（一三七五）になると懐良親王や菊池氏の本拠である肥後に進んで敵方を圧迫することが可能になった。七月十二日に貞世は肥後の水島《みずしま》（熊本県菊池市）に入り、ここを陣所に定めた。

周防の大内弘世は早い段階で九州を去り、少弐冬資の動静も定まらなかったが、大隅守護の島津氏《うじ》久《ひさ》はやっと重い腰をあげて、はるばる水島まで参陣した。八月十一日、貞世と氏久の対面がなされ、島津を味方にしたいという貞世の宿願は達成された。少弐の動きは微妙だったが、島津の勧めもあって冬資も水島の陣に到着、貞世との会見がなされた。八月二十六日のことである。

事件はここで起きた。少弐を招き入れたのち、貞世と冬資はいつもの挨拶をして三献の儀があり、その後も酒宴は続いたが、酌取《しゃくとり》をしていた山内という武士が突然冬資に襲いかかって組み倒し、貞世の弟の頼泰が冬資を刺し殺した。あっという間の暗殺劇だった。

あらたに現われた貞世の活躍によって、立場を失った少弐が南朝方と通じたというのは、おそらく事実だろうし、少弐の存在をこのままにしておいては九州経略に差し支えるという判断も理解できる。しかし陣中で謀殺するという手段を用いたことは、貞世の予想を超える波紋をもたらした。せっかく味方に引き入れた島津氏久が、こんな大将には従えないと、絶交宣言をして帰ってしまったのである。

この事件で九州経略は一頓挫をきたし、貞世も兵を引かざるをえなくなったが、彼はひるむことなく軍陣を立て直した。幕府の求めに応じて大内義弘《よしひろ》が周防から渡海して貞世の窮地を救い、おかげで貞世も再起を果たすことができたのである。大内弘世は貞世の勢力拡大を嫌って戦陣を離脱していたが、もともと父と対立していたその子の義弘は、幕府の命令に従って、一族家人三〇〇余人を率いて船で豊後に渡って豊前に攻め入り、さらに筑前に向って進んでいった。このとき大内義弘は二十一歳、父からの自立を図って九州に攻め入り、華々しい功績をあげた。そして父親の弘世のほうは、その反抗的な行動を幕府に咎められて石見《いわみ》守護職を没収された。

水島の陣を去って大隅に帰った島津氏久は、貞世と戦う姿勢を崩さなかったが、薩摩を拠点とする島津伊久《これひさ》（氏久の甥）の立場は微妙なものだった。そして貞世はこの伊久を懐柔しながら氏久との戦いを有利に展開しようとつとめた。大将となったのは今川一門の満範《みつのり》で、六月には肥後の球磨《くま》郡に入って、相良前頼《さがらさきより》などの武士をまとめた。軍勢はやがて日向《ひゅうが》に入り、年末には都城《みやこのじょう》に迫った。翌永和三年（一三七七）三月、都城救援にかけつけた島津氏久と幕府軍の戦いが蓑原《みのばる》（宮崎県都城市）の地で展開された。

菊池を中心とする勢力との戦いも続いたが、幕府軍の優勢はゆるぎないものとなった。この年の八月、肥後の臼間野《うすまの》（熊本県玉名郡南関町）において今川頼泰・大内義弘らの幕府軍と、菊池武朝率いる南朝方との決戦があった。ここで敗れ去った南朝方は、くじけず再起して、永和四年九月には肥後の詫磨原《たくまばる》（熊本市）で貞世の軍と戦っているが、もはや劣勢は覆いがたかった。いったんの挫折を乗り越えて、今川貞世は九州経略をほぼ達成したのである。

二　西と東の王権

1―義満と氏満

将軍義満の登場

自己の主張を押し通して子息に譲位し、院政《いんせい》を開始した後光厳《ごこうごん》上皇だったが、その政治は長くは続かなかった。応安《おうあん》七年（一三七四）正月、できものを患った上皇は、それから十日ほどであっけなく亡くなってしまう。院政開始から三年も経過していなかった。このとき後円融《ごえんゆう》天皇は十七歳。上皇なきあとの政務を誰がとりしきるかが問題になるが、当時五十五歳だった前太政大臣《さきのだじょうだいじん》の二条良基《にじょうよしもと》が、幕府から頼まれて朝廷のとりまとめ役を果たすようになる。

偶然といえばそれまでだが、将軍の足利義満《あしかがよしみつ》も天皇と同じ十七歳だった。管領細川頼之《かんれいほそかわよりゆき》が主導する幕府政治の中で、それまではあまり表に出なかったが、永和《えいわ》元年（一三七五）十一月には十八歳で従《じゅ》三位《さんみ》に昇進、さらに判始《はんはじめ》を行って、次第に独自の行動をみせはじめるようになる。

永和三年（一三七七）六月、越中《えっちゅう》で事件がおきる。越中守護《しゅご》は斯波義将《しばよしゆき》で、守護代《しゅごだい》が現地の管理にあたっていたが、地域の武士たちと悶着《もんちゃく》を起し、合戦が始まってしまったのである。戦い敗れた武士たちが逃げ込んだ太田保《おおたのほ》（富山市・上新川郡大山町）に守護代の軍勢が乱入、荘園《しょうえん》を焼き払ってしまうが、ここが細川頼之の所領だったからことは大事になる。自分の所領を荒らされて激怒した頼之は、家臣を越中に下向《げこう》させて守護方を撃滅しようとした。もともとは越中の事件だったが、京都にいた細川と斯波の間は険悪になり、大名たちもこのいずれかに与して、一触即発の状況になった。そしてあわや合戦かというとき、危機を救ったのは将軍義満だった。八月十一日、義満は大名たちのもとに使者を遣わして、こんな物騒なことになっているのはいけないと叱責、これが功を奏して、戦いは回避されたのである。

管領として政務を統括する立場にある人が、一種の私怨《しえん》によって徒党《ととう》を結ぶというのは、やはり問題だった。細川頼之はあいかわらず管領の地位にあったが、この事件をきっかけにして、将軍の株は大きく上がったとみていいだろう。さらにこの将軍は天皇家や公家たちの中にも堂々と入り込んでゆき、その存在をアピールすることも積極的にやりはじめた。永和四年（一三七八）二月に参内《さんだい》したときには、剣役《けんやく》・沓役《くつやく》と調度役《ちょうどやく》の大名を従え、三〇騎ほどの近習《きんじゅう》と大名の家臣を大勢引き連れて周囲を驚かせたが、その翌日には前関白《さきのかんぱく》の近衛《このえ》道嗣《みちつぐ》に、庭の枝垂桜《しだれざくら》がほしいと頼んでいる。一年前の火事で室町殿は焼失し、あらたな御所《ごしょ》の建築が進められていた。ここを花で満たしたいと考えた義満は、近衛の庭の枝垂桜に目をつけたのである。三宝院《さんぼういん》光済《こうさい》が使者を近衛のもとに遣わして、将軍の希望を伝えるという形をとり、突然の依頼にとまどった道嗣も、とりあえずわかりましたと返答した。光済の

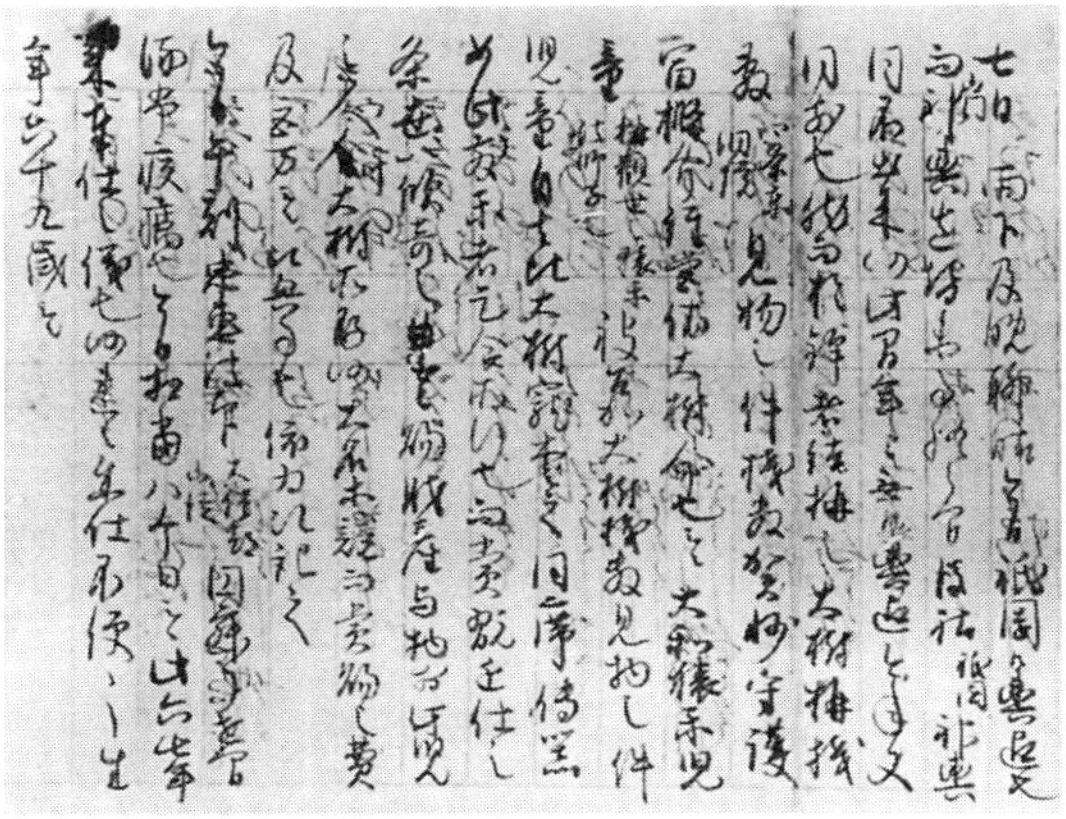

図14　後愚昧記（永和4年6月7日条）

使いが帰ったあと、こんどは大納言《だいなごん》の日野《ひの》資康《すけやす》が道嗣のもとにやってきて、この枝垂桜をそのうち掘り取って、「花亭」という名の新しい将軍御所に移し植える算段になっていると伝えた。資康は義満夫人の兄で、新造御所にかかわるさまざまのことを用立てる役目を帯びていたのである。

三月十日、義満は北小路にある新亭に移り住んだ。ここはもともと崇光《すこう》上皇の御所だったが、火災のあと再建されず放置されていたので、義満が申請して自分のものにしたという経緯があった。ところで上皇の御所のとなりには今出川《いまでがわ》公直《きんなお》の邸宅があったが、義満はどさくさにまぎれてこれも御所の中に取り込んでしまう。抗弁することもできず公直は泣く泣く引っ越していった。

武家の頂点として朝廷と対峙するのではなく、自ら公家の社会に入り込むことで、政治の安定と自らの地位向上を図ろうと、この将軍ははじめから考えていた。そうした中で官位の昇進もとんとん拍子で進み、権大納言《ごんだいなごん》になって右近衛大将《うこのえのだいしょう》を兼ね、従二位に昇進した。十一月末に参内したときには、二条良基をはじめとする公卿《くぎょう》たちが集まり、義満が退出する際にはみなで門まで出て送った。翌康《こう》暦《りゃく》元年（一三七九）正月七日の白馬節会《あおうまのせちえ》にも義満は顔を出し、周囲を驚かせた。

永和四年六月の祇園祭《ぎおんまつり》のとき、義満は四条東洞院《しじょうひがしのとういん》に桟敷《さじき》を作って見物した。この桟敷は加賀《かが》守護の富樫昌家《とがしまさいえ》が命じられて作ったもので、義満はひとりの児童と並んで座った。少年の名は藤若《ふじわか》。猿楽《さるがく》法師《ほうし》観阿弥《かんあみ》清次《きよつぐ》の子、のちの世阿弥元清《ぜあみもときよ》である。この少年を寵愛《ちょうあい》した義満は、ことあるごとに彼を呼んで近くに侍らせ、多くの財産や物を与えた。また将軍の気に入られようと考えた大名たちも、競い合って財宝を投げ出した。「このような散楽《さんがく》（猿楽）は乞食《こつじき》の所行なのに、みなが賞翫《しょうがん》しているというのは困ったものだ」と三条公忠《さんじょうきんただ》は歎いているが、新奇な物が大好きな陽気な将軍が、公武をあわせてのみこんでいく時代がまもなく訪れることになるのである。

康暦の政変

細川と斯波の争いはいったんおさまったが、こうした内紛を見抜いたのか、南朝方の武士たちが反撃の構えを見せ始めていた。永和四年の冬、南朝方は紀伊《きい》で蜂起《ほうき》し、細川頼之の弟頼基《よりもと》（のちの頼元）を中心とする幕府軍が紀伊に赴いた。南朝方はいったん退き、頼基は軍勢を駐留させたまま京都に戻ったが、この間に南朝方は息を吹き返し、駐留軍は勝手に逃げ散った。しらせを聞いた義満は腹を立てて自ら陣頭に立つと言い出し、東寺《とうじ》まで進んだ。将軍自ら戦地に赴くのはさすがに問題だということで、義満はまもなく帰ったが、幕府軍のふがいなさに将軍も頭をかかえていたのである。

細川頼之が管領に就任してから、もう十二年が経過していた。頼之自身は懸命に政務を担っていたつもりだったろうが、反対派の自己主張が強まっていくのは時間の問題だった。康暦元年二月二十日、身の危険を感じた頼之が四国に帰ろうとする事件がおきる。驚いた将軍義満が説得して頼之も気を取り直し、二日後の二十二日には土岐頼康《ときよりやす》を討伐するとの将軍の命令が発せられた。頼康はこのとき六十二歳、大名の中では長老だったが、頼之と争って尾張《おわり》に戻った経緯をもつ。彼が頼之追い落としの中心人物だったことはまちがいないだろう。将軍から慰留されたとき、土岐を討伐してくれれば政務に復帰すると頼之が条件を出し、了解した義満が正式に追討令を出したということらしい。また土岐とともに近江《おうみ》の佐々木高秀《ささきたかひで》も討伐の対象になったようである。高秀も長く京都にいて侍所頭人《さむらいどころとうにん》などをつとめていたが、いつしか頼之とは疎遠になっていたのだろう。頼之の政権が発足したとき、土岐と佐々木はともに京都にいて彼を支えてくれたはずだったが、長年にわたって政務を仕切るなかで、二人はいつしか京都を離れ、頼之の最大の敵になる。細川頼之はまことに孤独な宰相《さいしょう》だった。

翌二十三日になると、斯波義将と土岐義行《よしゆき》（頼康の養子）がいずこともなく行方をくらました。まもなく追討の兵が出陣し、赤松義則《あかまつよしのり》が土岐討伐にあたり、六角《ろっかく》家の佐々木亀寿丸《かめじゅまる》が佐々木高秀追討の役目を承ったが、事態は思いがけない方向に動くことになる。いったん逐電《ちくでん》した斯波義将が翌日には京都に現われ、警戒した細川頼之の与党が集まって、京都は騒然となった。三月になると土岐や佐々木の赦免《しゃめん》を求める声が高まり、十八日に義満はとうとう土岐頼康を赦免すると宣言、佐々木高秀もやがて赦された。追討令は白紙に戻され、土岐も佐々木も名誉回復に成功したのである。

閏《うるう》四月十三日、佐々木高秀が上京を果たすが、その翌日、細川頼之の罷免《ひめん》を求める大名たちが集結し、酉《とり》の刻(午後六時ごろ)、頼之は邸宅に火を放って、細川一門の面々を引き連れて京都を去った。反対派の大名たちに取り囲まれて、京都を離れざるを得なかったわけだが、このままでは管領を続けるわけにはいかないから、ここはひとまず引退するようにと、将軍義満が説得したというもっぱらの評判だった。前関白の近衛道嗣は「諸大名がみな罷免を求めているのに、将軍だけは頼之を贔屓《ひいき》にしていて、連署《れんしょ》して罷免要求をした大名たちを追討しようとしたのに、またこんなことになった。なにか理由があるのか」と疑問を投げかけているが、三条公忠はこの逆転劇には将軍がからんでいるという風評を日記に残している。「こんどのことは佐々木高秀や土岐直氏《なおうじ》(頼康の弟)らのしわざだが、将軍もだいだいのところで同意していたという噂もある。大名たちが将軍の御所を囲んで罷免要求をしたという風説もあるが、将軍が決断してこのようにしたと話す人がほとんどだ」。

管領辞任の願いを何度も慰留していることからみて、義満が頼之を頼りにしていたことはまちがいないだろう。ただ長期政権に政敵はつきもので、いつまでも彼に政治を任せておくわけにもいかなかったから、ここは思い切って身を引いてほしいと説得したのだろう。穏便に頼之を引退させることで自らの立場を固めたいという気持ちがなかったとは言い切れないが、すでに公家社会にも深く入り込んでいる義満にとって、管領が誰かはさしたる問題ではなかったのではあるまいか。頼之が去ったのち管領に抜擢されたのはあの斯波義将で、この後十二年間管領をつとめ、幕府の政治を司るが、将軍義満は公武を統括する存在として、幕府の枠を超える活躍を始めるのである。

鎌倉公方足利氏満

京都の政変はこうして幕を閉じたが、この一件は遠く関東でも思わぬ波乱をひきおこした。土岐の追討令が出された半月ほど後の三月七日、関東管領の上杉《うえすぎ》憲春《のりはる》が謎の自殺を遂げたのである。

土岐討伐の命令は、鎌倉にも出されたらしい。二月の末には鎌倉に届いていたはずで、将軍の命に従って東海道《とうかいどう》を進み、尾張や美濃《みの》に攻め込む軍勢の編成が協議されていたと考えられるが、そうしたタイミングでの管領の自殺だった。関東の政治史を詳しく描いた『鎌倉大草紙《かまくらおおぞうし》』は、人々の誘いに乗った鎌倉公方《くぼう》の氏満《うじみつ》が将軍に対する謀反《むほん》を企て、心中を聞かされた管領の憲春が、謀反を思い止まらせるために諫死《かんし》したと、ことの次第を語る。もちろん裏づけはないが、将軍の命令が土岐討伐で、それが順調に遂行されるならば管領が自殺する理由がつかないから、頼之の反対派から誘いを受けた氏満が、将軍の命令に背いて動こうとし、これを管領が命をかけて阻止したという話は理解しやすい。義満と頼之は一体だと一般には認識されていたから、是が非でも頼之を駆逐したいと願っていた人々は、最終的には義満に反旗を翻すことも覚悟したことだろう。そうした謀反の際にはあらたな公方を擁立することが必要で、鎌倉の氏満は格好の存在だったのである。

京都を遠く離れた鎌倉で成長した氏満が、幕府政治や京都の政情に詳しいはずがなく、従兄弟の義満に反感を抱いていたとも思えない。しかし義満の廃立も辞さない一部の勢力の誘いをうけて、心が動いてしまったのだろう。自分にも将軍になる資格はある。若い公方はそう思ったようだが、補佐役の管領にとってみれば甚だ迷惑なことだった。管領の諫死という事態に直面した氏満は、さすがに反省したとみえ、その弟の憲方《のりかた》を大将とする軍勢を出発させた。途中で土岐が赦免されたという知らせを聞いて、上杉憲方は鎌倉に引き返し、まもなく関東管領に任命される。管領の横死《おうし》はもちろん問題になり、氏満は使僧を京都に遣わして陳弁《ちんべん》させ、義満もこれを認めて一件は落着した。

このとき氏満は二十一歳、ようやく自己主張を始める年頃になっていた。今回の一件はそうした中で起きた悲劇といえるが、将軍にとってかわるといった野望を棄てたこの公方は、自らのいる関東に目を注ぎ、鎌倉府の勢力拡大のために邁進《まいしん》することになる。翌康暦二年（一三八〇）五月、下野《しもつけ》の裳《も》原《ばら》（宇都宮市）で小山《おやま》氏と宇都宮《うつのみや》氏の決戦があり、宇都宮基綱《もとつな》が敗死したが、しらせを聞いた公方氏満は、小山の所行は鎌倉府に対する反乱だとして、討伐軍を派遣するからすみやかに出兵せよと、関東八ヵ国の武士たちに命令を下した。管領上杉憲方と木戸《きど》法季《ほうき》が大将となり、意欲満々な公方は自らも鎌倉を出発して武蔵《むさし》の府中《ふちゅう》（東京都府中市）に陣所《じんしょ》を構え、さらに北上して村岡《むらおか》（埼玉県熊谷市）まで進んだ。軍勢の攻撃を受けた小山義政《よしまさ》は、九月になって降伏を申し入れ、氏満もこれを受け入れて内乱はいったん

図15　足利氏満木像

おさまる。

下野の小山氏は藤原秀郷《ふじわらのひでさと》を祖とする名門で、関東の大名の中では最大の勢力を保持していたといってよい。隣接する宇都宮氏とは長年対立関係にあり、たまたま合戦して勝利を収めただけなのに反逆者呼ばわりされるのは心外だっただろうが、やはり足利なにするものぞという心性を小山氏が備えていたことは否定できない。

最初の内乱は幕を閉じたが、これでことは終らなかった。なかなか小山義政が参陣してこないので、氏満があの降伏は偽りだったのかと怒り、再度軍勢が派遣されることになる。永徳《えいとく》元年（一三八一）二月、上杉朝宗《ともむね》（憲方の従兄弟）と木戸法季を大将とする討伐軍が鎌倉を出発、今回も氏満はみずから出陣して鎌倉街道を進み、小山の居城鷲城《わしじょう》に迫った。十二月になって義政は剃髪《ていはつ》して降参を申し出、氏満もこれを認めて和議が成立し、義政は鷲城から祇園城《ぎおんじょう》に移った。ところが翌永徳二年（一三八二）の三月、義政は突然祇園城に火を放ち、糟尾《かすお》（栃木県鹿沼市）の奥の城に籠もって、徹底抗戦の構えを見せた。しらせを聞いた氏満は激怒して、上杉と木戸に山奥の要害に攻め入るよう命じた。軍勢の攻撃を受けて糟尾の城は陥落、小山義政は自害し、四月十八日、氏満の陣で頸実検《くびじっけん》がなされた。

小山義政がここまで抵抗し、公方氏満が最終的にこれを滅亡まで追い込んだのはなぜか。宇都宮との争いが直接の原因で、公方に弓を引いたわけではないが、氏満はこれを叛逆《はんぎゃく》と断定し、自身陣中に赴いて義政を討ち取った。義政の子の若犬丸《わかいぬまる》はいずこともなく逃走し、小山氏の同族の結城《ゆうき》基光《もとみつ》の子が小山家に送り込まれて家督《かとく》を相続することになった。小山の家自体は滅亡を免れたわけだが、この内乱の結果、小山氏の勢力は大きく削ぎ落とされることとなる。下野の守護職は木戸法季に与えられ、関東の中心部に存在する武蔵太田荘《むさしおおたのしょう》は没収されて公方の料所《りょうしょ》に組み入れられた。また小山氏が権益をもつ下総《しもうさ》の下河辺荘《しもこうべのしょう》も、結局は鎌倉公方の料所になることとなる。小山義政の討伐によって、鎌倉公方は関東平野の中央部の掌握をようやく実現した。公方氏満が執拗なまで小山討伐にこだわったのは、小山の勢力を温存していては関東の統治は進まないと考えたからに違いない。

永徳二年五月一日、氏満はようやく鎌倉に帰還した。鎌倉の留守をあずかっていた上杉憲方は、いったん関東管領の職を退いていたが、氏満が帰ったしばらくのちに管領職に復帰し、公方と管領を中心とする政治がまた再開された。このとき氏満は二十四歳、管領の憲方は四十八歳になっていた。二人の関係は比較的円満で、鎌倉と関東はしばらく安定した時代を迎えることになる。

義満と朝廷

細川頼之の失脚によって、それまで頼之と反目し逼塞《ひっそく》していた人々が次々に復権を果たしたが、あの春屋妙葩《しゅんおくみょうは》もその一人だった。丹後《たんご》の雲門寺《うんもんじ》にいた春屋は、頼之が京都を去るやいなや上京して南禅寺《なんぜんじ》の住持《じゅうじ》に納まった。すでに六十九歳の高齢だったが、将軍義満は春屋を僧録司《そうろくし》に任命して禅宗寺院統括の役にあたらせた。

新管領斯波義将を中心として幕府の政治が平穏に運営される中、将軍義満の朝廷への接近はますますその度合いを深めた。康暦元年六月に天皇が舞楽《ぶがく》を鑑賞したときには、夫人の日野業子《なりこ》と同伴で参内し、天皇から楽器を賜わっている。そのあと内々に一《いっ》献《こん》の儀《ぎ》があったが、これに参加したのは准后《じゅごう》の二条良基と、義満夫人の兄弟にあたる日野資康と資教《すけのり》だけという、きわめて身内の集まりだった。七月に義満の室町亭《むろまちてい》（花亭、花の御所）で管絃《かんげん》の会が開かれたときには、中御門《なかみかど》宗《むね》泰《やす》・室町季顕《むろまちすえあき》・園基光《そのもとみつ》・冷泉永季《れいぜいながすえ》らの公卿たちが参加した。これは義満が始めて管絃を披露する集まりで、管絃を家業とする公家たちが集まったものといえる。七月には義満の右近衛大将任官の奏慶《そうけい》の儀が行われるが、義満はこれに先立って二条良基のもとを訪れ、儀式のときの振る舞いかたの手ほどきを受けた。朝議《ちょうぎ》万般に通じた希代の碩学《せきがく》は、若い将軍にとって頼りになる先生だったのである。

図16　春屋妙葩画像

康暦二年の正月、義満は従三位から一挙に従一位に昇進した。尋常ならざる出世である。管領の斯波義将も昇殿を許され、天皇から酒盃《しゅはい》を頂く栄誉に預かった。翌永徳元年正月の白馬節会の時には、義満は右大将の立場で、左大将《さだいしょう》の徳大寺《とくだいじ》実時《さねとき》とともに儀式の仕切り役をつとめた。左大将の実時が内《ない》弁《べん》の上首《じょうしゅ》として儀式を行い、そのあと義満が外弁《げべん》上首として同様に儀式を司る予定だったが、実時が仕切りをしている間、義満は座を立ってその様子を子細に観察し、頭に焼き付けたうえで、自分の仕事を滞りなく果たした。一部始終を見ていた前関白近衛道嗣は、義満の作法はとても優美で、天性の才能かもしれないと絶賛している。儀式を執り行う才能をもちあわせていたともいえるが、人一倍の努力の積み重ねによって、義満は技量を磨いていったのである。

三月十一日、天皇が義満の室町亭に、多くの公卿たちを引き連れて行幸《ぎょうこう》した。翌日にはここで舞を見物、次の日には蹴鞠《けまり》の会が催された。天皇と義満、さらに近衛道嗣をはじめとする総勢八人で蹴鞠がなされ、深夜に及んだが、近衛道嗣は帰りぎわに義満に呼び止められる。「今日だけで終るのは寂しいから、明日も蹴鞠の会を開きたい。できれば早めにきてほしい」。わかりましたと答えた道嗣は翌日の正午すぎに室町殿に赴くが、天皇は就寝中だったので、天皇ぬきで蹴鞠の会が開かれ、みなが沓を着けないで蹴鞠に興じた。

夜になった頃に義満は道嗣に近づき、その蹴鞠の腕前について語ったのち、今夜御乗舟の遊びをしたいので、是非参加してほしいと頼んだ。道嗣はさっそく帰宅して装束《しょうぞく》を着替え、また室町殿に赴いた。池には三つの舟が浮かべられていたが、天皇は二条良基らとともに歌舟という名の舟に乗り、近衛道嗣は公卿たちといっしょに詩舟に入り、管絃舟には義満が乗り込んだ。六人から八人程度が一つの舟に乗る格好になり、天皇が笛を奏で、今様《いまよう》を歌ったり朗詠《ろうえい》をしたりする人々もいた。

あしかけ六日の滞在の後、天皇は内裏《だいり》に帰ったが、この日、義満の嫡母渋川幸子《ちゃくぼしぶかわゆきこ》が従一位、義満生母の紀良子《きのよしこ》と夫人の日野業子がともに正三位に叙せられた。六月の末に義満は内大臣《ないだいじん》に昇進し、右大将は前のとおり兼務することとなった。永徳二年（一三八二）正月には左大臣になり、さらに蔵人所《くろうどどころ》別当《べっとう》にも任命された。朝廷内部での出世の速度は衰えることがなかったのである。

後円融上皇の乱心

天皇や公卿たちとのつきあいを重ねるなかで、義満の地位は確固としたものになり、自らの立身や経済的安定を求めて義満にすりよる公卿たちも増えていった。永徳元年七月、欠員となった大納言の人選が問題になるが、花山院通定《かざんいんみちさだ》が義満に自分を推薦してほしいとたのみ、義満も了解して吹挙状《すいきょじょう》（推薦状）を書いた。ところがこれを知った三条公忠が、自分の子の実冬が大納言になるのが当然だから吹挙状を書いてほしいと義満に頼み、義満は「まえに通定卿の昇進のことをお願いしたが、三条内府《ないふ》（公忠）からも頼まれたので、両方ともなんとかなるようにと天皇に申し上げてほしい」という内容の書状を書いて公忠の使いに渡した。書状の宛先は担当奉行《ぶぎょう》の勘解由小路《かでのこうじ》仲光《なかみつ》で、広橋から天皇に上申してほしいとたのんでいるわけだが、花山院を推薦するという前言を取り下げるわけでもなく、三条も追加して推薦するからよろしく頼むと言っているわけで、まことに鷹揚《おうよう》な態度といえる。「大納言に推薦してくれたら家礼《けらい》をつとめると通定が義満に言ったというもっぱらの噂だ」と公忠は日記にしたためている。出世のために媚《こ》び諂《へつら》う同僚を批判しているわけだが、そういう彼自身も同じように義満を頼りにしていたのである。

前将軍義詮《よしあきら》の冥福のために等持寺《とうじじ》で行われた法華八講《ほっけはっこう》には、公卿一五人と多くの殿上人《てんじょうびと》が参列したが、殿上人には簀子《すのこ》の座しか与えられず、しかも狭い場所なので全員が座ることができないで、五位の殿上人は一日中立ちっぱなしの状況に置かれた。さすがに疲れ果てたが、義満の機嫌を損ねたら大変だと、一人も早退するものはいなかった。義満の顔色をうかがいつつ行動するという空気が、朝廷を構成する公卿や殿上人を包み込んでいたが、こうした中で後円融天皇は孤立感を深めてゆく。

天皇は義満と同い年で、人なつこく会いに来て家族のようにふるまう彼を嫌っていたわけではないようだが、公卿たちがなにかにつけて義満と相談してことを決め、自分が蚊帳《かや》の外に置かれることに対しては憤りを隠さなかった。

永徳元年（一三八一）八月、四条坊門《ぼうもん》町の東にある一町の土地をもらいうけたいと、三条公忠が使いを義満のもとに遣わして頼んだ。「京都の土地のことは公家（朝廷）の管轄だから、私が出る筋合いではないが、それでも吹挙したほうがいいのだろうか」と義満は答えるが、ぜひにと頼まれて万里小《までのこう》路嗣房《じつぐふさ》あての吹挙状を書いて使者に渡した。使者はその足で嗣房のもとを訪れてこの文書を渡し、天皇への取次ぎを頼む。ところがなかなか天皇からの許可は下されず、不審に思っているところに、天皇がいたくご立腹だという知らせが公忠のもとに届けられた。

公忠の息女の厳子《いつこ》は天皇の後宮《こうきゆう》にいて、すでに皇子を産んでいたが、天皇は内々の勅書《ちよくしよ》を厳子に下して、公家の管轄であるべき京都の土地について、武家が介入するというのは何事だという気持ちを伝えた。二日後にこの土地を公忠に与えるという綸旨《りんじ》が出されたが、武家の執奏《しつそう》があったので許可せざるを得ないが、今回の件では頭にきたので、もう厳子とは顔を合わせないと天皇は言い出した。

「公家の管轄のことを武家に頼んだのはまちがいだったかもしれないが、いまではみんなやっている

図17　後円融天皇画像

ことではないか。謀反をたくらんでいるわけでもないのに子供がひどい目にあうのは理解できない。天皇の考えは常軌を逸している。困窮にあえいでいたわが家も、武家のとりなしのおかげで余裕がでてきたところなのに、こんなことになって」。父親の三条公忠は日記の中で憤懣《ふんまん》を投げかけた。

天皇が譲位したいと言い出したのは、この年の暮だった。翌永徳二年（一三八二）四月に譲位の儀がなされ、厳子を母とする皇子幹仁《もとひと》がわずか六歳で践祚《せんそ》した（後小松《ごこまつ》天皇）。二十五歳の上皇はまもなく院政を開始し、御幸始《ごこうはじめ》がなされたが、このころから上皇と義満の関係はしっくりいかなくなったらしい。新天皇の即《そく》位式《いしき》の挙行が急がれたが、上皇はまったくやる気がなく、さすがに怒った義満は、摂政《せっしょう》の二条良基と相談して、十二月の末に即位式を決行してしまった。

年明けて永徳三年、上皇の挙動は異常さを増し、ついに未曾有の事件がおきる。二月一日の夜、出産を終えて院に戻っていた三条厳子の部屋に入った上皇が、突然剣を鞘《さや》から抜いて、剣の峰《みね》で厳子を打ち据えたのである。出血のため重篤となった厳子は、翌日の夕方ひそかに院から脱出し父親のもとに逃れた。この事件のあと、上皇の寵愛を失った按察局《あぜちのつぼね》が出家《しゅつけ》したが、義満と密通していると上皇が疑念をもったのが原因だと取りざたされた。二月十五日、事態を解決するために日野資康と勘解由小路仲光が義満の使いとして院に赴いたが、上皇は二人に対面せず、持仏堂《じぶつどう》に籠もって切腹すると言い出す始末だった。

翌日の夜、上皇は母親（広橋仲子）のいる梅町殿《うめまちどの》に移り、三月には勧修寺経重《かじゅうじつねしげ》の邸宅に入りこんで、この地に住み続けることになった。上皇の院政は事実上停止状態になり、幼少の天皇を摂政二条良基が補佐する形の朝廷政治が開始、義満の地位も磐石となった。この年の六月には准三宮《じゅんさんぐう》（准后）となり、二年後の至徳《しとく》二年（一三八五）九月には従一位に昇進し、正月の節会では内弁をつとめるなど、朝廷の一員としての活動を続けた。嘉慶《かきょう》二年（一三八八）五月には左大臣を辞職して形式的には朝廷から離れ、正月節会への参加もなくなったが、室町准后としてあいかわらず権勢をほしいままにした。

康応《こうおう》元年（一三八九）二月、改元の議事のついでに天皇への拝賀《はいが》を行おうと考えた勘解由小路仲光は、まず子息の兼宣《かねのぶ》を義満の御所に遣わして段取りをつけたうえで、夕刻になってから自身でまず義満のもとに赴いて対面を果たし、そのうえで上皇のところに行き、つぎに参内するという方法をとった。関白の二条師嗣《にじょうもろつぐ》の拝賀のときも同様にまず義満を訪問して、それから上皇のもとに赴いたのち参内している。公卿たちにとって義満は天皇や上皇と同格の存在となっていたのである。

東国の情勢

小山義政の滅亡によって、関東にも平和が戻り、鎌倉公方足利氏満と関東管領上杉憲方が主導する政治も順調に運営された。当時の鎌倉府が抱えていた最大の事業は、応安七年（一三七四）の火災で焼失した円覚寺《えんがくじ》の再建で、所領の寄進だけではまにあわないと判断した鎌倉府は、永和二年（一三七六）に関東諸国の守護に対して、棟別《むなべつ》一〇文の棟別銭を賦課《ふか》することにするから、各地を巡る円覚寺の大勧進雑掌《だいかんじんざつしょう》に守護の使いをつきそわせ、きちんと銭を集めるようにという命令を出した。円覚寺の再建は公的事業で、そのためには諸国に広範な課税をするのも当然だというのがその論理だったが、棟別銭徴収はなかなか進まず、小山の乱が勃発したためいっそう困難となった。内乱をようやく収めたのち、至徳元年（一三八四）になって、円覚寺の山門《さんもん》や方丈《ほうじょう》を造営するために棟別一〇文を賦課するからきちんと徴収せよとの命令が、あらためて諸国の守護あてに出された。

今度の徴収も思うようにはいかず、いろいろ理由をつけて上納を拒み続ける者もいたが、それにしても関東各国にまたがるこれだけ広範な課税がなされたことは、それなりに評価していいだろう。平和が続くなかで、社会は安定をとりもどし、人々の生活も一定の向上を遂げていた。そうしたこともあって広範な課税も可能になっていったのである。

このように鎌倉府政権はその力を増し、各地の大名や国人たちもこれに従う形が定着するが、急速に勢力を伸ばした鎌倉府に対して警戒感を持つ武士たちも、やはり存在していた。糟尾城が陥落して小山義政が自害したとき、子息の若犬丸は脱走に成功し、いずこともなく行方をくらました。そして四年後の至徳三年（一三八六）五月、若犬丸は突然決起して小山の祇園城を奪回してここに籠もった。

下野守護代の木戸修理亮《きどしゅりのすけ》がこれに立ち向かったものの、結局敗れて足利（栃木県足利市）まで撤退、しらせを聞いた公方氏満は、七月になって鎌倉を出発し、小山に向かって進んだ。軍勢迫るとの報に接した若犬丸は、さすがにかなわないと悟って祇園城から逃走した。

こうして反乱はいったん落着したが、翌嘉慶元年（一三八七）五月になって、常陸小田《ひたちおだ》（茨城県つくば市）を本拠とする小田孝朝《たかとも》が小山若犬丸をかくまっているというしらせが鎌倉に届き、七月には上杉朝宗を大将とする追討軍が小田に向かって出発、十月に小田孝朝の籠もる男体城《なんたいじょう》の攻撃を開始した。男体城は半年ほどもちこたえたが、嘉慶二年（一三八八）五月ついに城は陥落、若犬丸はまた逃走し、小田孝朝は降参して赦免された。小田氏の討伐によってその所領の多くは鎌倉府のもとに収められ、鎌倉公方の所領はいよいよ広がりをみせることになった。

こうした国人の反乱は、関東に隣接する信濃《しなの》でも繰り広げられていた。信濃の守護は斯波義種《よしたね》（義将の弟）で、二宮氏泰《にのみやうじやす》が守護代をつとめていたが、守護も守護代も在京しており、氏泰の子の種氏《たねうじ》が現地の管理にあたっていた。しかし新たに守護となった斯波の支配は難航する。信濃は大国で、しかも小笠原《おがさわら》・諏訪《すわ》ら多くの国人《こくじん》たちがひしめきあう世界で、守護方の強圧的なやりかたに反抗した国人たちが決起して立ち上がる事態になったのである。嘉慶元年四月、小笠原・高梨《たかなし》・村上《むらかみ》といった面々が善光寺《ぜんこうじ》で兵を挙げ、閏五月になって平芝《ひらしば》（長野市）の守護所に押し寄せた。事態を知った守護代二宮氏泰は直ちに信濃に赴いて高梨・村上らと戦い、南信濃の諏訪氏が守護側に与して小笠原を苦しめたこともあって、守護に叛《そむ》いた国人たちの動きも沈静化する。守護の斯波義種は責任を問われて辞任し、実兄で管領の地位にあった斯波義将があらたに信濃守護となったが、この大物の守護のもとで国人たちの反抗も終息し、国内も安定をとりもどした。関東でも信濃でも内乱は拡大を免れたのである。

土岐一族の内紛

左大臣を辞任して自由な立場を手に入れた義満は、これから積極的に各地への遊覧を始めることになる。嘉慶二年の秋には東海道を進んで駿河《するが》まで赴き、噂に聞いていた富士山《ふじさん》をまぢかに見、翌康応《こうおう》元年（一三八九）の三月には西に向かって厳島社《いつくしましゃ》に参詣《さんけい》した。東は駿河、西は安芸《あき》まで、大名たちの饗応《きょうおう》を受けながら悠然と旅を続けたが、これは明らかに列島を支配する者としての示威行為にほかならない。鎌倉公方が管轄する伊豆《いず》以東は、幕府の影響をうけつつも独自の空間を構成しており、今川貞世《いまがわさだよ》が統括する九州も別の世界だったが、駿河から周防《すおう》・長門《ながと》に至る列島の中央部は室町殿の支配下にあることを、諸国遊覧によって義満は人々に示したのである。

朝廷との関係を円満に固め、京都やその周辺における権力を掌握した義満の次の課題は、さまざまな個性をもつ地方をいかにして幕府の影響下に置くかということだった。幕府政治の中心にあって管領もつとめたのは細川と斯波で、畠山《はたけやま》・一色《いっしき》・今川といった足利一門もそれなりの守護領国を持っていたが、戦いの中で将軍を支えたのは一門だけでなく、これに準ずる外様の大名の存在も大きかった。美濃出身の土岐氏ははじめからの足利方で、頼康の代には美濃・尾張・伊勢《いせ》の三ヵ国の守護をつとめ、東海道の入口を完全に掌握する一大勢力となっていた。目を西に転じると、長く将軍尊氏《たかうじ》と争いながら、義詮の時代にその守護国を安堵《あんど》された山名《やまな》時氏《ときうじ》の子孫たちが、あわせて一〇ヵ国あまりの守護となり、その勢威を誇っていた。内乱のなかで膨張したこうした外様の大名たちの勢いを削ぎ、足利一門の守護国を広げていきたいと義満は念願していたにちがいない。

外様の大名から守護職を剝奪することは前から実際になされていた。能登《のと》守護の吉見《よしみ》氏頼《うじより》は、さしたる失点もないのに守護職を没収され、義満の寵愛する本庄宗成《ほんじょうむねしげ》という武士があらたに守護に任命された。隣国の加賀でも富樫昌家が嘉慶元年（一三八七）に死去すると、子息が幼いからと理由をつけて斯波義種に守護職を与えている。加賀と能登の守護交代によって、若狭《わかさ》から越中に至る北陸一帯の諸国は、みな足利一門か将軍近臣の守護管国となっていった。そして同じく嘉慶元年の末に土岐頼康が死去すると、一族の内紛によって土岐氏の勢力も大きく削がれることになる。

図18　土岐氏系図

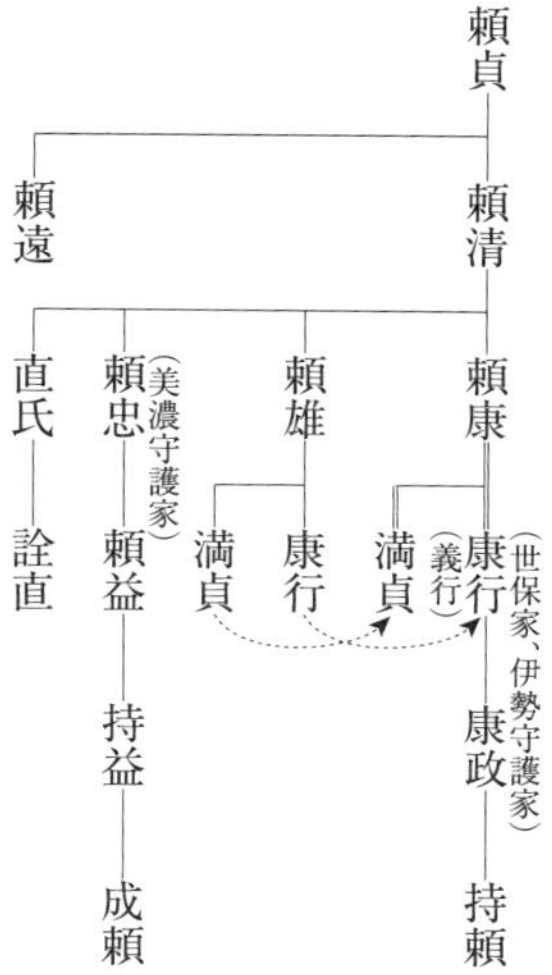

七十歳の高齢で死去した頼康の守護国が、その子にまとめて受け継がれることはなく、義満の命によって二人の子息に分け与えられた。頼康には男子がなく、甥の康行《やすゆき》（義行の改名）が養子として後継の地位に立ったが、頼康は康行の弟の満貞《みつさだ》も養子にしており、また頼康の甥の詮直《あきなお》も大きな力を持っていた。頼康死去の後、本拠の美濃守護職は康行が継承し、

あわせて伊勢守護職も与えられたが、尾張守護職は弟の満貞が獲得した。従兄弟の詮直も尾張守護を望んだらしく、満貞と詮直の関係は決裂して、嘉慶二年（一三八八）五月に尾張の黒田宿《くろだしゅく》（愛知県一宮市）で合戦が起きた。

戦いは満貞の勝利に終るが、これは内乱のはじまりにすぎなかった。義満は守護の満貞を支持したらしく、康応元年（一三八九）には六角満高《みつたか》の軍勢を尾張に入れているが、こうした中で土岐氏の惣《そう》領《りょう》にあたる康行が義満に対する反乱を企てているといううわさが広まった。康行は満貞の実兄だが、弟とは仲が悪かったらしく、婿にあたる詮直を後援していて、満貞を支持する義満に反感を抱いたのだろう。どこまで本気に反乱を考えていたか定かでないが、明徳《めいとく》元年（一三九〇）閏三月に京都で土岐討伐の軍勢が組織されて美濃に攻め入り、敗れた康行は越前に逃走、内乱はあっけなく終った。康行が所持していた守護職のうち、伊勢守護職は仁木《にっき》満長《みつなが》に与えられ、美濃守護職は頼康の弟の頼忠《よりただ》が拝領した。尾張守護の満貞はあわよくば自らが土岐の惣領になり、美濃守護職も獲得したいともくろんでいたらしいが、義満が守護に選んだのはあまり目立たないもうひとりの土岐一族だった。美濃と尾張という枢要《すうよう》の地を一人の守護に与えることは危険だと、義満は感じとっていたのだろう。

山名氏の内紛と京都の合戦

土岐一族が内紛を繰り返していたころ、西の山名氏でも騒動が起きていた。山名の場合は関係者が多く、土岐よりも一層内情は複雑だった。山名時氏には多くの男子があったが、各国の守護に任命されたのは師義《もろよし》・義理《よしただ》・氏冬《うじふゆ》・氏清《うじきよ》・時義《ときよし》の五人で、師義は丹後《たんご》と伯耆《ほうき》、義理は美作《みまさか》、氏冬は因幡《いなば》、氏清は丹波《たんば》、時義は但馬《たじま》の守護職を持っていた。一門の惣領は師義で、伯耆守護職は彼が確保していたが、丹波・丹後・但馬・因幡・美作とつながる五ヵ国の守護職は、五人の兄弟がそれぞれ一ヵ国ずつ所有する形になっていたのである。

五人の兄弟の関係はそれなりに円満だったようだが、永和二年（一三七六）に長兄の師義が死去すると、山名の惣領職を誰が引き継ぐかをめぐって深刻な内紛がおきる。詳しい事情はわからないが、師義のあとに惣領職をついだのは、その子息ではなく弟の時義だった。三人の兄を飛び越して惣領となった時義は、但馬に加えて惣領分として伯耆の守護職も確保し、侍所頭人などの幕府の要職に就任して活躍した。師義が持っていた丹後の守護職はその子の義《よし》幸《ゆき》に伝えられ、義幸が死去したのちは弟の満幸《みつゆき》が引き継いだが、本来ならば自分が山名の惣領になるべきだと考えていた満幸と、叔父の時義との間は険悪さを増した。こうした間にも山名一門の守護国は増加の一途を辿り、永和四年（一三七八）には紀伊で南朝方を撃退した戦功を認められて、義理が紀伊、氏清が和泉《いずみ》の守護職を義満から与えられ、その後も時義が備後《びんご》と隠岐《おき》の守護となり、義幸も出雲《いずも》守護職を与えられて、弟の満幸がこれを引き継いだ。この段階で山名一門が守

図19　山名氏系図

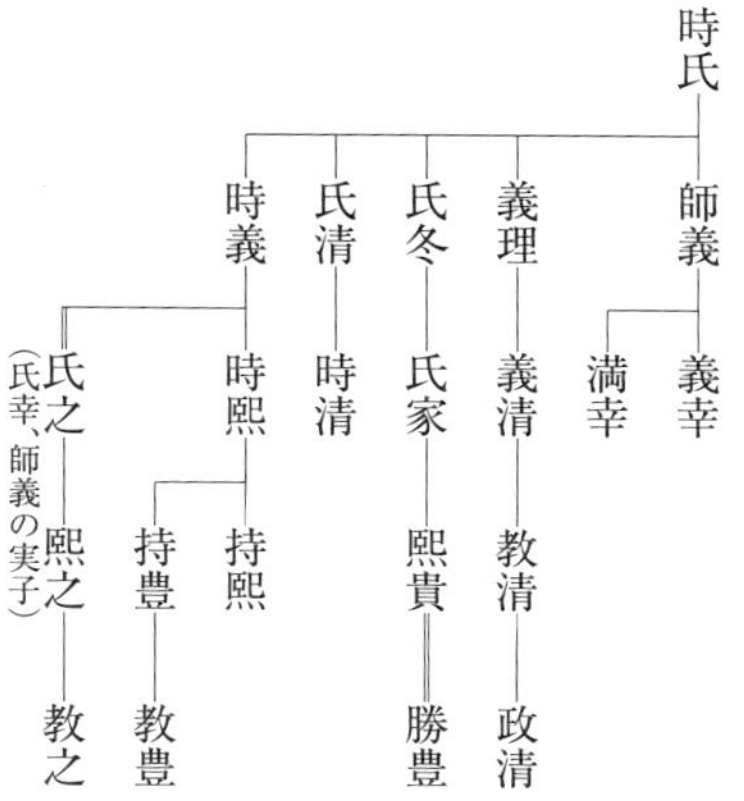

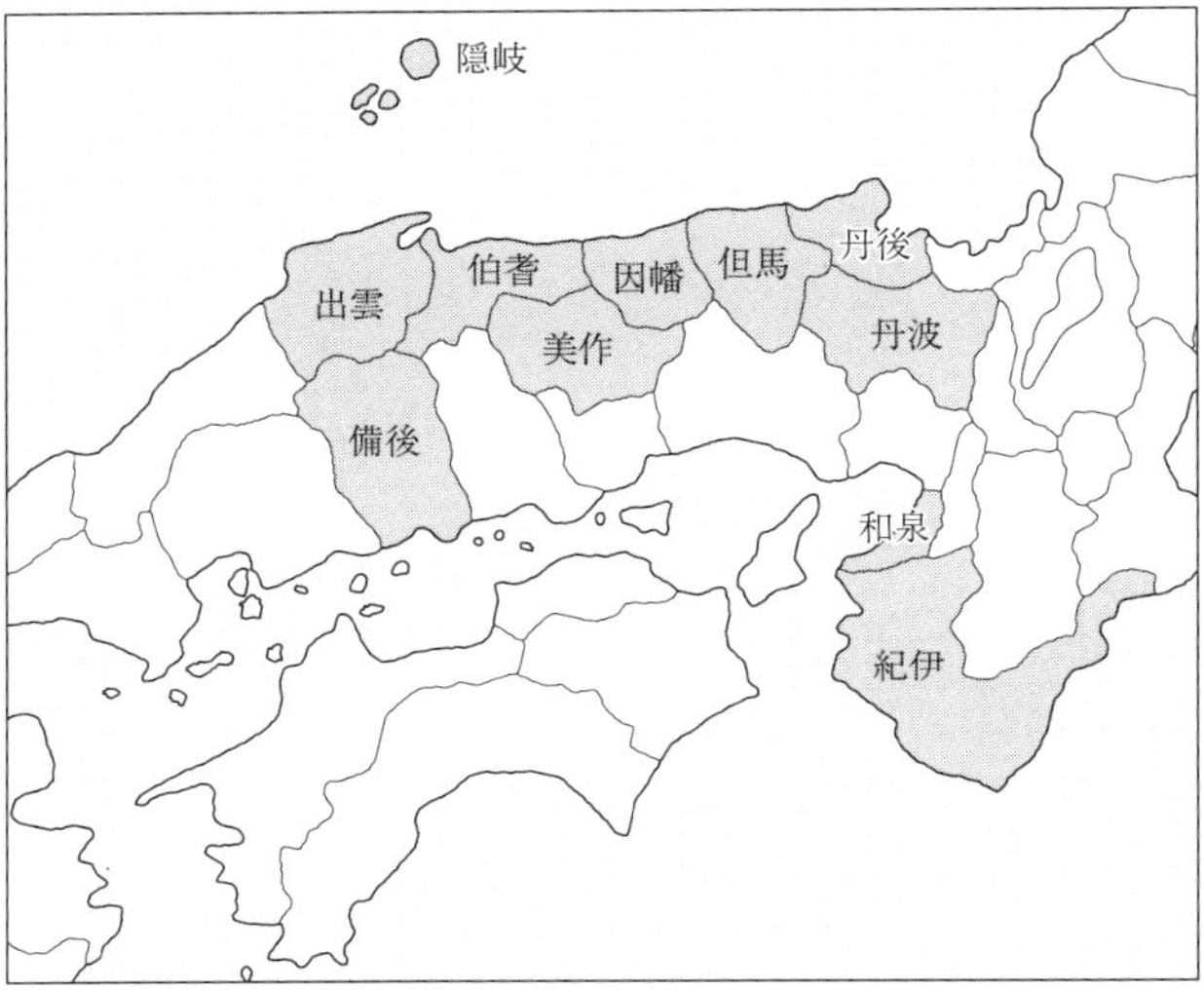

図20　山名一門の守護分国

護をつとめる国は、山陰方面に連なる丹波・丹後・但馬・因幡・美作・伯耆・出雲・隠岐に備後・和泉・紀伊を加えた一一ヵ国に及んでいた。

康応元年（一三八九）五月、山名時義が四十四歳で死去すると、内部対立は表面化した。時義の持っていた守護職のうち、但馬は長男の時熙《ときひろ》、伯耆は次男の氏幸《うじゆき》（氏之）が受け継いだが、翌年の明徳元年（一三九〇）三月になって、時熙と氏幸を追討せよとの義満の命が発せられ、一門の山名氏清と満幸が大将となって但馬に攻め込み、時熙兄弟はこらえきれずに但馬を去って備後に蟄居《ちっきょ》した。この一件の経緯は不明だが、この機会に山名の惣領職を奪い取ろうと考えた満幸が、叔父で舅でもある氏清と結んで、時義の悪行を義満に訴え、討伐が決行された可能性が高い。

戦いののち、氏清は但馬、満幸は伯耆の守護職を与えられ、二人の望みは叶えられたかにみえたが、明徳二年（一三九一）になると時熙と氏幸が京都に戻って復権をはかり、これを知った氏清と満幸も警戒感を強めた。十月のこと、山名氏清は宇治《うじ》の別荘に義満を招き、義満も承知してわざわざ出向いてきたが、時熙と満幸の赦免の話を持ち出されたらどうしようかと怖れた氏清は、病気を理由にして、義満の一行に別荘には来ないでほしいと申し入れた。これが義満の逆鱗《げきりん》にふれ、また満幸が後円融《ごえんゆう》上皇の所領を押妨《おうぼう》していたことも問題になって、こんどは氏清と満幸が討伐の対象になった。十一月になって氏清はいったん義満に謝罪するが、十二月には反意を露わにし、京都に迫る姿勢をみせた。山名の五人兄弟のうち、このとき存命だったのは義理と氏清だけで、氏冬のあとは子の氏家《うじいえ》が継承していたが、一門の最長老の義理は中立の姿勢をみせ、氏家は京都から出奔《しゅっぽん》してしまった。

事態が切迫する中、義満の命令で軍勢が京都に集結していった。十二月二十六日、今川・赤松・六角の軍が東寺に配置され、義満は一色詮範《あきのり》のいる中御門堀川第《なかみかどほりかわてい》に赴いてここを陣所《じんしょ》に定めた。やがて山名満幸が丹波を出発して峰堂《みねのどう》まで進み、氏清は和泉から京都に迫った。そして年の暮もおし迫った十二月三十日、京都市中を舞台とする戦いが繰り広げられた。まず二条大宮《にじょうおおみや》で氏清軍と幕府軍との戦いがあったが、大内義弘《おおうちよしひろ》の奮戦によって幕府軍が勝利を収めた。そのあと山名満幸と細川・畠山らの戦いが内野《うちの》でなされ、敗れた満幸は逃走した。そして二条猪熊《いのくま》の合戦で氏清は戦死を遂げる。

氏清らの挙兵から決戦まで十日あまり、まさにあっという間の事件だった。山名時熙と氏幸は起死回生の好機とばかり幕府軍に加わって戦い、功績を認められて、時熙は但馬、氏幸は伯耆の守護職を与えられ、一門の氏家も義満に嘆願して因幡守護職を安堵されたが、中立をきめこんだ義理は美作と紀伊の守護職を没収された。山名一門が守護職を持っていた一〇ヵ国のうち、残されたのは三ヵ国にすぎず、七ヵ国の守護職はいったん没収されたのち功績のあった大名に与えられた。先に義満の討伐対象となった土岐康行は、まもなく赦免されてこの一戦で活躍し、伊勢の守護に返り咲いたが、弟の満貞は合戦の場で拾った頸を持参して戦功を誇った行跡《ぎょうせき》を咎められて尾張守護職を没収された。この戦いで山名一門は大きな打撃を受け、土岐氏の領国も美濃と伊勢に分断されることになったのである。

室町殿の平和

凄惨《せいさん》な戦いが終わって迎えた明徳三年（一三九二）、正月の節会などはさすがに延引されたが、京都の町は活気をとりもどし、八月には相国寺《しょうこくじ》において盛大な慶讃《けいさん》供養の儀が行われた。相国寺は義満が開基《かいき》となって創建した禅寺で、京都五山第二位の地位にあった。

供養の当日は晴天に恵まれ、早朝から侍所頭人の畠山基国《もとくに》の郎党《ろうとう》たちが数百人、甲冑《かっちゅう》を着けて集まり、総門《そうもん》・脇門《わきもん》や左右の番屋《ばんや》を警固した。義満の一行は花の御所を出発したのち、室町通りを南に進み、東に曲がって一条通りを進んで寺の門まで到着した。先駆けをつとめたのは侍所の畠山基国で、子息の満家《みついえ》と二三騎の郎党がこれに従った。先陣随兵《ずいひょう》の筆頭には武田《たけだ》と小笠原が並んだが、これは貞和《じょうわ》元年（一三四五）に行われた天竜寺《てんりゅうじ》供養の前例に倣《なら》った人選だった。先陣は六番まであり、それぞれ二名ずつ並んで進み、そのあとを帯刀《たちはき》の武士が続いて、ようやく義満を乗せた牛車《ぎっしゃ》が出発した。後陣随兵の筆頭は斯波義重《よししげ》と斯波満種《みつたね》で、こちらは五番まで続いた。そのあと牛車に乗った公卿たちが出発、殿上人たちがこれに続き、最後は管領の細川頼元《よりもと》が二三騎の郎党とともにしんがりをつとめた。

図21　相国寺（法堂）

総門に到着したのち、御沓役《おくつやく》の日野重光《しげみつ》が義満の裾《すそ》を取り、義満は重光を従えて総門をくぐり、橋を通って山門《さんもん》に入った。ついで導師《どうし》の空谷明応《くうこくみょうおう》と請僧《しょうそう》一〇人を迎える儀式があり、そのあと義満は山門の正面に進んで礼仏の儀を行った。このとき公卿たちは一列に並び、笏《しゃく》を地上に置いたうえで合掌《がっしょう》して三度拝礼した。ついで義満は仏殿《ぶつでん》に進み、月壇の上でまた一拝したのち、石の階段の下で一礼して着座した。公卿たちも続いて着座するが、ここで獅子舞《ししまい》が登場する。獅子のうしろには四人いて、二人が綱を引き、二人が団扇《うちわ》を持っていたが、これは蝿払《はえはらい》という名前の舞だった。こうした趣向ののち、導師を中心に諷経《ふぎん》がなされ、それが終ると楽人《がくじん》が呼び出されて舞楽が披露された。寺を供養するという宗教行事ではあるが、獅子舞や舞楽といった芸能がこれに付随していたのである。

一日がかりの行事は酉《とり》の刻の半ば（午後六時ごろ）にようやく終わったが、この行事の次第を書き連ねた東坊城秀長《ひがしぼうじょうひでなが》は、その末尾に次のように書きとめた。「ある古老が言っている。檀主《だんしゅ》（すなわち義満）は観音《かんのん》の化身だと。父祖二代にわたって天下を管領していたとはいえ、世の中は安寧ではなかった。偽りの朝廷（南朝）の京都奪還の謀《はかりごと》もあり、奸臣《かんしん》たちが反逆を企てることも多く、身に甲冑を着け、手に剣戟《けんげき》を持つこともしばしばだった。しかし延文《えんぶん》の頃からこのかた三十年あまりは、さしたる兵乱もなく、人々は牛を買って耕作にいそしみ、兵士たちも枕を高くして眠ることができる。去年の冬に逆臣の反乱があったものの、あっというまに誅罰《ちゅうばつ》を加えて、世の中は静謐《せいひつ》になった。人々はみな将軍の武威を恐れ、その仁慈《じんじ》を仰がない者はいない。長年にわたって王道を補佐し、仏法に帰依《きえ》されているので、相国寺のような大伽藍《だいがらん》も七、八年のうちに完成したのだ」。これは一公卿の感慨だが、平和を寿《ことほ》ぐ当時のおおかたの人々の気持ちを体現しているといえるだろう。兵乱の時代は終わりを告げ、三十年の間平和が確保されているが、これもひとえに室町殿のおかげだ。京都の人々はそう思っていたのである。

そしてこのころ、吉野《よしの》の南朝との講和《こうわ》は大詰めを迎えていた。大内義弘が和睦《わぼく》交渉を熱心に進め、南朝の後亀山《ごかめやま》天皇から北朝の後小松天皇に神器《じんぎ》を渡して譲位することで話がまとまったのである。十月末に後亀山天皇は吉野を出発し、やがて京都に入って嵯峨《さが》の大覚寺《だいかくじ》に入った。閏十月五日、日野資教らの公卿が大覚寺に出向いて神器を受け取り、内裏まで運んだ。後醍醐天皇が吉野に逃れてから五十六年目に、両朝の合一《ごういつ》はようやく果たされたのである。

2――日本国王源道義

外交使節の苦難

足利義満が征夷大将軍《せいいたいしょうぐん》に任命された応安元年（一三六八）は、東アジア全体にかかわる大きな変化のあった年でもあった。元朝《げんちょう》に対する反乱軍の団長として頭角を現わし、ライバルとの争いに勝ち進んだ朱元璋《しゅげんしょう》が、江南《こうなん》の金陵《きんりょう》（南京《ナンキン》）であらたな国を建てると宣言する。国号は明《みん》、年号は洪武《こうぶ》と定められ、明の軍勢は北上して大都《だいと》（のちの北京《ペキン》）を攻略、その年のうちに元朝を滅ぼした。

中国の王朝交代はこうして果たされ、漢人の皇帝を戴くあらたな帝国の支配が開始された。日本と朝鮮の間の海域の人々により構成された「倭寇《わこう》」とよばれる集団が朝鮮や中国の沿岸に乗り込んで掠《りゃく》奪《だつ》を働き、また朱元璋に敗れた武将の残党たちも海賊行為を繰り返していたが、こうした動きを押し込めるために、海の世界での自由な交流を制限する「海禁《かいきん》」という政策を朱元璋（太祖洪武帝《たいそこうぶてい》）は打ち出した。一般の中国人が海上に進出することを一切禁止して、海上勢力の活動を封じ込めようとしたのである。

図 22　洪武帝画像

こうした海禁政策を進める一方で、周辺の諸国に対しては進んで使者を遣わして臣下の礼をとるように勧めるという方針を、皇帝は早くからとり、多くの国に使節が送られた。勧めに応えて使いを送ってきてくれた王に対しては国王の号を与えて冊封《さくほう》関係にとりこみ、あわせて

図23　倭　寇（『倭寇図巻』）

明の暦《こよみ》と冠服《かんぷく》を下賜《かし》した。このような形で明に使節を送ることを「朝貢《ちょうこう》」というが、朝貢をすすめることで周辺諸国との間に公的な修好関係を構築し、それ以外の私的な人々の交流を厳しく制限しようとしたのである。

明建国のその年のうちに、日本に対しても朝貢を勧める使者が派遣されたが、途中で使者は賊のために殺害され、皇帝の詔書《しょうしょ》も海中に没した。しかし洪武帝はあきらめず、翌年二回目の使節派遣がなされる。一行は中国を出発して大宰府《だざいふ》に着いたが、当時ここを支配していた懐良《かねよし》親王（中国側の史料には「良懐」とみえる）の手の者によって五人が殺され、隊長の楊載《ようさい》と呉文華《ごぶんか》の二人は、しばらく拘留されたのちなんとか帰国を果たした。懐良親王は足利政権内部の混乱に乗じて勢力を伸ばし、大宰府にあって九州北部を押えていたから、倭寇鎮圧のためにも懐良を外交の相手にするのが適切と明側は考えていたようだが、事情をよく知らない懐良は簡単には勧告を受け入れなかったのである。

命からがら中国に戻った楊載は、翌年（洪武三年、一三七〇）また使者として九州に派遣される。こんどは趙秩《ちょうちつ》という人物が団長だった。大宰府に入った趙秩に対して、「おまえはかつて元の使者として日本に来た趙良弼《ちょうりょうひつ》の遠孫だろう。うまいことを言ってこちらをたぶらかしたうえで襲いかかろうとしているのではないか」と懐良はつっぱねたが、「自分は蒙古《もうこ》の者ではない。我が朝は礼節をもって修好を求めているのであって、蒙古の侵攻とは全く違う」と説得されて、ようやく明側の申し入れを受け入れた。そして翌年懐良の使節一行が中国に渡り、皇帝は「良懐」を日本国王に封じた。

懐良の朝貢に応えるべく明の使者が出発、応安五年（一三七二）五月に博多《はかた》に着くが、ここで彼らは思いがけない光景を目にする。足利方の今川貞世（了俊《りょうしゅん》）が九州に攻め込んで博多を押さえ、ここはすでに懐良の支配下にはなかったのである。今川のほうも思いがけない来訪者の出現にとまどい、しばらく使節を聖福寺《しょうふくじ》に留めておくことにした。懐良は大宰府も追われて筑後《ちくご》高良山《こうらさん》に逃れ、今川貞世の支配が確立するが、明の使節は一年以上も博多に抑留され、応安六年（一三七三）六月になってようやく上洛《じょうらく》を果たした。

懐良の政権は敗北し、京都の政府が列島を支配する形になっていると知った使節は、交渉の相手を変更して上洛することにしたのである。しかし日本側の対応は冷たく、使者たちは嵯峨の向陽庵に拘留された。当時幕政を仕切っていた管領細川頼之は対明外交に消極的で、使者が詔書を持っていないことも問題とされた。「良懐」あての詔書を出すわけにもいかす、どこかで廃棄してしまっていたのだろう。ただ幕府としても全く無視するわけにもいかず、明使の帰国にさいして日本側の使僧も同行させ、あわせて被虜人《ひりょにん》一五〇人を送還することも決まった。

翌年（洪武七年、一三七四）六月、日本の使節が南京に入り、足利義満の書を皇帝に奉るが、皇帝の対応もやはり冷淡だった。使者が二年間も抑留されたことも不満だったが、皇帝がいちばん問題にしたのは日本側がもたらしたのが「国臣」の書にすぎないということだった。「「良懐」は国王として「表」という正式の国書を奉じて来貢してくれたが、今回臣下が返書を書くというのはどういうことか。聞くところによると、君主は幼少で臣下が国権を牛耳っているというが、これは問題だ」と皇帝は言い張り、京都の政府との通交を拒絶してしまう。

九州を含む列島がほとんど京都の政府の支配下に入っているとの情報は明側にも届けられていたはずだが、皇帝はあくまで「良懐」のみに朝貢を認めるという方針を貫き、「良懐」の名をかたった使者がなんども中国に赴くようになる。また九州経略を成功させた今川貞世（了俊）と、周防・長門・筑前一帯に勢力を張る大内義弘はたびたび倭寇の鎮圧を高麗《こうらい》政府から求められ、軍勢を派遣したり被虜人を送還したりしていた。対明通交に消極的だった細川頼之が失脚したのち、義満はあらためて明に使節を送り、「征夷将軍源義満」と署名した書を奉呈したが、やはりこれも「国臣の書」であるとして通交を拒絶された。京都では朝廷もまきこんで権力を手中に収めていた義満ではあったが、明や中国との外交においては蚊帳の外におかれていた。自身の権力を確立するためにも、明の皇帝から外交の相手として認められることが必要になってきたのである（村井一九八八・二〇〇三a）。

このように日本は簡単には朝貢関係を築けなかったが、南方の沖縄の王たちは順調に明との関係構築に成功した。当時の沖縄では中山《ちゅうざん》・山南《さんなん》・山北《さんほく》という三つの王朝が並び立っていたが、浦添城《うらぞえぐすく》に拠点を置く中山王の察度《さっと》がまず明側の勧誘に応え、弟の泰期《たいき》を長とする一団を中国に派遣、一行は南京の応天府《おうてんふ》で入貢《にゅうこう》の儀式に臨み、察度は皇帝から正式に冊封を受けた。洪武九年（一三七六）のことである。つづいて洪武十三年（一三八〇）には山南王、洪武十六年（一三八三）には山北王が朝貢使を明に送り、三つの王朝のいずれもが明の冊封を受ける形になった。

入道相国の政治

南北朝合一の実現から二年近く過ぎた応永元年（一三九四）九月、足利義満は大名や公家たちを従えて比叡山麓坂本《ひえいさんろくさかもと》の日吉社《ひえしゃ》に参詣した。坂本に入った義満は、翌日には公卿たちを引き連れて日吉の六社を巡礼し、そのあと童舞《わらわまい》を見物、続いて行われた堂上《とうしょう》の御《ご》楽《がく》では自ら笙《しょう》を奏でた。その翌日の夜には番論議《ばんろんぎ》の儀があり、一〇人の稚児たちが出仕して二手に分かれて、問答形式の論議が続けられた。その最中、浮雲がにわかに空を覆い、突然雨が降り出したが、二〇〇〇余人の衆徒《しゅと》たちは傘もささずにそのまま我慢した。問答が終るころに雨は上がり、最後に義満の功徳《くどく》を讃える僉議《せんぎ》の詞《ことば》が読み上げられた。「わが君の徳は天地に溢れ、その明かりは日月を照らしている。世の太平は周《しゅう》の文王《ぶんおう》の時代を超え、その威厳は漢の高祖《こうそ》の徳行《とくぎょう》に勝っている。世には万年の楽があり、人には半日の憂いもない」。こう絶賛したあとで、比叡山の講堂の建築を進め、日吉社

図24　足利義満木像

の造替や修造を実現してくれたことに対する感謝の詞が続く。この参詣のときの進物は七二五〇貫文にのぼったが、これらはすべて講堂の建築費用に宛てられることになった。延暦寺や日吉社の造替《ぞうたい》や修造は義満の助力なくしては叶わなかったのである。

延暦寺の衆徒たちが日吉社の神輿《しんよ》をかついで京都を襲った応安元年（一三六八）から二十六年が経過して、幕府と延暦寺の関係は大きく変わった。かつて幕府をあれほど悩ませた比叡の衆徒たちが、今では一致して将軍の功績を讃えていた。宗教権門《けんもん》の脅威にさらされながらも幕府政治は確たる地位を築いたといえるが、やはり類まれな素質をもつ将軍の存在は大きかった。公家や武家だけでなく、宗教勢力の支援もとりつけながら、義満はいままで以上に政治の仕切り役として振るまうようになる。

この年の十二月十七日、義満は征夷大将軍の職を辞退し、子息の義持《よしもち》が直ちに将軍宣下《せんげ》を受けた。そしてその八日後の二十五日、義満は朝廷から太政大臣に任命された。藤原氏以外の人が太政大臣になるのは、あの平清盛《たいらのきよもり》以来のことだった。翌応永二年（一三九五）正月に義満の拝賀の儀が行われたが、現役の公卿は一人残らずつき従い、義満は牛車に乗って内裏まで赴いた。牛車に乗ることができるのは四十歳を過ぎてからというのが相場で、三十八歳の義満は不相応だが、いまではなんでもこの通りで、先例などあってなきがごとくだと、関白の一条経嗣《いちじょうつねつぐ》は日記にしたためている。

太政大臣まで登りつめた義満は、四月頃から出家したいと言い始め、六月には太政大臣の地位を返上して出家を果たしてしまった。自由な立場で公武双方の上に立とうという意図のあらわれだろうが、この出家は周囲に多大な影響を及ぼした。九条経教・徳大寺実時・今出川公直・花山院通定といった公卿たちが次々と義満にならって出家を遂げ、武家の側でも管領の斯波義将をはじめとして、細川頼元・一色詮範・大内義弘といった重鎮たちが、私たちは義満の弟子だといって出家してしまったのである。管領の重職にいた斯波が出家したことについてはいろいろ非難もあったが、義満の機嫌を損ねるわけにもいかずこんな所行に及んだのだろうと、人々は噂しあった。多くの公家や大名が出家したのも同じような事情だろう。公家たちの中心にいて諸事を執り行っていた万里小路嗣房は彼らの中に加わらなかったが、一年以上たってから、あいつはなぜ出家しなかったのかと義満が不満をもらしたという話を聞き、驚いて出家を遂げている。

応永三年（一三九六）の三月、義満は伏見《ふしみ》の崇光《すこう》法皇のもとを訪ねたが、酒宴の席で法皇が義満の盃を自ら取って酒を飲むという、前代未聞のことが起き、希代の名誉だということで、翌日義満から一〇万疋の銭が法皇に献上された。「一杯の盃で千貫文とは珍重なことだ」と一条経嗣は日記の中で皮肉っている。翌月の猿楽《さるがく》見物では聖護院門跡道基《しょうごいんもんぜきどうき》が斯波義将の盃を取って飲み、後日には青蓮院《しょうれんいん》門跡の尊道入道親王が、義満の近臣結城《ゆうき》満藤《みつふじ》の盃を取って、礼として結城から五万疋、義満から三万疋をもらったという話が流れた。義満や周辺の武士たちの献金をあてにして、法皇や門跡たちは体裁にこだわらない行為を重ねていたのである。

義満の機嫌を損ねたら大変なことになる。そうしたムードが蔓延していた。四月に小除目《こじもく》があり、叙位がなされたときに、公卿たちの経歴を書いた書類の中に出家した人の名がないことに気づいた義満は、外記局《げききよく》の中原師豊《なかはらもろとよ》と中原師胤《もろたね》に対して、これはどういうことだと詰め寄った。出家の人は書かないのが先例だと、二人は言おうとしたが、さすがに恐れをなして、義満の名前だけは特別に書き入れるという手段をとった。ところがこの行為が逆鱗に触れた。全員出さないのなら話がわかるが、私の名だけ書いてほかの公卿は出さないというのは理屈に合わない。こう言い放った義満は、一条以北を出歩いてはならぬという罰を師豊に下し、師胤からは酒麴《さけこうじ》の公事《くじ》を徴収する権利を奪い取った。

摂関家も例外ではなかった。応永五年（一三九八）の三月、関白の一条経嗣は、そろそろ関白職を返上してはいかがかと義満から話をもちかけられ、しかたなく辞職した。二条師嗣が三度目の関白をつとめることになったが、事前運動があったことは明白だった。ちょうどこのとき師嗣の子の道忠《みちただ》が満忠《みつただ》と改名した。先祖の忠通《ただみち》の名前を反転させるのは恐れ多いというのが表向きの理由だったが、義満から一字を拝領したいばかりに改名に及んだことは誰の眼にも明らかだった。

こうして関白の座を手に入れた師嗣も、わずか一年後に義満の機嫌を損ねてこの地位を失うことになる。応永六年（一三九九）三月、奈良で興福寺《こうふくじ》供養の儀がなされるが、このとき関白師嗣が馬副《うまぞい》をつけずにいるのに気づいた義満が、これはけしからんと言い出し、恐れをなした師嗣は四月になって突然出家し、関白職も返上してしまった。しばらくして義満から慰問の書状を与えられた師嗣は、彼がそれほど怒っていないことを知って胸をなでおろし、早速返事を書いたが、そこでは上皇に奉るものとほとんど同じ書札礼《しょさつれい》が用いられた。

大内義弘の反乱

四十歳になるころから義満のワンマンぶりは際立っていき、公家たちは薄氷を踏む思いだったが、武家の世界も例外ではなかった。応永二年（一三九五）には九州平定の功績をあげた今川貞世が突然京都に呼び戻され、九州探題《たんだい》の職を解かれて、駿河下向を余儀なくされた。貞世が罷免された理由はわからないが、着々と九州統治を進めていた貞世を義満が危険視していたことはまちがいないだろう。翌応永三年には新たな探題として渋川満頼《しぶかわみつより》が九州に入るが、少弐《しょうに》や菊池《きくち》らが蜂起して満頼は苦戦を強いられた。こうした事態を打開するために、義満は大内義弘に九州入国を命じ、応永五年（一三九八）十月、義弘は京都を出発、軍勢を率いて九州に入り、少弐と菊池を破って満頼の窮地を救ったが、こうした戦いの中で、義弘はとんでもない噂を耳にする。敵であるはずの少弐や菊池にあてて、大内を討伐せよとの義満の御教書《みぎょうしょ》が下されたというのである。単なる噂だったらしいが、義弘はこれを信用し、義満に対する反乱を計画しはじめることになる。

図25　大内氏系図

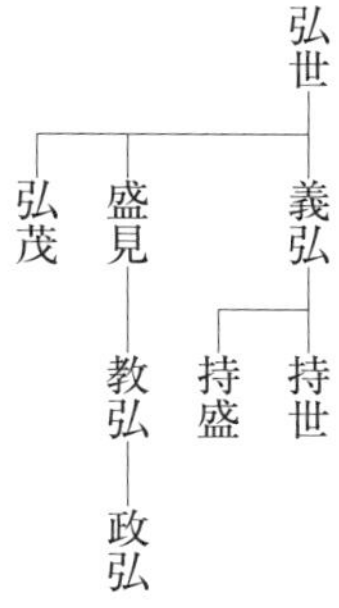

もともと周防・長門の一勢力にすぎなかった大内氏は、義弘の代に予想外の発展を遂げた。今川貞世を援けるため九州に攻め込んで活躍し、豊前や石見の守護にも任じられ、山名氏清の反乱に際しては京都市中の戦いで抜群の戦功を上げて、その功績を認められて和泉と紀伊の守護職も与えられた。西国の大名でありながら、京都の近在にも拠点を持ち、幕府の政治にも参与することになったわけだが、ここまで肥大化した大内の勢力を、義満がそのまま放置するわけはないと義弘は感じていたことだろう。このままでは今川貞世のように、ようやく築きあげたものを一挙に失いかねない。そう考えて義弘は決起に及んだのである。

応永六年（一三九九）十月十三日、周防を出た義弘の軍勢は堺《さかい》（大阪府堺市）に到着、ここに陣をすえて京都をにらみつけた。義満の召しに応じて上洛するという話も流れたが、家臣を遣わして挨拶しただけで、義弘自身は上洛せず、せっせと軍勢を集めているという噂も広がっていった。さすがに放っておくわけにもいかず、絶海中津《ぜっかいちゅうしん》が自身堺に下向して義弘に対面し、上洛して公方に面会するよう説得につとめたが、話を聞いた義弘は、中津に向かって恨み言を語りはじめる。「君の恩は山よりも高いというが、このところの上様のなさりようは合点がいかない。私を討ち取るようにと敵方に御教書を下されたのもその一つだが、功績の賞として下された和泉と紀伊を召し上げられるというのも心外だし、九州の合戦で討死した弟に対して、何の感謝の言葉もないのはどういうわけか」。

義弘の話を聞いた絶海は、不満の一つ一つに丁寧に答え、心配は無用だからなんとか上洛してほしいと懇願するが、「いっしょにご政道を諫《いさ》めようと鎌倉殿と約束しているので、今ここで上洛したら約束違反になる。そのうち鎌倉殿といっしょに上洛することにする」といわれて、さすがに引き下がらざるを得なかった。今回の決起にあたって、義弘は遠く鎌倉の公方と連絡をとりあっていたのである。

大内の説得をあきらめた義満は、まもなく軍勢を集めて京都に来るよう大名たちに指令を出した。十一月八日、義満は東寺に陣を構え、細川・赤松の軍勢が淀《よど》・山崎《やまざき》を通って和泉に入りこんだ。義満の陣所には畠山・斯波をはじめとする大軍が集結し、さらに進んで八幡《やわた》（京都府八幡市）に布陣した。やがて義弘の籠もる堺城の攻撃が開始され、攻防の末に城は陥落、義弘は討死した。十二月二十一日のことである。このとき義弘の弟弘茂《ひろもち》は降伏して大内の名跡《みょうせき》を受け継ぎ、周防と長門の守護職を安堵された。大内一族を全滅させようという意図は義満にもなく、西国における勢力はそれなりに確保されたが、和泉・紀伊という畿内近国での足がかりを大内氏は失うことになったのである。

足利満兼の時代

鎌倉の公方と協力して今回の決起に及んだのだと、大内義弘は絶海中津に語っているが、これはどうも本当だったらしい。鎌倉公方足利満兼《みつかね》はかなり前から大内の勧誘を受けていたらしく、興福寺の衆徒にあてて味方に参るようにと御教書を出し、これは大内の手を通じて衆徒のもとに届けられていた。義満が出陣したのち、満兼はこれを救援するためと称して鎌倉を出発、武蔵の府中まで進んだが、ここから北上して足利氏発祥の地である下野の足利に陣を据えた。なぜ足利に進んだか、その理由は定かでないが、由緒あるこの地で挙兵しようと考えたのかもしれない。ところがまもなく堺城が陥落して義弘が戦死したという知らせが足利にも届いたらしく、満兼も身動きがとれなくなって、翌応永七年（一四〇〇）の三月まで足利に留まり、やがて鎌倉に帰った。

鎌倉公方がどういう事情で反乱を思いついたか、事情はわからないが、当時の状況を考えるためにも、時代を少し溯らせて関東の政治情勢を辿ってみたい。嘉慶二年（一三八八）の小田氏の降伏によって鎌倉府の勢力拡大はいっそう進み、明徳二年（一三九一）には陸奥《むつ》と出羽《でわ》もその管国に加えるとの幕府の意志が伝えられて、鎌倉府は奥羽方面への拡大の政治的根拠を獲得した。奥羽の国人たちの多くを傘下に入れることになり、鎌倉府の力の及ぶ範囲は急速に拡大したのである。このころいったん小田から逃亡した小山若犬丸が奥州《おうしゅう》に入りこみ、田村清包《たむらきよかね》を頼って兵を挙げたが、応永三年（一三九六）の二月、鎌倉公方氏満は追討軍を率いて鎌倉を出発、六月に陸奥の入口にあたる白河《しらかわ》（福島県白河市）に着き、田村を蹴散らして鎌倉に帰った。応永五年（一三九八）十一月に氏満は四十歳で死去するが、あとをついだ子息の満兼は、年明け早々から奥羽の支配を手がけはじめ、弟の満貞《みつさだ》と満直《みつなお》の二人を陸奥に送り込んだ。満貞は稲村《いなむら》（福島県須賀川市）、満直は篠川《ささがわ》（郡山市）の地を拠点と定め、これが足利氏の陸奥支配の拠点となる。まもなく満兼自身も鎌倉を出発して白河に赴き、さらに進んで稲村の御所にしばらく逗留《とうりゅう》した。

図26　足利氏系図
1・2・3…は将軍の代数
一・二・三…は鎌倉公方の代数

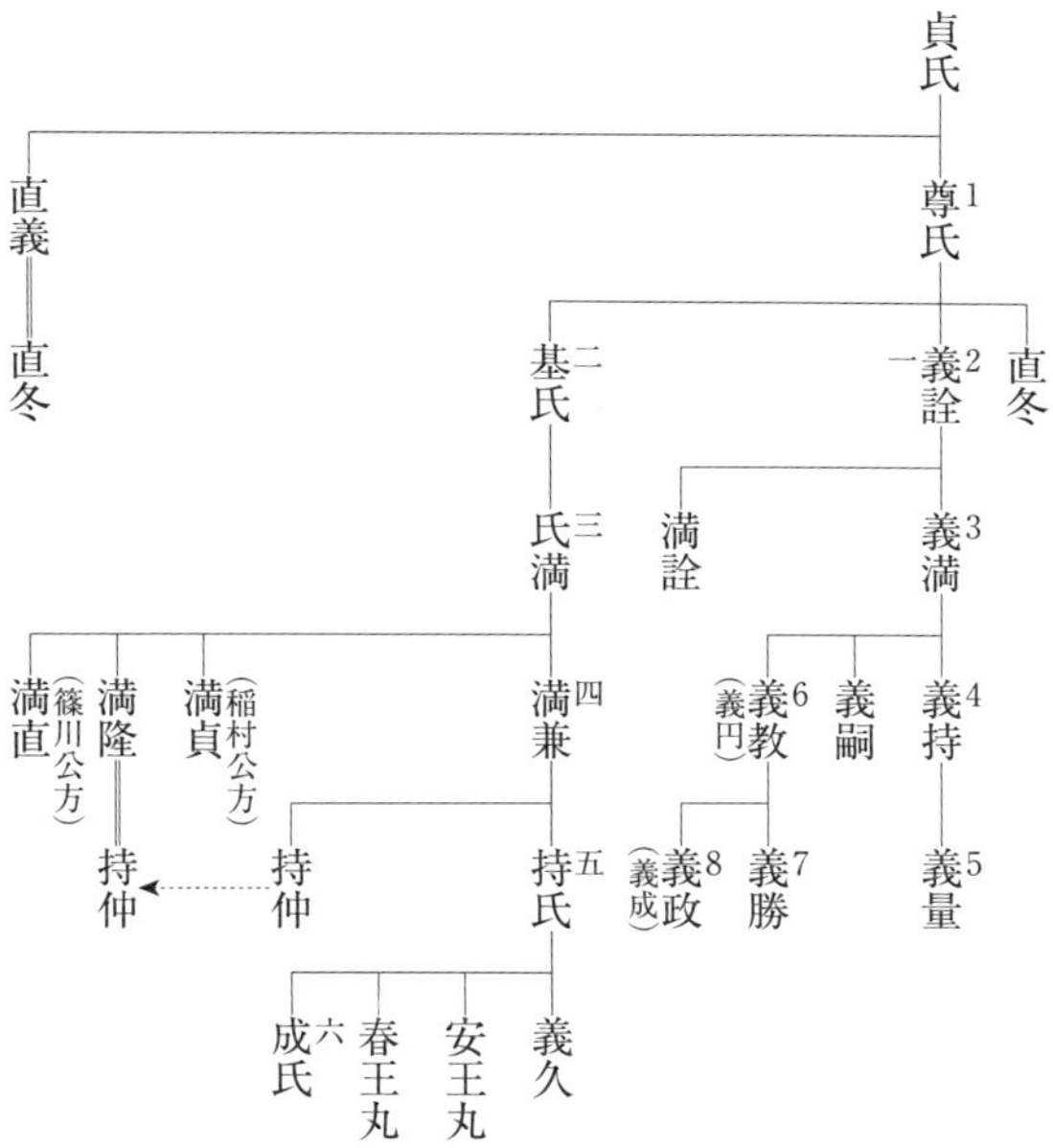

満兼が大内と通じて反乱を企てたのは、この奥州滞在中だったようである。このとき満兼は二十二歳、公方になったばかりで意気《いき》軒昂《けんこう》だった。武家のなかにも不満を持つものが多くて義満の立場も安定してはいないと、おそらく大内から話を持ちかけられ、その気になってしまったのだろう。あるいは奥羽の国人たちの掌握に腐心する中で、彼らが京都の将軍とのつながりを背景に独自の行動をとろうとしていることを知り、将軍の存在に対する不満をつのらせていたのかもしれない。

満兼の思惑ははずれ、一時は苦境に立たされたが、義満にしても関東と事を構えるつもりもなく、大事には至らずにすんだ。二人の弟が派遣された奥羽の政情は不安定で、稲村と篠川の公方のために御料所《ごりようしよ》を差し出せとの命令に反発した伊達政宗《だてまさむね》が反乱を起こして白河の結城氏と戦いを交え、また伊達と通じた大崎詮持《おおさきあきもち》が鎌倉近郊の館から奥州に逃れる途中で襲撃を受けて自害するという事件もおきた。応永九年（一四〇二）には伊達を討伐するために上杉氏憲《うじのり》を大将とする軍勢が鎌倉から派遣され、氏憲らは苦戦の末伊達を降伏させることに成功した。ふたりの公方の下向は現地に動揺をひきおこしたが、国人たちをそれなりにまとめながら、鎌倉府の支配は奥羽まで及んでいったのである。

明からの使節

大内の反乱の鎮圧に成功して、公武双方の上に君臨する地位を確保した義満は、日本を代表する存在として、中国との外交樹立の試みを本格的に開始した。応永八年（一四〇一）、祖阿《そあ》という名の遁世者《とんせいしや》を団長とする一行が組織され、多くの宝物を載せた船が中国に向かった。明の皇帝にあてられた義満の書信を携えて、祖阿ら一行は無事中国に着岸、南京の都まで赴いて、明の恵帝《けいてい》（建文帝《けんぶんてい》）に義満の書を奏上した。朝貢を開始したいという義満の意向は受け入れられ、まもなく明側から日本に赴く使節団が編成された。その中心にいたのは天倫道彝《てんりんどうい》・一庵一如《いちあんいちによ》という二人の僧で、祖阿を伴って出発、応永九年（一四〇二）八月三日、船は摂津《せつつ》の兵庫《ひようご》（神戸市）に着岸した。中国から船がやってくると聞いて喜んだ義満は、愛娘を伴ってわざわざ兵庫まで赴き、唐船《とうせん》をその目で見た。そして九月五日、義満の居所である北山第《きたやまてい》で、明からの使節の引見《いんけん》の儀がなされる。

このときは一〇人の公卿と一〇人の殿上人が参集し、義満自身が四脚門《よつあしもん》まで出向いて使節を迎えた。

最高級の厚礼で明の使者を受け入れたのである。使節は皇帝の詔書を捧げ持って進み、やがてその内容が披露された。「なんじ、日本国王源道義は、帝室のことに心を致し、皇帝に対する誠意を懐き、はるばる波濤《はとう》を越えて使者を遣わし、漂流民を返してくれた。また貢物として宝刀や駿馬《しゅんめ》、甲冑や紙・硯《すずり》、さらに質のよい金を献上してくれた。朕《ちん》はたいへんうれしく思う」。皇帝の詔書にはこうしたためられていた。「源道義」すなわち義満は、明の皇帝から正式に「日本国王」として認められたのである。

このとき明からは錦綺《きんき》二〇匹が義満に下され、また皇帝の詔書には倭寇を鎮圧してほしいという希望が書かれていた。自らを中心とする朝貢体制の中に日本を置くことは、中国にとっても有益なことだったが、せっぱつまった課題としては倭寇禁圧の問題があったのである。義満の歓待を受けた一行は、そのまま日本で越年し、応永十年（一四〇三）の二月に帰国の途についた。このとき天竜寺住持の堅中圭密《けんちゅうけいみつ》が日本側の使者として同船し、絶海中津が執筆した義満の御書を携えて明に赴いた。日本からの献上物は生馬二〇匹、硫黄《いおう》一万斤、瑪瑙《めのう》三二塊、金屛風三副、槍一〇〇〇柄、太刀一〇〇把、鎧一領、匣硯一面、匣扇二〇〇把といったもので、義満は皇帝あての書の中でみずから「日本国王臣源」と称した。

ところでこの一行の帰国の前に、思いがけない情報がもたらされていた。皇帝の叔父にあたる朱棣《しゅてい》が北方で反乱を起こし、南京に攻め込んで恵帝を破り、あらたに帝位に就いたというものだった。に

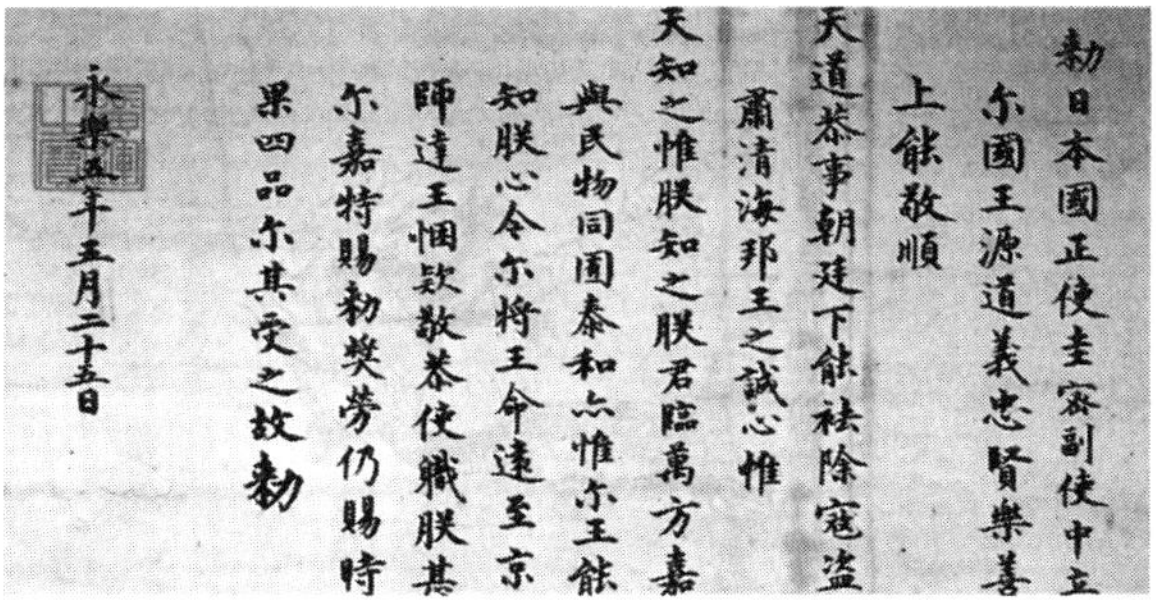

勅日本國正使圭密副使中立
尓國王源道義忠賢樂善
上能敬順
天道恭事朝廷下能袪除寇盗
肅清海邦王之誠心惟
天知之惟朕知之朕君臨萬方嘉
與民物同圓泰和亦惟尓王能
知朕心令尓將王命遠至京
師達王悃欵敬恭使職朕甚
尓嘉特賜勅奬勞仍賜時
果四品尓其受之故勅
永樂五年五月二十五日

図27　永楽帝の勅書

わかには信じがたかったが、全くのデマとも思えないので、どういう事態になっても対処できるよう、二通の国書が作成された。やがて一行はこの噂が事実だったことを知り、新皇帝あてに作った義満の書を成祖《せいそ》（永楽帝《えいらくてい》）に奉呈した。皇帝は代わったものの中国側の対応に変化はなく、まもなく日本への使節団が組織された。翌応永十一年（一四〇四）四月、二度目の使節を乗せた船が兵庫に着き、五月には再び北山殿で使節引見の儀が行われた。このとき上洛した唐人は七、八〇人で、文綺《ぶんき》や金銀、古器・書画などがもたらされ、また勘合《かんごう》一〇〇通も同時に下付された。皇帝が作成した勘合符を携えている船だけが通航を認められるという勘合船貿易がここに開始されることになる。

この使節の帰途にあたっては、明室梵亮《みんしつぼんりょう》が使節として同船して中国に渡り、翌年にはまた明船が日本に到着、五月に義満は北山第でこれを引見した。一行は三〇〇余人で、その数は年々増えていた。応永十三年（一四〇六）にも明の使節は来朝し、六月に引見の儀がなされた。倭寇を鎮圧してほしいという皇帝の求めに応じて、義満は首領を捕縛せよとこの地域の武士たちに命令、二〇人の主だった頭目《とうもく》が捕えられて、皇帝のもとに献上された。こうした功績を認めたのか、このときの皇帝の詔書の文面はいままでとちがって丁寧だった。また皇帝からの下賜品も、白金《はっきん》（銀）一〇〇〇両、織金《おりきん》や諸色の綵幣《さいへい》二〇〇匹、綺《き》繡衣《しゅうい》六〇件、銀の茶壺三つ、銀の盆が四つ、さらには海船が二艘というたいそうなものだった。

翌応永十四年（一四〇七）にも明の使節は来朝し、花銀一〇〇〇両と銅銭一万五〇〇〇貫、綵絹三〇〇匹をはじめとする織物、さらにさまざまな唐物がもたらされた。十月のある日、義満は明人を伴って常在光院《じょうざいこういん》で紅葉を鑑賞したが、このとき義満は唐人の装束を着て唐輿《からごし》に乗り、明の人がその輿をかついでいたという。中国の文物に深い関心をよせていることを、義満はそれなりにアピールしていたのである。

北山第の宴遊

応永十三年の暮もおしせまったころ、後小松天皇生母の三条厳子が危篤に陥った。十二月二十六日、義満は見舞いにかけつけるが、その重篤なことを知り、その後の段取りをつけはじめた。天皇が喪に服する諒闇《りょうあん》の儀がなされるべきだけれども、一代で二度の諒闇というのは先例が不吉なので、今回は行わないことにしたいが、そうすると国母《こくも》を誰にするかが問題になる。崇賢門院《すうけんもんいん》（広橋仲子）にお願いする方法もあるが、天皇の祖母なので問題だ。義満はこのように言い出すが、自分の妻の日野康子を国母に准ずる地位に立たせたいというのが彼の真意だった。このことを聞かされた関白の一条経嗣は、翌日北山第に赴いて義満と面会し、誰を国母にしようかという義満の問に対して、南御所（日野康子）の准三宮宣下の儀を執り行えば、国母に准ずることに何の支障もありませんと答えた。この回答を聞いて義満はうれしそうな顔をしたと経嗣は日記にしたため、「わたしもこんな阿諛追従《あゆついしょう》をするようになってしまった。悲しいことだ」とつけ加えた。この日に厳子は亡くなって、日野康子を准三宮とするとの宣下がなされ、彼女を国母に准ずることが決められた。

翌応永十四年三月、准母日野康子の院号が北山院《きたやまいん》に決まり、まもなく康子は入内《じゅだい》を果たした。後小松天皇はすでに三十一歳になっていたが、義満に対して反抗的態度に出ることもなく、義満の妻を自分の母として受け入れた。年が改まって応永十五年（一四〇八）二月、十五歳になった義満の子息が童形のまま参内し、義嗣《よしつぐ》という名を与えられて、まもなく従五位下に叙せられた。そしてその数日後の三月八日、後小松天皇は北山第に行幸し、義嗣は天皇から盃を拝領して、その面前で舞踏を披露した。天皇はそのまま北山第に留まり、翌日と翌々日には内々の御遊びがあり、十一日には連歌会《れんがえ》が開かれた。北山院や崇賢門院のもとに行幸することもあったが、基本的には北山第で宴遊が続けられ、十四日には童舞御覧、十七日と十八日には蹴鞠があり、二十日には三船の御会《ごかい》がなされた。かつて後円融天皇を花の御所に招いたときも、三艘の船を池に浮かべて詩歌《しいか》管絃《かんげん》の遊びをしたが、ここでも同様な趣向がこらされたのである。その後も連歌会や和歌会、さらには白拍子舞《しらびょうしまい》の御覧があり、二十八日になって天皇はようやく内裏に帰った。

二十八年前、康暦二年（一三八〇）の行幸は六日間だったが、こんどはあしかけ二十三日の長期に及んだ。義満と天皇家の関係はここまで親密になっていたのである。そしてこの行幸の間にも、義嗣の昇進人事は急速に進められていった。三月二十四日に正五位に昇り、同時に左馬頭《さまのかみ》に任じられたが、四日後の二十八日には従四位下となり、さらに左近衛中将への任官がなされた。四月になって義満は義嗣を同道して伊勢神宮に参詣し、帰京して早々に義嗣の元服の儀が内裏で執り行われた。公家や武家の子息が天皇のもとで元服の儀を行うというのは前代未聞で、親王の元服に準じた扱いだった。

最愛の子息の立身を義満がなぜここまで急いだか、知るすべもないが、自分の生きている間にそれなりの算段をしておこうという気持ちのあらわれだったかもしれない。晴れやかな元服の儀がなされたすぐあとから、義満は咳に悩まされ、まもなく危篤状態になって、わずか数日ののち、五十一歳でこの世を去った。北山第には将軍の義持が移り住み、義嗣は生母の春日局《かすがのつぼね》の実家で生活することになった。公武の上に君臨した「国王」の急逝《きゅうせい》によって、幕府と朝廷の関係はそれなりの落ち着きを取り戻し、将軍義持のもとであらたな政治が始まることになる。

三　足利義持の時代

1――義持の政治

室町殿足利義持

偉大な父親の急逝《きゅうせい》によって、足利義持《あしかがよしもち》はようやく政治の中心に立つことになった。このとき彼は二十三歳、斯波義将《しばよしゆき》をはじめとする重臣たちに支えられながら、王者としての道を歩み始める。

義満《よしみつ》が死去した二日後の応永《おうえい》十五年（一四〇八）五月八日、後小松《ごこまつ》天皇は義満に太上法皇《だいじょうほうおう》の号を贈ることに決めたが、幕府の中心にいた斯波義将は、昔からこんな例はないので辞退したいと強く言い張り、結局これは沙汰止みとなった。朝廷の内部に深々と入りこみ、天皇家も凌駕《りょうが》する権力をつかもうとしていた義満の所行を、さすがにやりすぎだと義将は長く思っていたのだろう。

当時管領《かんれい》の地位にあったのは、斯波義将の子息の義教《よしのり》（義重の改名）だったが、応永十六年（一四〇九）になると六十歳になっていた義将が管領職に復帰し、名実ともに幕府の中心に立った。まもなく幕府は朝鮮に対して信書《しんしょ》を遣わして義満の死去を伝え、大蔵経《だいぞうきょう》をいただきたいと願い出ているが、この信書の差出人は「日本国管領源道将」すなわち斯波義将だった。若い義持は表に出ていないのである。

義満死去の報は遠く明国《みんこく》にも届けられ、成祖《せいそ》永楽帝《えいらくてい》は使者を日本に派遣して弔慰を示し、絹《きぬ》と麻布《あさぬの》それぞれ五〇〇匹を下賜した。義持は七月に北山第《きたやまてい》で使者と対面したが、明使《みんし》との対面は本意ではなかったらしく、十年後の応永二十六年（一四一九）に元容周頌《げんようしゅうじゅ》という禅僧にあてて出した書状の中で、「先君の弔いのために来たといわれて、しかたなく対面したのだ」と述懐している。

義持は父が進めた対明外交には消極的だったが、これにはそれなりの理由があった。先の元容周頌あての書状で義持はこう述べている。父の義満が病に倒れたときに「これは諸神の祟りだ」との占いが出た。我が国は古くから外国に対して臣と称したことがないのに、明の暦《こよみ》と日本国王の印を受け取って臣下の礼をとってしまった。そのせいで病気になったのだという占いだったので、義満も大いに懼れ、「今後は外国の命令を聞くことはしません」と誓った、この教えを私は守っているのだ。

死去の直前に義満が改心したというくだりはいささか怪しいが、義満が中国に対して臣下の礼をとったことに対する批判は、朝廷や公家たちの中に奥深く広がっており、将軍の地位にいた義持自身も、こうした意見に共感をおぼえていたのだろう。最初の使節にはとりあえず対面したが、このあと義持が明使を接見することは一度もなかった。

応永十六年八月、斯波義将は管領職を退き、孫の義淳《よしあつ》（義教の子）がわずか十一歳で管領となった。

図28　斯波・細川・畠山氏系図
数字は管領（執事）の就任順

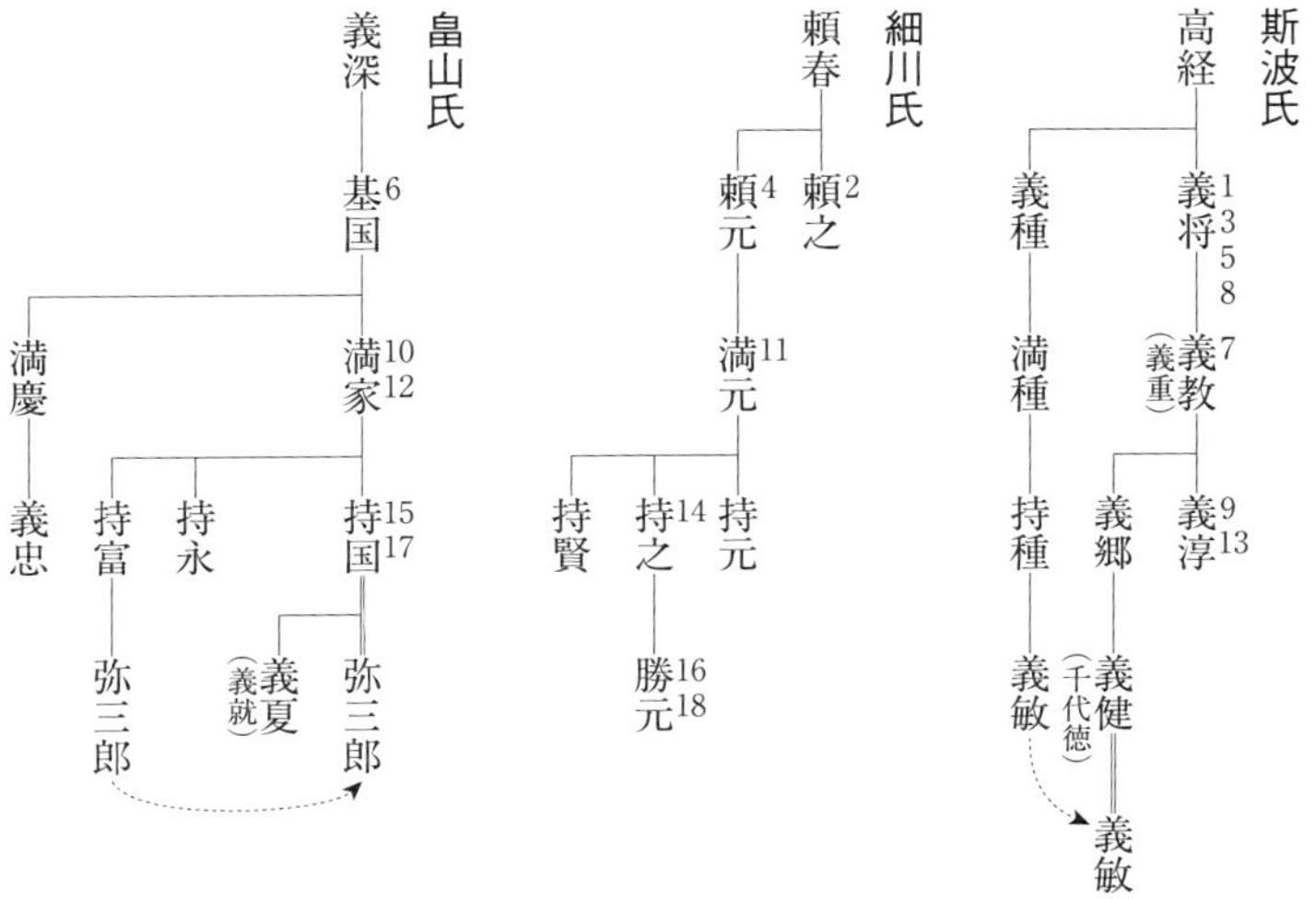

もちろん実権は祖父が握りつづけたが、翌応永十七年（一四一〇）五月に義将は六十一歳で死去し、まもなく斯波にかわって畠山満家《はたけやまみついえ》が管領に任じられた。このとき満家は三十九歳、二年間管領をつとめ、応永十九年（一四一二）三月には六歳年少の細川満元《ほそかわみつもと》がかわりに管領となった。短いあいだに斯波・畠山・細川と管領はひんぱんに交代したのである。

応永十八年（一四一一）、明の使者がまた財宝を抱えて日本にきたが、義持はこれとの会見をかたくなに拒み、使者は結局兵庫《ひょうご》から引き返さざるをえなかった。明との貿易に理解を示していた斯波義将が死去したこともあって、義持もようやく自分の意見を通せるようになったのだろう。永楽帝はこうした義持の態度を非難して、その後も朝貢《ちょうこう》を要求してきたが、義持の方針は変わらなかった。

図 29　後小松天皇画像

御成の世界

応永十六年の七月、足利義持は権大納言《ごんだいなごん》から内大臣《ないだいじん》に昇進し、弟の義嗣《よしつぐ》も権中納言に任じられた。このころ義持は北山第にいたが、十月には新たに造営された三条坊門《さんじょうぼうもん》の新御所《しんごしょ》に移住、義嗣の邸宅もその近くに作られた。朝廷内部にそれなりの地位を得た義持と義嗣は、さまざまな儀式に参加したりしながら天皇家や公家たちとの関係を保った。後小松天皇は義持より九歳年長だったが、若い義持をそれなりに尊重しており、両者の関係は円満だった。応永十八年に皇子の躬《み》仁《ひと》親王が元服《げんぷく》したとき、義持は命を受けて加冠役《かかんやく》を勤めた。そして翌応永十九年、後小松天皇は躬仁親王（称光《しょうこう》天皇）に位を譲り院政《いんせい》を開始する。

こうして後小松上皇・称光天皇と足利義持が並びたつ時代が始まる。義持は三条坊門の御所を居所としていたが、いつもここにいたわけでもなく、積極的に人々を訪問し、社寺の参詣も繰り返した。義持の諮問《しもん》役でもあった醍醐寺《だいごじ》三宝院門跡《さんぼういんもんぜき》の満済《まんさい》の日記などから、当時の義持の足どりをくわしく知ることができるが、例えば応永二十年（一四一三）の状況は次のようなものである。まず正月五日に畠山満家のもとに渡御《とぎょ》しているが、これを皮切りに義持はあちらこちらに出向き始める。七日には小川《おがわ》御所と北山御所に渡御し、十二日には斯波義教の宿所《しゅくしょ》に赴いた。翌十三日には弟の義嗣のところと、近臣畠山貞清《さだきよ》の宿所に出向いている。十五日には女院《にょいん》と小川御所、十六日には北山女院（義満の後室日野《ひの》康子《やすこ》）、十九日に高橋殿《たかはしどの》に渡御し、二十日に赤松義則《あかまつよしのり》、二十二日に山名《やまな》時熙《ときひろ》、二十三日に管領細川満元の邸宅に出向き、二十五日には青蓮院《しょうれんいん》門跡を訪問、二十六日には京極高光《きょうごくたかみつ》の亭に赴いている。

義持の正月のスケジュールはこのようなもので、特別の儀式のない日はどこかに出向いている格好になっていた。天皇家などの女性たちのところにまずあいさつに行っていることも注目されるが、やはりメーンとなるのは斯波・細川・畠山・赤松・山名・京極といった大名のもとへの御成《おなり》であろう。大名たちの邸宅にわざわざ出向き、酒宴や贈答をしながら、武将たちとの関係を確かなものにしようと、義持は努力していたのである。父の義満は大名たちの上に君臨するタイプだったが、義持のスタンスはかなり違っていた。大名たちをそれなりに重んじ、その協力をとりつけながら政治を運営してゆくというのが彼のやり方だった。

義持の御成は二月になっても続く、大名や近臣たちの邸宅への御成だけとりあげてみると、二月十六日にはまた赤松のもとに渡御し、翌日には一色義範《いっしきよしのり》のもとに赴き、二十九日にはまた京極亭を訪れている。三月以降は土岐《とき》頼益《よります》・大内盛見《おおうちもりみ》といった大名や、近臣の富樫《とがし》満成《みつしげ》・赤松持貞《もちさだ》などのところに出向き、六月には斯波の重臣の甲斐《かい》将教《ゆきのり》のもとを訪れた。甲斐は斯波の家臣だから、義持からみれば陪臣《ばいしん》にあたる。ちなみに陪臣の立場で将軍の御成にあずかったのは甲斐だけだった。斯波家中でも卓越した地位にいたことでこのような栄誉に浴したのだろうが、間の斯波をとび越して陪臣と関係を結んでしまうという、形式にこだわらない面を義持はもちあわせていたのである。

斯波・細川・畠山の三家は管領をつとめる家柄で、幕府の中心におり、山名・一色・京極・赤松は侍所《さむらいどころ》の頭人《とうにん》を交代でつとめていた。このあたりが政治に直接関与する大名のメンバーで、畠山満家の弟の満慶《みつのり》（能登守護《のとしゅご》）や、細川一門の満久《みつひさ》（阿波守護《あわしゅご》）などが諮問にあずかることもあった。そして富樫満成や赤松持貞といった近臣たちが、さまざまな事務をこなしながら義持を支えていた。

大名たちをそれなりに尊重するというのが義持の基本方針だったから、彼らの立場も一応安定していたが、なかには義持の不興を買って没落する者もいた。応永二十一年（一四一四）のこと、加賀《かが》の守護をつとめていた斯波満種《みつたね》（義教の従兄弟）が突然義持に譴責《けんせき》されて京都を脱走し、高野山《こうやさん》に逃げこんでしまった。加賀の守護職はもちろん没収され、加賀の豪族の富樫満春《みつはる》と、その一門で義持の近臣になっていた富樫満成の二人が、国を分割する形で守護に任命された。もともと富樫は加賀の守護で、一時守護職を没収されていたが、思いがけなくもここで復帰を果たしたのである。ただ一国の守護職を回復したわけではなく、半国分は一門の満成が手中に収めた。富樫満成は義持の近臣として活躍しながら、ついに自ら守護職を手に入れることに成功したのである。

義持と公家たち

居並ぶ大名たちに対しては低姿勢を保った義持だったが、朝廷を構成する公家たちに対する態度はかなり違っていた。さまざまな儀式に参加したり、公家たちとの日常的なつきあいを続ける中で、感情をあらわにして強圧的な行動をとることもみられるようになってゆく。

称光天皇の即位式《そくいしき》が挙行されたのは応永二十一年十二月のことだった。即位式に先立って、まず後小松上皇の御所（仙洞《せんとう》御所）への方違行幸《かたたがえぎょうこう》がとり行われたが、関白《かんぱく》の一条経嗣《いちじょうつねつぐ》はこの儀式に参加せず、内大臣の義持が天皇のそばに立って御裾《おすそ》を直す役目を果たした。関白が不参のときには蔵人頭《くろうどのとう》がおそばに控えるのが通例だったが、義持はこうした先例を無視して自ら大役をつとめたのである。

その八日後、伊勢神宮《いせじんぐう》への奉幣使《ほうへいし》発遣《はっけん》の儀式をとり行うために、天皇が神祇官《じんぎかん》に行幸し、こんどは誰がおそばに立つかが問題となった。このときは関白一条経嗣も参加したが、義持も関白のとなりに立って、靴《か》の沓《くつ》を脱いで浅沓《あさぐつ》に履き替えた。やがて天皇の輿《こし》が到着すると、関白は義持に向かって「こんどもあなたが御裾を直していただけないでしょうか」とおうかがいを立てた。義持が固辞したので、結局は関白が御裾を直すことになったが、「とうとうこんなお追従《ついしょう》を言ってしまった」と彼は日記に書き残した。内大臣の立場の者が大役をつとめることに、関白も本心では批判的だったのである。

ところでこの儀式のときの義持の所行について、関白の経嗣は日記の中でいろいろ書いている。「靴の沓を脱いで履き替えた浅沓は唐人《とうじん》の沓だった。普通の浅沓は着けにくいので、特別のものを用意したとのことだが、それにしても異様だった。また沓を着けるときに、となりにいた自分の肩にしなだれかかってきたが、どうもかなり酔っ払っている様子だった。あとで聞いたところによると、禁《きん》裏《り》で大酒を飲んできたという話だ」。義持の中国趣味は有名で、大酒飲みも周知のことだった。

即位式は十九日に挙行されたが、ここでも悶着《もんちゃく》が起きた。儀式を司る内弁《ないべん》の役には、あらかじめ勧《か》修寺《じゅうじ》経興《つねおき》が指名されていたが、直前になって九条満教《くじょうみつのり》にこの役目を仰せ付けてほしいと義持が言い出し、結局土壇場で交代ということになった。即位式の内弁は摂関家の人が勤めるのが吉例だというのが義持の言い分だったが、その強引さに人々は眉をしかめた。突然大役を仰せつかった九条満教は、儀式に必要な玉佩《ぎょくはい》を持っていなかったが、義持はほかの公卿《くぎょう》から玉佩を召し上げて満教に渡し、おかげでこの公卿は礼服《らいふく》を着ながら玉佩をつけないという不恰好な形で列座せざるをえなかった。

応永二十二年十一月にもハプニングがおきた。二十二日に悠紀節会《ゆきのせちえ》、二十三日に主基節会《すきのせちえ》が行われ、ともに天皇の冠に花を挿す儀式が行われたが、ここでのやりかたについて義持が文句をつけたのである。悠紀節会のときの内弁は徳大寺《とくだいじ》公俊《きんとし》で、彼が花を義持に渡して、義持が天皇の冠に花を挿すという形で儀式は進行した。ところが翌日の主基節会の内弁を勤めることになった久我《こが》通宣《みちのぶ》は、きのうの事情をよく知らず、天皇の冠に花を挿すときはどうしたらいいのでしょうと関白の一条経嗣に尋ねた。「内弁から関白に献上して、関白が挿すというのでもいいし、内弁が自分で挿しても問題ないのでは」というアドバイスに従って、それなら自分で挿してもいいかと通宣が考えていたところ、横から義持が口を出す。「天皇の御冠に花を挿すやりかたは、どうなさるおつもりですか」。

「自分が直接お挿しします」。通宣はこう答えたが、これが義持の逆鱗《げきりん》に触れた。昨日のことはよく知らず、関白とも相談したことだと弁明したが、聞き入れてもらえず、それならきのうと同じように内大臣様（義持）からお挿しいただくことにしたいと思いますと懇願するが、義持の腹立ちはおさまらず、不安な気持ちのまま通宣は自ら天皇の冠に花を挿した。そして数日後、通宣は官職を剝ぎ取られ、所領も失って丹波《たんば》に籠もってしまう。

不興を買ったのは久我だけではなかった。洞院満季《とういんみつすえ》・正親町実秀《おおぎまちさねひで》・万里小路時房《までのこうじときふさ》といった面々が、儀式に遅れたということで怒られて、室町殿への出仕《しゅつし》を差し止められ、海住山清房《うつやまきよふさ》という公家は、重い罪を着せられて籠居《ろうきょ》した。義満のときと同様に、並み居る公家たちは義持の顔色を窺いながら保身につとめざるを得ない状況に置かれていたのである。

年明けて応永二十三年（一四一六）正月十日、諸門跡や関白以下の公卿たちは、つれだって義持の御所に新年のあいさつに赴いた。たまたま義持は北山院のところに行っていて留守だったので、あらためて出向けばいいと考えた面々は、そのますぐに帰宅した。ところが意外に早く戻ってきた義持は、事の次第を聞いて腹を立てた。「どうして待っていてくれないのか」。

室町殿がお怒りだとの知らせを受けた面々は、日野豊光《ひのとよみつ》を通して詫びを入れ、「門跡と関白と左大臣（今出川公行《いまでがわきんゆき》）とは対面してあげよう」と義持は答えた。それで十二日になって門跡と関白らはまた御所に赴くが、仁和寺《にんなじ》門跡だけが対面を許され、関白と左大臣は結局うけあってもらえなかった。義持の機嫌がいつ直ったかよくわからないが、こうしたことがひんぱんにおきていたのである。

北畠満雅の挙兵

応永十九年に後小松天皇が皇子に譲位したことは前述したが、考えてみればこれは南朝との約束を反故《ほご》にしたことを明示したに等しかった。後亀山《ごかめやま》天皇が神器《じんぎ》を後小松天皇に渡し、南北両朝の合一が実現したとき、後小松天皇のあとには後亀山天皇の皇子が即位するという約束がなされていたはずだが、これが空手形だったことはやがて明らかになる。経済的にも困窮した後亀山法皇は、応永十七年の冬に吉野《よしの》に出奔《しゅっぽん》した。そしてその二年後の天皇の譲位により、後亀山の皇統は復活の夢を断たれることになったのである。

当時の客観情勢を考えれば、南朝側の復権はありえなかったが、それでも約束に違ったこうした行為は、かつての南朝とつながる勢力の反感を生んだ。その中心となったのが伊勢国司の北畠満雅《きたばたけみつまさ》である。伊勢中部の多気《たけ》（津市）を拠点としながら隠然たる勢力を誇っていた北畠氏は、南朝の解体ののちもその地位を認められ、伊勢国司として力を振るっていた。京都から遠く離れた多気の地で情勢を注視していた北畠満雅は、応永二十二年の春になって突如として兵を挙げる。

北畠が所持していた所領の二ヵ所を、一族の小原《おはら》という者に渡すようにと義持が言い出したのが事の発端で、抵抗したにもかかわらず強引に明け渡しがなされたので、怒った満雅が小原の城（松阪市）に攻め込み、これを追い落とした。蜂起《ほうき》のきっかけはこんなものだったが、幕府では早速対応が協議され、一色義範を大将とする軍勢が派遣された。五月になると伊勢の阿坂城《あざか》（松阪市）を攻め落としたという報告が京都にもたらされるが、多気の地は難攻不落で、城からの引き際に京極の手勢が討ち取られたとのしらせも届いた。六月になって畠山満慶が援軍として出発し、大和《やまと》から伊勢に攻め込んだ。やがて北畠満雅も観念して降伏、一色や畠山らの軍勢は京都に凱旋《がいせん》し、北畠も赦免《しゃめん》されて講和《こうわ》が実現した。

応永六年（一三九九）の大内義弘《よしひろ》討伐以来、幕府の軍勢が派遣されることはしばらくなかった。政治はそれなりに安定し、人々は平和を謳歌《おうか》していたのである。そして久方ぶりの追討劇もたいしたものではなく、せいぜい数百人の軍勢派遣で決着がつけられた。南朝与党の動きは予断を許さないものがあるが、たいした問題は起きないと人々は考えていただろう。こうした中、関東の一大事が京都に伝えられるのである。

2——上杉禅秀の乱

鎌倉府の矛盾

足利義持が室町殿として政務を担いはじめたころ、関東の一〇ヵ国を統括していたのは、鎌倉公方《かまくらくぼう》足利満兼《みつかね》だった。京都の義満や義持ともそれなりに円満な関係を保ち、陸奥《むつ》と出羽《でわ》にも力を及ぼしていたのである。

しかし彼の時代は長くは続かなかった。応永十六年（一四〇九）の七月、満兼は三十二歳の若さで

図30　上杉氏系図
数字は関東管領の就任順

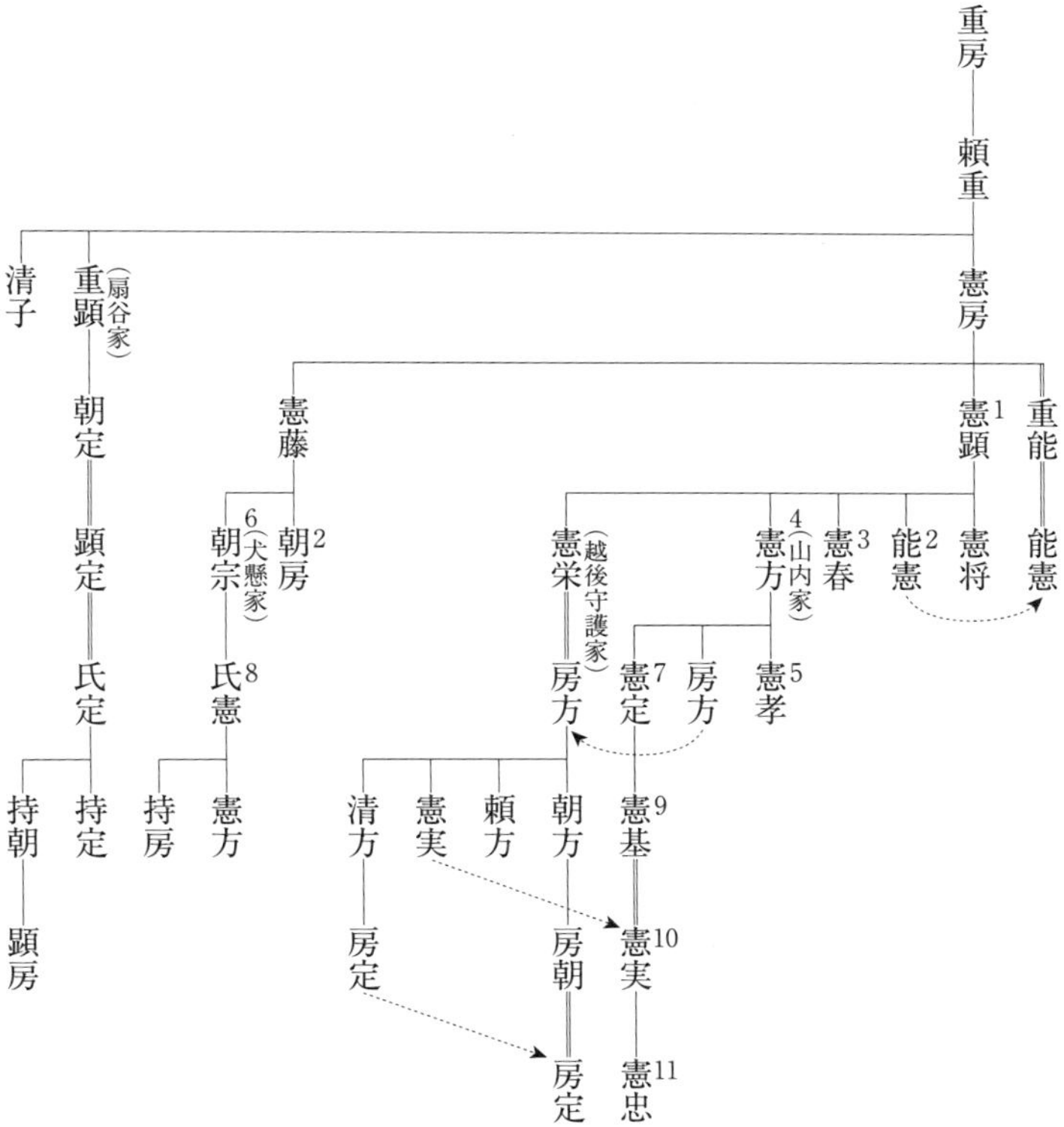

死去してしまう。あとを継いだのは当時十二歳の幸王丸《こうおうまる》で、関東管領の上杉憲定《うえすぎのりさだ》がこれを補佐する形になった。やがて幸王丸は元服、将軍義持から一字を拝領して持氏《もちうじ》と名乗り、左馬頭《さまのかみ》に任命された。

応永十八年(一四一一)二月、上杉憲定が管領職を退き、一門の上杉氏憲《うじのり》(入道禅秀《にゅうどうぜんしゅう》)が関東管領に任命された。公方氏満の時代に長く管領職にあったのは上杉憲方《のりかた》で、憲定はその子息だが、憲方の従兄弟にあたる上杉朝宗《ともむね》も憲方とともに公方氏満を支え、氏満の代の末期から満兼の代にかけて、十年にわたって関東管領をつとめた。この朝宗にかわって憲定が管領になったのは応永十二年(一四〇五)で、五年あまりの在任ののち、朝宗の子の氏憲に管領の座を譲り渡したのである。このように当時関東管領をつとめる家は一筋ではなく、憲方—憲定とつながる系統と、朝宗—氏憲の一流とが並び立つ状況になっていた。上杉憲方は鎌倉北郊の山内《やまのうち》に館《やかた》を構えていたので、その一流を山内上杉氏といい、対する朝宗の一家は鎌倉の犬懸谷《いぬかけがやつ》に住んでいたので犬懸上杉氏という。

応永十九年の十二月、山内家の上杉憲定が死去し、子息の憲基《のりもと》があとを継いだ。まだ若年だったので、関東管領の地位にいた年配の氏憲が政務を主導していたが、やがて彼も政治から身を引くことになる。応永二十二年(一四一五)四月の評定《ひょうじょう》のときに公方持氏に対して不満を述べた氏憲は、管領職を返上してしまい、上杉憲基が二十四歳で関東管領に就任する。自分の家人《けにん》が公方によって所領を没収されたことが氏憲の不満の中身だったらしいが、公方持氏ももう十九歳になっていて、そろそろ自己主張を始め、これまで政務を仕切っていた管領との関係がうまくいかなくなったというのが実情だろう。上杉氏憲は政治の一線から退き、公方も管領も若年という状況になる。

公方持氏の台頭を快く思っていなかったのは上杉氏憲だけではなかった。足利満兼の弟のうち満貞《みつさだ》と満直《みつなお》は奥州《おうしゅう》に下向していたが、足利満隆《みつたか》というもうひとりの弟がいて、これは鎌倉に止まって兄を補佐していた。満兼が死去して幼少の幸王丸（持氏）があとを継ぐと、満隆は鎌倉にいる足利一門の長老の地位に立ち、鎌倉府の政治にもそれなりに関わっていたらしい。公方との関係は微妙だったが、持氏の実弟持仲《もちなか》を養子にするといった形で関係確保につとめていた。しかし持氏の成長によって満隆の存在意義はしだいに狭められ、将来に不安を抱いていたことと思われる。

考えてみれば鎌倉では長年めだった戦いはなく、平和な時代が続いていた。小山《おやま》や小田《おだ》の反乱など、地域の内乱はそれなりにあったが、鎌倉ではさしたる政変も起こらず、安定した状況が長く続いていたのである。鎌倉公方足利基氏《もとうじ》が上杉憲顕《のりあき》を起用して体制固めをしてから、すでに五十年を超える歳月が経過していた。鎌倉がこれだけの間平和を保つのはめずらしいことで、鎌倉府の支配体制はそれなりにきちんとしたものだったと評価することもできるだろう。

しかし一つの社会体制が長く固定化されるということは、その中で低い地位におしこめられた人々の不満が鬱積《うっせき》することも同時に意味する。関東各地の武士たちはおしなべて鎌倉公方に従っていたが、その地位は対等ではなく、佐竹《さたけ》や結城《ゆうき》のようにあらたに守護職を確保した大名もいれば、以前の地位をそれなりに保つだけで、新たな発展を押さえつけられている武士たちもいた。体制に不満をもつ人々はかなり多く、いつかは爆発する宿命だったのである。

反乱勃発

事が起きたのは応永二十三年（一四一六）十月二日の夜だった。足利満隆と養子の持仲がひそかに西御門《にしみかど》の宝寿院《ほうじゆいん》に入り、ここで決起の旗を揚げた。一方上杉氏憲の側でも郎党《ろうとう》の屋部《やべ》と岡谷《おかや》の両人が塔辻《とうのつじ》に下って、即席の櫓《やぐら》を作って立ち上がった。氏憲自身は軍勢を率いて御所に向かって公方持氏を奪い取ろうとしたが、様子が変だと察した公方近臣の木戸満範《きどみつのり》が、就寝中の持氏をたたき起こして急を告げた。御所の警備にあたっていた近臣たちを従えて、持氏は御所の裏の山路に逃れ、十二所から海側に転じて小坪《こつぼ》に至り、前浜《まえはま》を通って管領上杉憲基のいる佐介《さすけ》の館に入った。

二日後の四日に軍勢が動き出す。足利満隆は宝寿院を出て若宮小路《わかみやこうじ》に陣取り、千葉満胤《ちばみつたね》・兼胤《かねたね》父子をはじめとする千葉一党が米町表《こめまちおもて》、佐竹《さたけ》（山入《やまいり》）与義《ともよし》らの一団が浜の大鳥居《おおとりい》から極楽寺口《ごくらくじぐち》にかけて布陣し、上杉氏憲の軍勢は鳥居前から東に向かって陣を張った。対する持氏方には佐竹義憲《よしのり》と結城基光《もとみつ》、上杉一門扇谷《おうぎがやつ》家の氏定《うじさだ》などが馳せ参じ、それぞれの持場を固めた。

そして六日に合戦が展開された。激戦の末、持氏方は敗れ、上杉氏定は藤沢《ふじさわ》の道場で自害した。公方持氏は命からがら駿河《するが》に逃れて大森《おおもり》氏の館に入り、さらに駿河守護の今川範政《いまがわのりまさ》を頼って瀬名《せな》に至った。管領の上杉憲基も戦陣を逃れて、一門が守護をつとめる越後《えちご》をめざして落ちていった。

満隆と氏憲のクーデターは、こうしてとりあえずの成功を収めた。決起に加わったのは、下総《しもうさ》守護の千葉兼胤、甲斐《かい》の守護の武田《たけだ》信満《のぶみつ》、上野《こうずけ》の名門岩松《いわまつ》満純《みつずみ》、常陸《ひたち》の佐竹（山入）与義や小田持家《もちいえ》・大《だい》椽満幹《じょうみつもと》・小栗《おぐり》満重《みつしげ》、下野《しもつけ》の那須《なす》資之《すけゆき》などで、武蔵《むさし》や相模《さがみ》の武士たちも広汎に組織されていた。関東の武士たちの半分くらいが決起に加わったわけで、これだけの人々の間に密約が交わされ、しかも露顕しなかったことはいささか驚きである。

公方方に馳せ参じたのは、管領上杉憲基とその一門の上杉（扇谷）氏定、常陸守護の佐竹義憲、下野守護の結城基光らであった。この佐竹と結城は足利尊氏《たかうじ》に従って活躍したことで台頭し、鎌倉府のもとで守護職を確保していた。鎌倉府の支配体制のもとで最も恩恵を受けていた一門ともいえるが、そのためほかの国人たちの嫉妬の対象ともなっていたことがうかがえる。このたびの決起に際してもこの両者は盟約の対象から外され、反乱軍の敵としてはじめから設定されていたのだろう。

このように持氏や憲基のもとに集った武士もいたが、はじめから計画的に用意していた反乱軍のほうが兵力に勝り、結局クーデターは成功することになった。和田《わだ》義盛《よしもり》の決起以来、鎌倉では政変が繰り返されたが、軍事クーデターが成功したのは今回がはじめてだった。体制に不満をもつ人々を広汎に組織したことにより、未曾有の反乱は成功を収めたのである。

この変事のしらせが京都に届いたのは十三日の夕刻で、たまたま義持は因幡堂《いなばどう》に参籠《さんろう》していたので、諸大名がここに集って評定がなされた。駿河は幕府の管轄範囲だから、とにかく駿河に入るようにと持氏に伝えることがとりあえず決まり、使者が派遣された。十五日の夕刻になって飛脚《ひきゃく》が到着し、公

図31　足利満詮画像

方持氏と管領憲基をはじめとする二五人が切腹したと伝えた。

持氏が切腹したというしらせを聞いて、義持はさすがに仰天したが、二十日になるとこれはデマで、持氏は健在だという報告が届いた。錯綜する情報にとまどう幕府だったが、持氏が駿河に無事到着したという報告を受けて、ようやくきちんとした対応をしようと評定が開かれた。前代未聞のことでどうしてよいかわからず、みなが口を閉ざす中、義持の叔父にあたる足利満詮《みつあきら》が発言する。「関東の持氏は室町殿（義持）の烏帽子子《えぼしご》なのだから、どうして見放すことができようか。また反乱軍が鎌倉を占拠してしまったら、京都の幕府に対しても謀叛《むほん》を企てるかもしれない。こうした懸念もあるので、とにかく持氏を助けるのがいい」。この発言にみなが同意して衆議《しゅうぎ》は固まり、駿河守護の今川と越後守護の上杉に持氏に合力《ごうりょく》せよとの命令が下されることになった。

足利義嗣の出奔

この評定がなされた翌日、京都で大事件がもちあがる。この日の早朝に義持の弟の義嗣が御所を逃げ出し、行方をくらましたのである。捜索によって高尾《たかお》にいることがわかり、義持の命を受けて細川満元と富樫満成がここに出向いて帰宅してほしいと頼むが、義嗣はこれをはねつけ、かえってあれこれ遺恨《いこん》を述べるありさまだった。しばらくして義嗣は仁和寺の興徳庵《こうとくあん》に身柄を移され、侍所所司の一色義範が警備を命じられた。

このとき義嗣は二十三歳、寵愛をうけた父の死後もそれなりの昇進を遂げ、権大納言にまでなっていた。所領が少なくて困っていると兄の義持に訴えたが、うけあってもらえず腹を立ててこの挙に及んだというのが表向きの理由だったが、野心の企てが露顕するのを恐れての所行だというのがもっぱらの評判だった。義嗣に近侍していた山科教高《やましなのりたか》と日野持光《もちみつ》、それに遁世者《とんせしゃ》の語阿《ごあ》が捕えられて富樫満春と富樫満成のもとに預けられ、出奔の事情について厳しい糾問《きゅうもん》がなされた。

義嗣はまもなく出家《しゅつけ》を遂げ、その取り扱いについて諸大名が集って評議がなされた。管領の細川満元は「関係者を糾問して、もし大名が四、五人も同心していると白状したらたいへんなことになるから、糾問はやめたほうがいい」と意見を述べるが、畠山満家は「押小路殿《おしのこうじどの》（義嗣）の野心は明白だから、早く腹を切らせるべきだ」と強硬に主張し、衆議はなかなかまとまらなかった。

糾問の結果、山科と日野、語阿の三人は加賀《かが》に流罪となったが、取り調べをうけた語阿が「斯波や細川・赤松も一味だ」と口走ったことで、ことは大事になった。細川満元の懸念は現実のものとなったのである。しかしさすがに大身の大名の罪を問うわけにもいかず、問題は結局うやむやになってしまう。

さまざま調査を続けるなかで、事件の全貌がしだいに明らかになる。関東での反乱も実は義嗣がたくらんだもので、山門延暦寺《さんもんえんりやくじ》や南都興福寺《なんとこうふくじ》とも話をつけていたというのである。こうした情報が確かなものならば、将軍の地位をわがものにしようと考えた義嗣が、南都北嶺《なんとほくれい》や斯波・細川・赤松らを味方につけ、さらに遠く関東の足利満隆・上杉氏憲とも連絡をとってクーデターを決行しようとしたというストーリーが浮かび上がってくる。

こうなれば関東の反乱は幕府（義持）に対する反逆とみてさしつかえなくなる。足利満隆と上杉氏憲はここに明確に賊軍と位置づけられ、追討の対象となった。駿河守護の今川範政の軍勢の支援を受けて、足利持氏は瀬名を出発し、各地の武士たちに決起を呼びかけた。また越後に逃れていた上杉憲基も再起して、鎌倉に向かって南下した。年明けて応永二十四年（一四一七）正月十日、各方面から軍勢に攻め込まれ、足利満隆・持仲父子、上杉氏憲とその一族は鎌倉の雪下《ゆきのした》で自害した。

いったん鎌倉制圧に成功したものの、幕府軍の襲来を受けて、わずか二ヵ月で反乱軍は滅亡した。関東の大名や国人《こくじん》たちを広く味方につけることには成功したが、京都の幕府やその関係者との連絡という意味では、あまりに無計画だったといえるだろう。鎌倉を制圧できたとしても、将軍や幕府の理解を得られる保証はどこにもないから、京都における反体制派と結び、まず鎌倉での決起を成功させたあとで京都でも事を起こすとの密約がなされていたのかもしれない。しかしこれはほとんど実現性のないことで、京都の状況をよく知らない満隆や氏憲が、楽観的な話に乗せられたのではないだろうか。京都の将軍と幕府を敵に回したことが反乱軍の命取りになった。

こうして公方持氏は鎌倉帰還を果たし、上杉憲基も管領に復帰した。反乱軍に加わった大名や国人たちの処遇がまず問題になるが、下総守護の千葉兼胤はいちはやく降参して、持氏に忠誠を誓った。しかし甲斐の武田信満は討伐の対象となり、軍勢に攻められて自殺した。また同じく反乱軍の中心にいた岩松満純も、捕えられて鎌倉の竜口《たつのくち》で斬首された。

富樫満成の滅亡

応永二十五年（一四一八）の正月二十四日、蟄居《ちっきょ》していた足利義嗣が討ち取られるという事件がおきた。義嗣が自ら家を焼いて逃げ出したので、義持が富樫満成に命令して討ち取らせたのだというのが表向きの発表だったが、義嗣殺害の内命はすでに富樫に対して出されていて、その家臣にあたる加賀守護代の山川《やまかわ》とその弟が攻め入って頸《くび》を取ったのだというのがもっぱらの評判だった。

このあと関係者の処罰が続いた。加賀に流罪となっていた日野持光と山科教高は配所で殺され、しばらくして土岐（世保《よやす》）持頼《もちより》が義嗣同心の疑いをかけられて伊勢守護職を没収された。さらに畠山満慶と山名時熙にも嫌疑《けんぎ》がかかり、山名は出仕停止の処分を受けた。

斯波・細川・赤松といった大名が義嗣に同心したとの白状があったことは前に述べたが、これだけに止まらず、大名たちがつぎつぎに嫌疑をかけられていたのである。幕府を構成する人々の間には不信感が募り、疑心暗鬼の状況になっていた。管領の細川満元も疑いをかけられてひねくれたのか、ほとんど出仕しないで職務放棄をするありさまだった。

そしてこの年の十一月、義持の近臣として権勢を誇っていた富樫満成が、突然義持に勘当《かんどう》され、高野山《こうやさん》に向かって逃走するという事件が起きる。富樫は実は義嗣に謀叛を勧めた張本人で、罪が露顕するのを恐れて自分から義嗣誅殺《ちゅうさつ》を申し出たが、結局発覚して勘当されたのだということで、彼が義嗣の愛妾《あいしょう》と密通していたことも理由の一つだった。満成は吉野の奥に隠れていたが、赦免してやるという内容の義持の御教書《みぎょうしょ》を持った僧侶があらわれ、同道して帰京しようとしたところ、河内《かわち》で討手に襲われ落命した。助けてやるからとうそを言っておびきだし殺害したわけで、義持も陰険というほかないが、自分の近臣だから生殺与奪の権は握っているというのが彼の言い分だったのだろう。

富樫満成の失脚と滅亡は、なんとも事情を計りかねる事件だった。義嗣に対して謀叛を勧めた張本人だというが、義持の信任を得て政治に深く関わっていた満成が、ことさらに義嗣をかつぎあげる動機はいまひとつつかめない。真相は闇の中だが、義嗣与同の嫌疑をかけられた多くの大名たちが団結して満成を失脚に追い込んだというのが本当のところかもしれない。義嗣殺害を実行した満成が、義嗣の与同者をつぎつぎに明るみに出そうとするなかで、大名たちの反発も高まり、事情を察した義持が先手をとって満成を切り捨てたというのが真相ではあるまいか。

対馬の一大事

足利義持は明との通交を拒み、使者との対面も拒否しつづけてきたが、そうした中で中国の軍勢が攻め寄せてくるかもしれないという恐怖が芽生え、異国降伏の祈禱《きとう》もなされるようになっていった。応永二十六年（一四一九）八月七日のこと、御所に参上した三宝院満済は、異国降伏の祈禱について諮問をうけ、しばらく雑談していたが、そこに九州の少弐《しように》からの注《ちゆう》進《しん》としてとんでもないしらせがもたらされる。蒙古《もうこ》の船の先陣五〇〇余艘が対馬《つしま》に押し寄せてきたというのである。

対馬の人々はよく応戦し、六月二十六日の戦いで勝利を収め、異国の者を多く討ち取った。対馬を攻めた五〇〇余艘は高麗《こうらい》（朝鮮）の者たちで、二万余艘の唐（中国）の船は日本に攻め込もうとしていたが、この日に大風が起きて半分以上沈没してしまった。少弐の注進の内容はこのようなものだった。いったんは驚いたものの、人々の活躍と「神風」によって異国船を撃退したと知って義持はいたく喜び、門跡や公家などもつぎつぎとお祝いにかけつけた。

京都の人々はお気楽だったが、対馬の被害は惨憺《さんたん》たるものだった。李従茂《りじゆうも》《イジョンモ》の率いる二七〇艘の軍船が対馬の土寄《つちより》（豆知浦）を襲ったのは、六月二十日の正午で、五〇人ほどの人々が勇敢にも立ち向かったが叶わず、船と家をおおかた焼き尽くされ、一一四人が斬首され、二一人が捕えられた。

もちろん攻め込んだ朝鮮の側にも言い分があった。「倭寇《わこう》」とよばれた海の人々が朝鮮半島の海岸に出没しては掠奪《りやくだつ》を繰り返していたが、対馬の人々もその中にあり、ここが倭寇の拠点の一つであることは否定できない事実だったのである。自国の民を守るための報復措置で、とりあえず成果を収めることができたが、対馬の人々もやがて反撃に転じ、二十六日には仁位《にい》に進もうとしていた敵軍を待ち伏せして襲いかかった。戦死したり崖から落ちて落命したりした兵士は百数十人にのぼったという。

朝鮮軍も全島の制圧をあきらめ、つぎつぎと本国に引き上げていった。

六月二十六日に異国軍との戦いがあり、対馬の側が勝利したという少弐の注進は、その限りでは正確だが、朝鮮だけでなく中国の大船団も動いたというのは事実無根だった。しかし義持はじめ京都の人々はこの報告を信じ、かつてのように「蒙古」の軍勢が押し寄るのではないかと疑いつづけた。対馬が侵攻されたことについてはさして問題とされなかったが、やはり朝鮮との通交は重要ということで、無涯亮倪《むがいりようげい》という僧を団長とする一行が朝鮮まで派遣されることになる。翌応永二十七年（一四二〇）正月、亮倪を謁見《えつけん》した朝鮮国王は、「何のために来たのか」と問い、「大蔵経をいただきたいというのが唯一の目的です」と亮倪は答えた。去年の一件についてはあえて問題にしなかったわけだが、朝鮮国王のほうはそれではすまないと思ったらしく、対馬を征討した理由を使者に説明した。

大蔵経を義持のところまで届けるため、まもなく宋希璟《そうきけい》《ソンフイギヨン》を使者とする一団が日本に向かって出発、対馬と壱岐《いき》を経由して博多《はかた》に入り、瀬戸内海を進んで四月に京都に入ったが、義持との対面はなかなか叶わず、深修庵《しんしゆうあん》という尼寺で月日を送った。中国と朝鮮が協力して攻め込もうとしていると義持はまだ疑っていたらしいが、当時発布していた魚肉を食べるなという禁制《きんせい》に朝鮮使節一行が従っていると聞いて急に機嫌をよくし、宋希璟との対面も実現することになった。今回の征討は倭寇をこらしめるためのものだという報告は義持の受け入れるところとなり、希璟は無事帰国の途についた。

こうして一件は解決したが、こうした間にも対馬の帰属をめぐって一つの問題がおきていた。日本と朝鮮の間に位置する対馬が、どちらの国に所属するかは自明ではなく、今回の一件をきっかけとして帰属問題が浮上することになる。「対馬は本来朝鮮の一部なのだから、慶尚道《けいしょうどう》《キヨンサンド》に所属させることにする。ただ対馬はとても貧しいので、朝鮮に移住してくるように」という朝鮮国王の国書が守護の宗《そう》貞盛《さだもり》（当時は幼少で都都《つつ》熊丸《くまる》といっていた）のもとに届き、さらに貞盛の使者が朝鮮に来てこの提案を受け入れると答えたため、朝鮮側では「宗氏都都熊丸」と刻まれた印を与えることにした。しかし宋希璟が対馬に入って事情を聞いてみると、貞盛はこの一件には全く関与せず、朝鮮の慶尚道に移住してもいいというのは朝鮮との交易の回復をねらう人々が勝手に画策したのだということだった。宗氏は少弐の家臣だから、もし朝鮮移住などをしたら少弐が許すはずはないと言われた希璟は、朝鮮側としても対馬を管下に置こうと強く考えているわけではないと答えた。

対馬は結局日本の一部ということでおちついたが、もともと日本と朝鮮のどちらに帰属するか、なんともいえない状況だったのであり、対馬は朝鮮の内にあるという認識も長く残ることになる。

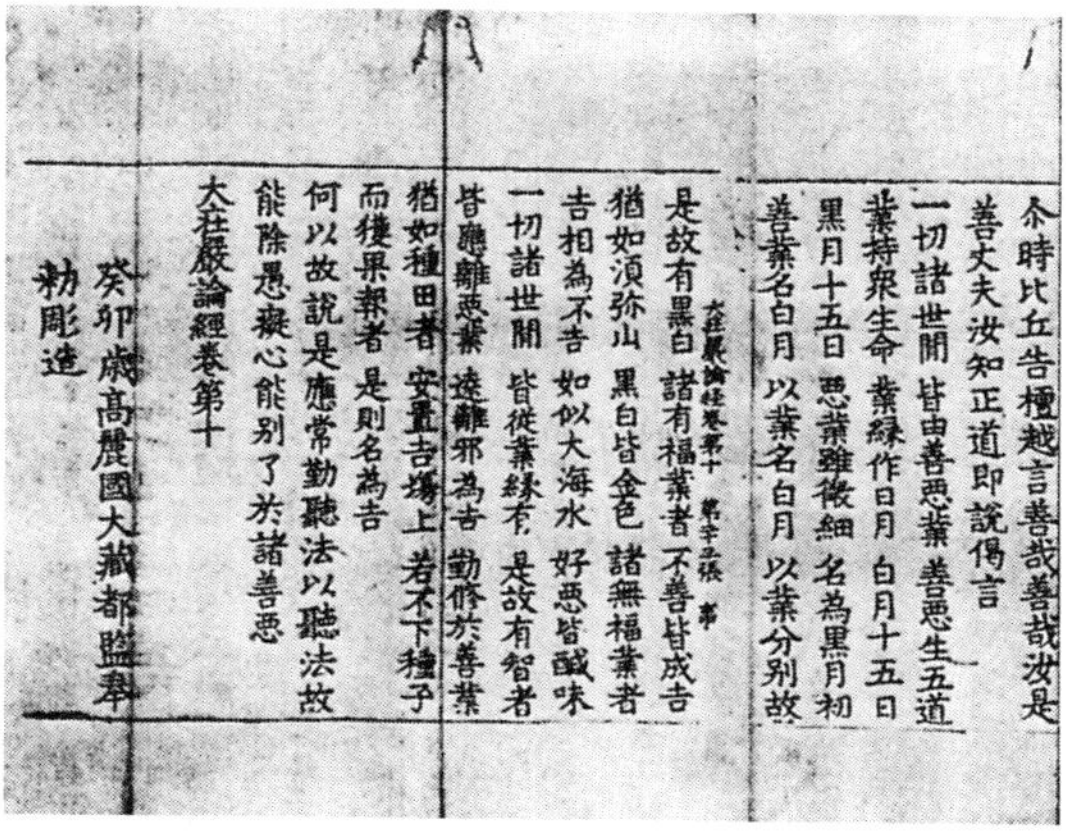
尒時比丘告種越言善哉善哉汝是
善丈夫汝知正道即說偈言
一切諸世間 皆由善惡業 善惡生五道
業持衆生命 業縁作日月 白月十五日
黒月十五日 惡業雖微細 名為黒月初
善業名白月 以業名白月 以業分別故
大莊嚴論經卷第十 第十五張 尋
是故有黒白 諸有福業者 不善皆成吉
猶如須弥山 黒白皆金色 諸無福業者
吉相為不吉 如似大海水 好悪皆醎味
一切諸世間 皆從業縁有 是故有智者
皆聽離悪業 遠離邪為吉 勤修於善業
猶如種田者 安置吉場上 若不下種子
而獲果報者 是則名為吉
何以故說是 應常勤聽法 以聽法故
能除愚癡心 能別了於諸善悪
大莊嚴論經卷第十
癸卯歳高麗國大藏都監奉
勅彫造

図32　高麗版大蔵経

3――東西対立の時代へ

幕府と鎌倉府

武田と岩松を滅ぼしたあとも、鎌倉公方足利持氏は反対派の粛清《しゅくせい》を推し進めた。犬懸上杉氏が守護をつとめた上総《かずさ》では、氏憲与党の武士たちが決起したが、持氏は討伐軍をさしむけてこれを鎮圧し、張本の埴谷《はにや》重氏《しげうじ》を鎌倉で処刑した。応永二十六年（一四一九）五月のことである。下って応永二十九年（一四二二）にはかつて氏憲に与した常陸の小栗満重を攻撃対象に定めて軍勢を派遣し、さらに氏憲の一派だった佐竹（山入）与義の鎌倉の館を襲ってこれを討ち取った。

自身の烏帽子子にあたる持氏の復権を支援した義持も、こうした持氏の所行にしだいに反感をおぼえ、幕府と鎌倉府の関係は険悪になっていった。関東の武士たちは直接的には鎌倉公方の臣下であるが、京都の将軍に仕える御家人であるという意識も持ち続けていたから、鎌倉公方の討伐対象になれば、保身のためにおのずと将軍に助けを求めるようになる。そして将軍もこうした大名や国人とつながりを保ち、鎌倉公方の独走を抑えようとしたのである。

小栗満重も佐竹（山入）与義もこうした存在だったが、ことに佐竹与義が鎌倉で謀殺されたことは問題になり、応永三十年（一四二三）六月になって関東に対する対策が議論されることになった。この年の三月に義持は子息の義量《よしかず》に将軍職を譲り、四月には出家を果たしていたが、あいかわらず室町殿として実権を掌握していた。六月五日のこと、義持の近臣の赤松持貞が三宝院満済を訪ね、すぐに上京するようにとの内意を伝えた。満済が急いで出発して対面すると、「関東のことはいろいろ物騒で、ことに公方持氏が武蔵に出兵したという噂も流れている。そういうことで関東からの使者にも対面してこなかったが、今日になってこの使者はとうとう帰ったそうだ」と義持は話しかけた。

そうこうするうちに畠山満慶が足利庄の代官の神保《じんぼ》という者の注進状を手にして現われる。満済もいっしょにこれを見ると、常陸の小栗などの討伐のために武蔵まで持氏が出兵することが予定にのぼっているという事情が書かれていた。満済と満慶との相談を終えた義持は、常陸の守護に佐竹（山入）祐義《すけよし》、甲斐の守護に武田信重《のぶしげ》を任命するとの御内書《ごないしょ》を作り、それぞれのもとに届けた。佐竹祐義は鎌倉で討たれた与義の子で、武田信重もかつて持氏に討伐された信満の子にあたる。持氏によって痛めつけられたこうした一門に守護職を与えることで、義持は事態を打開しようとしたのである。

七月五日には諸大名に対する諮問がなされた。早朝に三宝院満済が御所に参り、畠山満慶と同道して管領の畠山満家の亭に行き、ここに諸大名を集めて意見を聞くようにと義持から命令された。指示どおりに満済は管領亭に赴き、細川・斯波・山名・赤松・一色・今川といった大名が集ってきた。ひととおり面々が集ったところをみはからって、満済は義持の内意を伝えた。

「このたびの関東の振る舞いはもってのほかである。去年佐竹（山入）を事情も聞かず討ち取ったことについても、とにかく堪忍していたのに、その子息やこちらで扶持している大椽や真壁《まかべ》といった者たちを退治するために、持氏は武蔵に出発したらしい。それでもこちらからは絶交することはせず、今日蘭室和尚《らんしつおしよう》を関東に遣わして事情を尋ねることに決めた。ただよくよく思案してみるに、今となっては使者を派遣しても意味がないかもしれない。それから、こちらで扶持《ふち》している者たちを見捨てるわけにもいかず、なんとか助けてやりたいものだ。みなはどのような意見であるか」。

「上様のおっしゃるとおり、蘭室和尚を下すことは今となっては無益でしょう。また京方としてがんばるといっている者たちに御教書を下して、きちんと扶持されるのがいいと思います」。管領をはじめとする面々は一同にこう答え、満済と畠山満慶は御所に戻って義持に報告した。

まもなく持氏を呪詛《じゆそ》するための祈禱が各所で行われるようになった。関東に追討軍を差し向けることが決まるが、誰が行くかはなかなか決まらず、八月になって駿河守護の今川範政が大将として出発し、遠江《とおとうみ》守護代の甲斐将久《ゆきひさ》もこれに続いた。関東での戦いは急を告げ、小栗満重は居城を落とされて自殺し、下野の宇都宮持綱《うつのみやもちつな》も軍勢に攻められて滅亡した。

小栗と宇都宮の討伐によって持氏の反対派粛清はとりあえず一段落し、幕府との関係をあらためてとりつけようと、その姿勢は大きく転回した。建長寺《けんちようじ》長老の芳照西堂《ほうしようせいどう》が使節として京都に派遣され、応永三十一年（一四二四）の二月になって持氏の謝罪文を義持に進上した。これを見て義持も機嫌を直し、管領畠山満家と細川満元を御前に召して、鎌倉との和睦《わぼく》を了解したいとの内意を告げた。一触即発の危機はとりあえず回避されたのである。

密通騒動の顛末

鎌倉府との和睦が実現してほっとしたのもつかの間、まもなく京都でひとつの騒動がもちあがる。五月四日のこと、伊勢守護の土岐（世保）持頼が突然逐電するが、後小松上皇（仙洞）の女房を懐妊させてしまったのが理由だとの噂が広まり、やがて仙洞の女房の大納言典侍殿《だいなごんのすけどの》が姿をくらまして、噂は本当だったのかとみながささやきあった。仙洞の女房たちの監督役だった広橋兼宣《ひろはしかねのぶ》をはじめ公卿たちも起請文《きしょうもん》を書かせられるはめになり、ことはしだいに大事になっていった。

調査を進める中でいろいろのことが判明していった。土岐が大納言典侍と密通していたというのは誤報で、彼が通っていたのは日吉社山徒《ひえしゃさんと》の樹下《じゅげ》の息女である台所別当局《だいどころべっとうのつぼね》で、土岐だけでなく松木宗《まつのきむね》量《かず》や橘知興《たちばなのともおき》も密会にかかわっていたということだった。大納言典侍は甘露寺兼長《かんろじかねなが》の息女で、その姉も二位殿《にいどの》の局《つぼね》に祗候《しこう》していたが、甘露寺家の青侍《あおざむらい》と情を通じ、里に帰ったときにこっそりと会っていた。ことが露顕したので、この青侍を捕えようとしたところ、女房といっしょにどこかに逐電してしまった。こうしたことから妹にあたる大納言典侍の好色の振る舞いも露顕してしまったのである。

土岐と通じた台所別当局もどこかに姿をくらましたが、その局親にあたる小兵衛督《こひょうえのかみ》も責任をとって籠居してしまった。この小兵衛督は土岐一門の出身で、土岐持頼とも知り合いだったので、別当局をひきあわせる結果になったのである。起請文を書かせられた公卿たちはどんどん増え、女房たちまでもその対象になった。二位殿は天皇が頼み込んだので起請文を書かずにすんだが、その妹の廊御方《ろうのおんかた》は上皇の許すところとならなかった。また三条実冬《さんじょうさねふゆ》の息女にあたる上臈局《じょうろうのつぼね》も起請文を免除されたが、これは彼女が義持のお手つきだからだとの評判だった。大奥の風紀は乱れ、公家だけでなく土岐などの大名にも及んでいたが、実をいうと室町殿も同じ穴の狢《むじな》だったのである。

しかし義持は自分のことは棚に上げて関係者の検挙を推し進めた。このころ義持は毎日のように院に参上して大酒を飲んでいたが、少しでも疑いのある者を酔っ払わせて、自白をさせようというのが魂胆ではないかと人々は肝を冷やした。

しばらくすると一件はなんとか鎮静化するが、公家と武家をまきこんだ珍事は、当時の京都を覆う退廃的なムードをあからさまに示すものとなった。勝手に院宣《いんぜん》を乱発するなど後小松上皇のやり方も問題があったが、称光天皇のひごろの所行もかなり難点があり、しかもこの父子の間は険悪だった。やや下って応永三十二年(一四二五)の六月のこと、天皇が突然退位したいと言い出し、義持が諫《いさ》めてなんとか思い止まるという一幕もあった。輿に乗って御所を出ようとしたところを女房が察知して、北野《きたの》にいた義持に急を告げた。早速かけつけた義持が天皇を説得するが、父親に対する不満が重なっていたのが原因のようだった。天皇には子がなかったが、伏見宮貞成《ふしみのみやさだふさ》親王のところに王子が生まれていたので、自分が退位しても大丈夫だと天皇は発言したらしい。

天皇はやる気がなく、上皇にも問題があった。そしてこの二人の間をとりもちながら義持は奔走していた。義持自身もいろいろ難点のある人物だが、それでもなかなかの君主で、とりまとめをできるのは彼しかいなかったのである。

図33　石清水八幡宮

石清水神人の嗷訴

密通騒動が一段落したころ、またまた大事件が勃発する。京都の南に鎮座する石清水八幡宮《いわしみずはちまんぐう》の神人《じにん》たちが、社務の罷免《ひめん》を求めて嗷訴《ごうそ》を起こしたのである。応永三十一年（一四二四）六月十四日の昼ごろ、石清水八幡宮の早鐘《はやがね》が鳴り響いた。さては訴訟が起きたかとみなが思っていると、神人たちが薬師堂《やくしどう》に籠もって、要求が容れられなければここに火を放つと主張しているとの噂が広まった。神人たちの訴訟は一三ヵ条で、社務《しゃむ》の田中融清《たなかゆうせい》を罷免してほしいということが最初に書かれていたが、訴えを受けた義持は、社務の罷免だけはどうしても許可できないとつっぱね、一色・山名・土岐・赤松・佐々木・京極といった大名たちを指し向けて社頭《しゃとう》を警固させた。

しかしまもなく義持は軍勢に帰京を命じ、大名たちを集めて対策を協議した。「薬師堂が焼失してもいいから、神人たちを責め殺し、彼らの家をみな焼き払え」と義持は厳命し、軍勢が重ねて派遣された。そして二十六日の昼ころに合戦が繰り広げられる。

一色の軍勢が薬師堂に攻め入り、合戦の末、神人たちは薬師堂のうしろの岩屋堂《いわやどう》に立て籠もり、さらにここに放火して退散した。

この一戦ののち、幕府軍は水を止めて神人たちを苦しめる戦術に移行し、社務の罷免を義持が認めたこともあって事態は沈静に向かった。七月八日に管領畠山満家の軍勢が派遣され、交渉の末、十三日になって神人は降参し、軍勢は引き返した。水攻めの効果もあったが、とりあえず社務の罷免を実現させて、神人たちも納得したのだろう。

しかしことはこれで終わらなかった。三ヵ月後の十月になって石清水の神人たちはまたまたとんでもない事件を起こす。八幡宮の権別当坊《ごんのべっとうぼう》の庭の前に木が植えられていたが、その前を神人が無礼に通り過ぎ、若党《わかとう》がとがめだてしたのがことの発端だった。文句をいわれた神人たちは、もどってきて悪口をあびせかけ、腰刀を抜いてかかってきた。喧嘩をふっかけられた若党も防戦して、ある神人をしたたかに打ち据えた。すわ一大事というところで、社務が中に入ってとりあえず収まったが、がまんができない神人たちは、若党に打ち据えられたあの神人を死んだようにみせかけて輿に入れ、この輿をかついで上洛《じょうらく》して公方に訴えたのである。

たまたま義持は因幡堂に参籠《さんろう》していたので、神人たちはここに出向いて訴えた。八幡宮の奉行《ぶぎょう》をしている飯尾為行《いのおためゆき》のところに行くようにと義持は指示を下し、神人たちは一〇〇人ばかりで飯尾の宿所《しゅくしょ》に赴いた。神人たちは浄衣《じょうえ》をまとっていたが、その下には腹巻を着けていて、いざとなれば一戦に及ぶ覚悟のようだった。強硬な実力行使であるが、義持のほうが一枚上手で、侍所の京極や問注所《もんちゆうじよ》に軍勢を率いて飯尾の宿所に向かうよう指令を出していた。軍勢が迫ったところで合戦となり、二七人ばかりの神人がその場で射殺され、五〇人ほどが生け捕られた。

ここでも義持の陰険さが目を引くが、理不尽な実力行使によって社務の交代を余儀なくされたことを、よほど深く恨んでいたのだろう。神人たちの死骸は車七輌に乗せられて五条河原《ごじようがわら》に棄てられた。捕えられた神人たちもおおかたが斬り殺され、死人のかっこうをして輿に乗っていたあの神人は、輿から逃げ出して隠れていたが、侍所につかまって九条のあたりで殺害された。

義持の命を受けた軍勢が勝手に攻め込んだのか、神人のほうが先に手を出したのか、真相は定かでないが、多数の死者を出してこの一件は収束した。惨事を目にした三宝院満済は、「明徳《めいとく》の内野《うちの》合戦《かつせん》以来、京都の中で多くの人が打ち殺されることはなかったのに」と日記にしたためた。明徳二年（一三九一）の山名の反乱以来、三十年以上もの間、京都は平和を保っていたのである。

赤松満祐の追討劇

応永三十年（一四二三）三月に義持が子の義量に将軍職を譲ったことは前述したが、この若い将軍は病弱で、二年後の応永三十二年（一四二五）二月、わずか十九歳で死去してしまう。こうして将軍不在となるが、義持は新たな将軍を指名することも、自ら将軍に復職することもせず、そのまま室町殿として政治を執り行った。征夷大将軍の地位はすでにさしたる意義をもたず、公武に君臨する室町殿こそが国家運営の中心にいた。将軍がいなくても何も問題がなかったのである。

鎌倉府との関係は表向き平穏を保っていたが、関東からの使僧が上洛して、常陸と甲斐の守護職についての持氏の要請を伝えてきたため、これへの対応が問題になった。常陸の守護職は佐竹義憲が保持しており、公方持氏からの任命を受けていたが、京都の義持の扶持を受けている佐竹（山入）祐義も将軍から守護に任命されていて、

図34　足利義量木像

この二人の処遇が問題となっていたが、常陸を半分に分けて二人ともに守護とする形で解決をはかりたいと持氏は申し出たのである。また甲斐の守護に将軍から任命されている武田信重が在京していることについて持氏は問題にし、甲斐は鎌倉公方の分国だから、守護の武田は在国し、一族の一人を鎌倉に住ませることにしたいとやはり要請してきた。

義持の命を受けて御所に参上した三宝院満済は、この二件について細川満元の意見を聞いてきてほしいと頼まれる。満済から話を聞いた細川は、常陸の件については了承したものの、武田を在国させることに関しては難色を示した。甲斐には逸見《へみ》や穴山《あなやま》といった持氏派の国人がいるから、武田が入国したりしたら、彼らが放っておかないだろう。もし殺されたりしたらたいへんだから、とても在国させるわけにはいかないというのがその理由だった。細川は武田と深いつながりをもち、これを庇護《ひご》し

ようとしていたのである。

この年の冬、鎌倉府の使いとして建長寺の長老が上洛し、「室町殿にはお子がないので、私が猶子《ゆうし》になって、上洛して奉公したいと考えております」という持氏の申し出を伝えた。あまりのことに義持も困惑し、なんとも答えようがないので長老との対面はかたくなに拒んだ。持氏を猶子にしようなどという考えを義持が持つはずもなかったが、関東の持氏はそういうこともありうると無邪気に夢想していたのかもしれない。

応永三十四年(一四二七)の九月、赤松義則が七十歳で死去した。播磨《はりま》・備前《びぜん》・美作《みまさか》の三国の守護として重きをなしていた大名だったが、子の満祐《みつすけ》の家督《かとく》継承にあたって、播磨を一族の赤松持貞に渡すよう義持が命令し、怒った満祐が勝手に京都の宿所を焼いて播磨に帰ってしまうという事件がおきた。富樫満成なきあと、赤松持貞は近臣の随一として台頭めざましかった。本家の家督交代を好機として守護職を拝領したいと義持に申し出たのだろうが、満祐の反発は予想以上のものだった。

備前と美作はいままでどおり与えてやるのだから、一国を取られたからといって反逆するのは短慮というしかないと義持も腹を立て、残りの二ヵ国も赤松一門に与えてしまうと言い出した。満祐もさすがにまずいと思ったのか、管領の畠山満家を通して本拠の播磨だけ残していただければそれでいいのですと申し入れた。しかし義持の気持ちはおさまらず、十一月四日には山名時熙が赤松討伐のために出発、満祐の運命も定まったかにみえたが、ここでとんでもないどんでん返しが起きる。播磨の守護職を獲得したあの赤松持貞が、突然義持の不興をかって殺されてしまったのである。

十一月十日のこと、義持が畠山満慶の邸宅から帰ってきたとき、御所の門前に遁世者がひとり現われ、書状を進覧した。そこには赤松持貞の所行が三ヵ条にわたって書き記されていた。事情を知った義持は、起請文を提出するようにと持貞に命じたが、すぐに「罪状は明白だからいまさら起請文を書いても意味がない」と言い放った。持貞の苦境を知った人々は助命のために奔走し、三宝院満済も何度も御所に参上して嘆願した。十三日の朝に御所に赴いた満済は「持貞は昨日から切腹すると言い出していますが、私のほうでなんとか思い止めさせているのです、返す返す不憫《ふびん》なことです」と申し入れて退出し、各方面にわたりをつけてなんとか助命できないかとつとめた。しかしこの日のうちに賀《が》阿弥《あみ》という者と三人の長老が持貞のもとを訪れて義持の下命を告げ、持貞はついに切腹した。家臣たちが一〇人ばかり同時に切腹を遂げ、最後に自害した稲田《いなだ》が自ら家に火を放った。

持貞の滅亡もあって赤松満祐は結局赦免され、十二月には義持との対面を果たした。富樫満成にしても赤松持貞にしても、直接仕える近臣の処遇について義持は断固とした方針を貫いたが、一般の大名に対して仮借《かしゃく》ない態度をとることはなかったのである。

四　武士たちの世界

1——大名と守護職

守護職の改替と継承

足利義詮《あしかがよしあきら》が将軍になったころ、幕府政治の中心にいたのは仁木義長《にっきよしなが》や細川清氏《ほそかわきようじ》といった一門の大名《だいみょう》だったが、まもなく義長も清氏も失脚して、これまで逼塞《ひっそく》していた斯波高経《しばたかつね》が復権を果たした。また西国で抵抗を続けていた大内弘世《おおうちひろよ》と山名時氏《やまなときうじ》が帰順し、大内は周防《すおう》と長門《ながと》、山名は丹波《たんば》・丹後《たんご》・因幡《いなば》・伯耆《ほうき》・美作《みまさか》とつながる五ヵ国の守護職《しゅごしょく》を安堵《あんど》された。幕政の中心に立った斯波高経は越前《えちぜん》・越中《えっちゅう》・若狭《わかさ》といった北陸三ヵ国を確保し、幼少の子息を守護に据える形で分国支配を始めた。また四国で細川清氏を討ち取った細川頼之《よりゆき》の台頭もめざましく、これまで持っていた阿波《あわ》・伊予《いよ》に加えて讃岐《さぬき》と土佐の守護職も獲得し、一人で四国四ヵ国の守護職を独占する形になった。

斯波や細川・山名といった室町幕府の政治の中心にいた大名たちは、一方でいくつかの国の守護職を兼帯し、幕府の列島支配を担う存在でもあった。もともと守護職というのは数年で交替するのが基本で、幕府発足当初はひんぱんな交代がなされたが、内乱も一段落してくると、いったん守護になるとなかなか改替《かいたい》されないようになり、やがて守護職はその家によって世襲されてゆくことが多くなる。大名たちの守護国もしだいに固定化し、「分国《ぶんこく》」と表現されて彼らの基盤となってゆく。

しかしこうした「分国」は、はじめから配分されていたわけではなく、長い歴史の中でいくらかの変遷をとげて固まってきたものである。列島各地の守護職が大名たちの間でどのように移動していったか、幕府政治の転換と関連させながらおおまかな推移をたどってみたい（以下、小川信一九八〇）。

義詮のもとで復権を果たした斯波氏は、越前・越中・若狭の守護職をあわせ持ったが、貞治《じょうじ》五年（一三六六）に斯波高経が没落すると、守護職はすべて没収され、越前は畠山義深《はたけやまよしふか》、越中は桃井直信《もものいただのぶ》、若狭は一色範光《いっしきのりみつ》に与えられた。翌年義詮が死去し、細川頼之が管領《かんれい》として実権を握るが、この時期頼之は伊勢《いせ》の守護を兼ね、弟の頼元《よりもと》は摂津《せっつ》（ただし全体ではない）、いとこの氏春《うじはる》は淡路《あわじ》と紀伊《きい》の守護に任じられた。先の四国四ヵ国とあわせて、細川一門は七ヵ国の守護職を持つことになったのである。

ところが康暦《こうりゃく》元年（一三七九）の政変で頼之は失脚、かわって斯波義将《よしゆき》が管領となる。実権を握った義将は、もともと保持していた越中の守護職を手放すかわりに、斯波氏の本拠ともいうべき越前の守護職を獲得する。越前守護の畠山基国《もとくに》が越中の守護になることでこの交換は実現し、これから越前は斯波、越中は畠山の分国として長く継承されることになる。

こうして斯波氏は勝利を収め、対する細川氏は没落するかにみえたが、事態はそのようには進まなかった。一門を引き連れて四国に入った頼之は、伊予守護職を与えられた河野《こうの》通直《みちなお》と戦ってこれを討ち取り、四国全体を勢力下に収めることに成功してしまう。細川氏の実力を評価せざるをえなくなった将軍義満《よしみつ》は、その復権を認めるのが得策と判断し、永徳《えいとく》元年（一三八一）には頼之の弟の頼元が上《じょう》洛《らく》して幕府に出仕《しゅつし》し、細川氏の政界復帰が実現した。河野氏が伊予の守護職を保つことが頼元の帰順の条件だったから、伊予守護職は細川氏から離れたが、阿波・讃岐・土佐の守護職は以前と同じく細川頼之が確保し、頼元は摂津守護、氏春は淡路守護に復帰した。伊勢や紀伊は失ったものの、危機を乗り切って、細川氏は基本的な分国の確保に成功したのである。

図35　細川氏系図

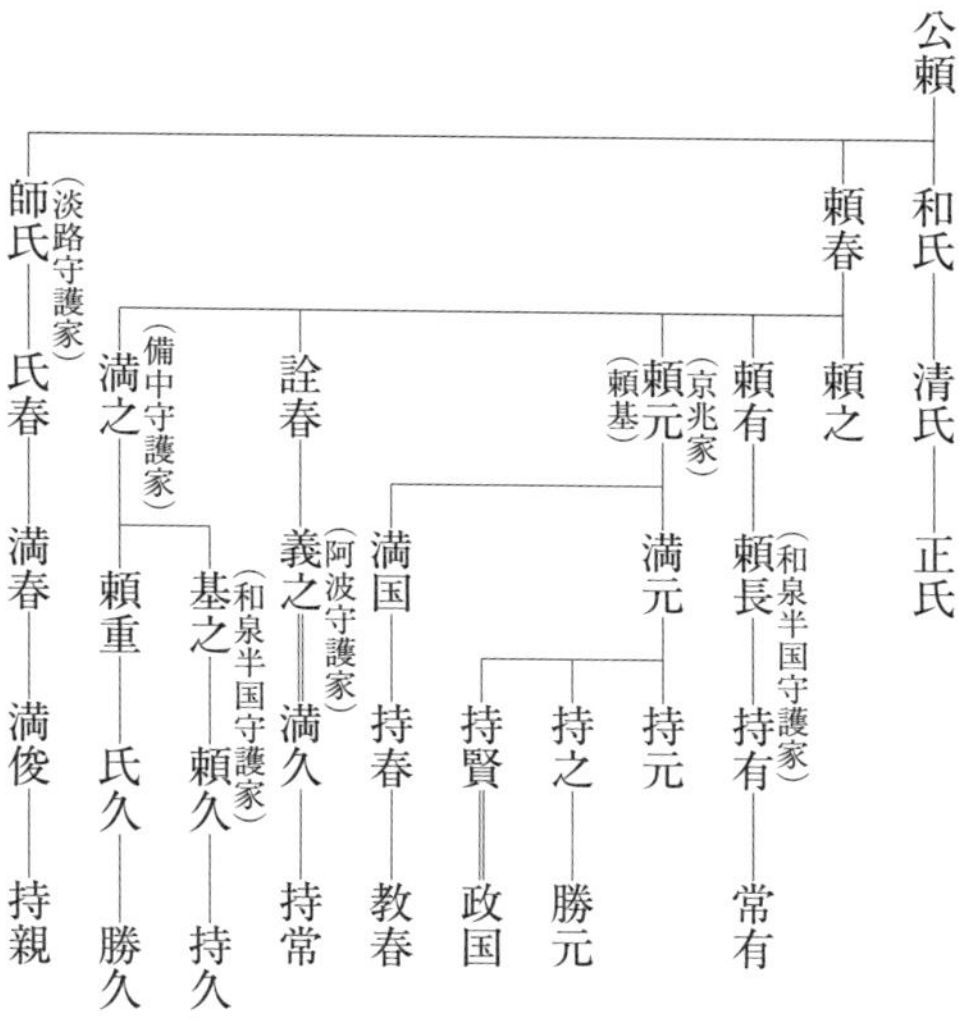

斯波・細川に次ぐ一門としてこのころ活躍著しかったのが畠山基国である。畠山氏の分国は越中のみだったが、永徳二年（一三八二）には河内《かわち》の守護に任じられ、その後能登《のと》の守護職も与えられた。一門の畠山国熙《くにひろ》は佐渡《さど》の守護だったから、畠山一族は四ヵ国の守護職をあわせ持つまでに成長

したのである。斯波氏の分国もこの時期に増加し、越前に信濃《しなの》と加賀《かが》が加えられた。細川一門が四国と摂津、斯波氏が越前・加賀・信濃、畠山氏が河内・能登・越中・佐渡を持つという形で足利一門の守護分国は展開し、それ以外では山名一族が丹波・丹後・但馬《たじま》・因幡・伯耆・出雲《いずも》・隠岐《おき》・美作・備中《びっちゅう》・備後《びんご》と連なる一帯の守護職を占有し、土岐《とき》一族が美濃《みの》・尾張《おわり》・伊勢の三ヵ国の守護を兼ねているといったところが、この時代の状況だった。

中国地方一帯に勢力を誇る山名一門の存在は、将軍義満にとっても大きな脅威だったが、一門の分裂によって山名氏は分国をいくらか失うことになる。康応《こうおう》二年（一三九〇）には備後と備中の守護職が没収され、いずれも細川頼之に与えられた（備中は一部）。そして翌明徳《めいとく》二年（一三九一）に山名氏《うじ》清《きよ》・満幸《みつゆき》が京都の合戦で敗れ、丹波・丹後・出雲・隠岐の守護職が没収された。このうち丹波は細川頼元、丹後は一色満範《みつのり》、出雲と隠岐は京極高詮《きょうごくたかあきら》が獲得している。

細川氏隆盛の基盤を築いた頼之は明徳三年（一三九二）に死去し、守護分国は一門に配分された。惣領《そうりょう》の頼元は讃岐・土佐と伊予の分郡（新居《にい》・宇摩《うま》両郡）を継承し、これまで持っていた摂津・丹波とあわせて四ヵ国一分郡の守護となった。また阿波の守護職は頼之の甥の義之《よしゆき》が受け継ぎ、備中の守護には頼之の末弟の満之《みつゆき》が任命され、備後は細川頼長《よりなが》・基之《もとゆき》の両人がともに半国《はんごく》守護として管轄することになった。淡路の守護職は以前から一門の氏春が保持しており、この一流に相承された。細川氏の分国のうち惣領家（京兆家）に継承されたのは讃岐・土佐・摂津・丹波と伊予分郡で、阿波・備中・

淡路・備後は一門に配分されたのである。

このうち備後については守護となった両人が同時に罷免《ひめん》され、応永《おうえい》十五年（一四〇八）になってこんどは和泉《いずみ》の守護に任命されるという経緯があり、これから頼長と基之のそれぞれの子孫が半国守護として和泉を管轄することになる。そしてほかの阿波・備中・淡路においては、特段の変化もなく守護職はそれぞれの家で次々と継承された。細川の一門で守護をつとめたのはこの五家で、彼らは惣領である京兆家を支えながら地域支配を進めてゆく。

管領の職は斯波と細川で交互につとめてきたが、応永五年（一三九八）に畠山基国が管領に任じられて、斯波・細川の両家にあらたに畠山が加わることになった。基国はこのころ尾張の守護に任じられ、応永六年（一三九九）に大内義弘《よしひろ》が敗死すると、その守護国であった紀伊をあらたに獲得した。このように畠山氏の分国はまたまた増加したが、応永七年には尾張が斯波氏の守護国となっている。おそらく畠山と斯波の政治的駆け引きによって尾張の移譲がなされたのだろう。斯波氏の分国のうち信濃は幕府の料国《りょうごく》となって斯波氏の手を離れ、加賀ものちに没収されることになるが、応永十一年（一四〇四）のころには斯波氏は遠江《とおとうみ》の守護職も獲得しており、越前・尾張・遠江という分国のかたちが固まった。畠山氏では越中・河内・紀伊の三国を惣領の満家《みついえ》が持ち、弟の満慶《みつのり》が能登守護をつとめた。満慶の子孫は能登の守護職を継承し、やがて戦国大名に成長してゆく。

足利義満が死去し、義持《よしもち》の政治が始まったころには、大名たちの守護国もほぼ固定し、しばらくはさしたる変化もなく、守護家による世襲がなされていくようになる。以下では大名たちの個々の家に注目して、守護職の広がりと領国支配のあり方についてみていきたい。

細川・斯波・畠山

大名たちのなかでも最も多くの守護分国を手にしたのは細川一門である。頼之―頼元―満元《みつもと》―持元《もちもと》―持之《もちゆき》―勝元《かつもと》とつづく本宗家《ほんそうけ》（代々左京大夫《さきょうだいぶ》を名乗ったので京兆家《けいちょうけ》と呼ばれる）は、讃岐・土佐・摂津・丹波の四ヵ国の守護をつとめ、阿波・淡路・備中・和泉にはそれぞれ守護家が並立した（和泉守護家は二家）。摂津については細川氏が一国を管轄する形にはならず、西北部は赤松《あかまつ》氏の管下にあり、淀川《よどがわ》以南も当初は細川氏の管轄外だったが、満元の時代には淀川以南の地も管下に入れて、摂津の大半を押さえることができた。また伊予の守護は河野氏だったが、讃岐に近い新居郡と宇摩郡は細川一門の手に委ねられた。本宗家と庶流をあわせて八ヵ国を細川一門は保持し続けたが、こうした国は摂津・和泉・丹波以西の四国や山陽に、地域的なまとまりをもって広がっている。

こうした守護国の管理の責任者となったのは、細川氏の家臣たちから選ばれた守護代《しゅごだい》だった。摂津では長塩《ながしお》・奈良《なら》・庄《しょう》・内藤《ないとう》、丹波では香西《こうざい》と内藤、讃岐では香川《かがわ》と安富《やすとみ》の守護代在職が知られる。彼らは細川氏の重臣で、主人とともに在京することが多かったから、実際に現地にいて管理にあたったのは守護又代（小守護代・又守護代）に任じられた武士たちだった。なお明徳三年（一三九二）の相国寺《しょうこくじ》供養《くよう》のときに細川頼元の随兵《ずいひょう》として二三騎の「郎党《ろうとう》」が参加しており、安富・長塩・内藤・香西・

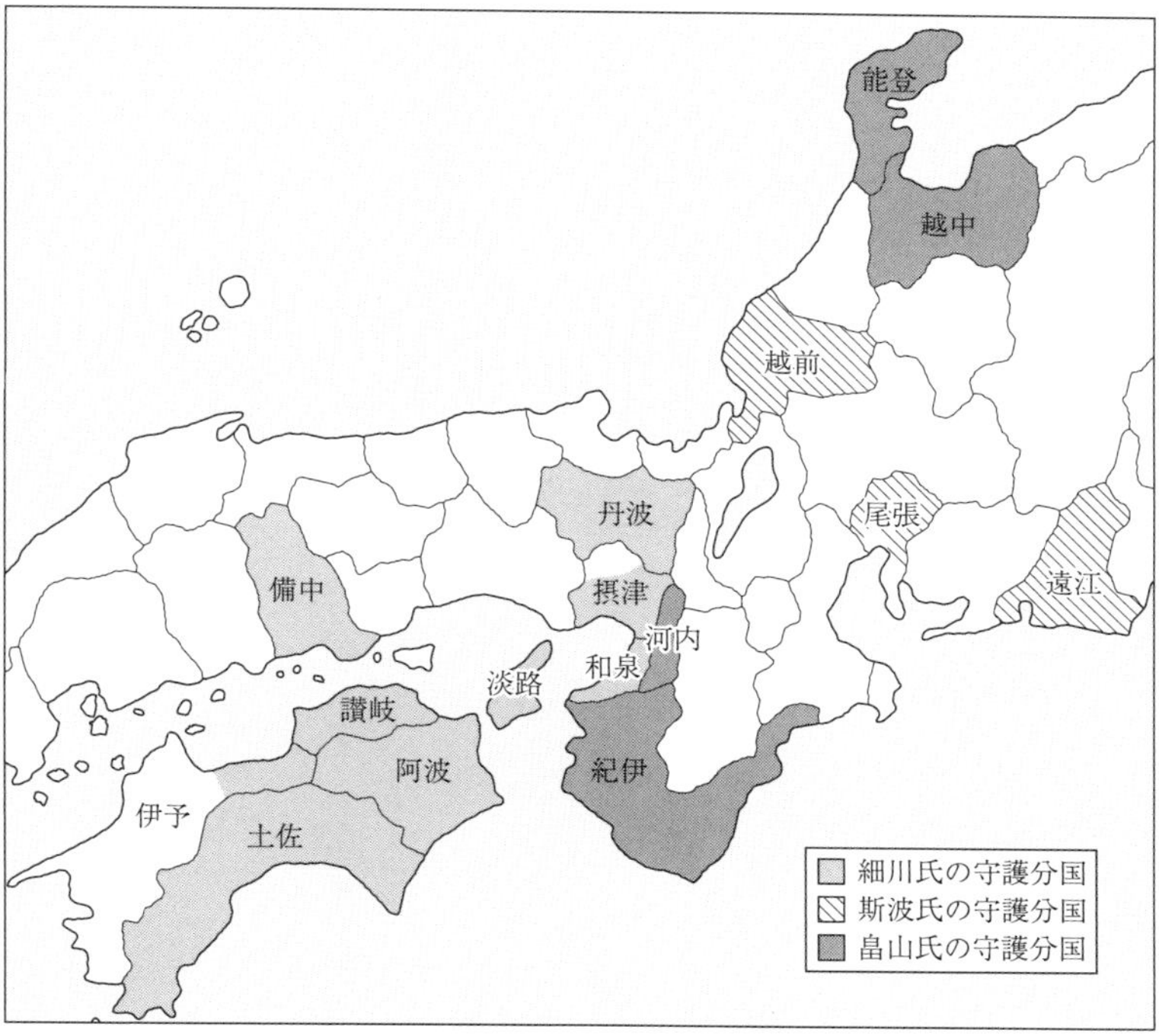

図36　細川・斯波・畠山氏の守護分国

庄・香川などもその名をみせるが、細川の家臣の家は数多く、特別に力のある者がいないというのが特徴である。

細川氏と並んで幕府政治を司った斯波氏の場合、その守護国はかなりの変転をみせた。斯波高経の時代、斯波氏は越前・越中・若狭と続く北陸三国の守護職を持っていたが、高経の没落によって越中一国を保持するのみとなる。しかし斯波義将の復権によって状況は転回し、越中と交換する形で越前を獲得し、さらに信濃と加賀も管国となった（加賀は義将の弟の義種《よしたね》が守護）。その後応永七年（一四〇〇）に尾張が斯波氏の守護分国となり、さらに遠江もこれに加わった。信濃と加賀は結局斯波氏から離れ、斯波氏の守護分国は越前・尾張・遠江の三国に落ち着くことになる。京都からみて東の方面に比較的大きな国を分散的に保持しているというのが斯波の分国の特徴である。

斯波氏の場合も細川氏同様、各国の管理責任を担ったのは守護代で、重臣が登用されていた。越前守護代は甲斐《かい》氏、尾張の守護代は織田《おだ》氏がつとめ、早い時期の守護国だった信濃や加賀では二宮《にのみや》氏の守護代としての活動がみられる。数多くの小規模な家臣が並び立っていた細川氏とは違い、斯波氏の家中では甲斐・二宮・織田・朝倉《あさくら》といったいくつかの家が特別の地位にあったのである。こうした重臣たちは主人に従って在京していたから、現地の管理はやはり守護又代に委ねられた。たとえば尾張の場合、織田伊勢入道常松《じょうしょう》が三十年以上にわたって守護代をつとめたが、同じ時期に一門の織田左京亮入道常竹《さきょうのすけにゅうどうじょうちく》が守護又代として尾張の現地の管理にあたっていた。

基国のときにはじめて管領となり、細川・斯波と並び立った畠山氏は、河内・紀伊・越中・能登の四ヵ国をその守護分国として継承した（このうち能登は満慶の流れが相承）。河内と紀伊は京都にも近い枢要《すうよう》の地であり、越中と能登はあい接して存在している。二つのブロックに分かれて要所を押さえているというのが畠山氏の守護分国の特徴といえるだろう。

畠山氏の場合も重臣が守護代に任命され、遊佐《ゆさ》国長《くになが》は長く河内と越中の守護を兼ね、遊佐助国《すけくに》・家久《いえひさ》は紀伊の守護代の地位にあった。また能登の守護代は神保《じんぼ》氏がつとめた。斯波氏の場合と同じように特定の重臣が大きな力を持ち、遊佐と神保は守護代職を相伝したが、もちろん守護代自身は京都にいて、現地の管理は守護又代らに委ねられた。

山名・一色・赤松・京極・土岐

山名氏は足利一門とはいえないが、新田《にった》氏の一流なのでこれに準ずる立場にあり、幕府政治にも深く関わった。山名時氏は足利尊氏に叛《そむ》きながら西国に勢力を扶植《ふしょく》し、義詮に帰順して丹波・丹後・因幡・伯耆・美作と連なる五ヵ国を安堵された。その後も山名一門の守護国は増加の一途を辿り、時氏の子の惣領時義《ときよし》が但馬・伯耆・隠岐・備後、その兄の義理《よしただ》が美作・紀伊、氏清《うじきよ》が山城・和泉・紀伊、時義の甥にあたる満幸《みつゆき》が丹後・出雲、氏家が因幡というように、一門で一二ヵ国の守護職を保持するまでになった。

時義の死後、将軍義満は一族の内訌《ないこう》を利用してその勢力削減を企て、明徳元年（一三九〇）の京都の戦いで山名氏清・満幸を討伐、山名一門の守護国は時熙《ときひろ》（時義の子）の但馬、氏之《うじゆき》（氏幸、時熙の弟）の伯耆、氏家の因幡の三国だけになる。しかし惣領の座を確保した時熙は幕政に参与して備後と安芸《あき》の守護に任じられ、石見《いわみ》守護職も山名一門の手に戻った。山名氏の守護分国は増え、惣領の時熙が但馬・備後・安芸、一門の庶流が因幡・伯耆・石見の守護職をもつ形になる。山陰から山陽にまたがる六ヵ国を山名一門は確保したのである。

足利一門の一色氏も幕府政治に参与した大名で、数ヵ国の守護職を持っていた。貞治五年（一三六六）に一色範光は若狭の守護に任じられ、以後詮範《あきのり》―満範《みつのり》―義範《よしのり》（義貫《よしつら》）と一色氏は守護職を相承した。

範光は康暦元年（一三七九）には三河の守護も兼ね、詮範のときには尾張知多《ちた》・海東《かいとう》郡をあわせもち、満範は明徳元年の山名氏清追討の功績によって丹後の守護にも補任《ぶにん》された。こうして満範の時代には丹後・若狭・三河と尾張知多・海東郡の守護を兼ねることになり、これはそのまま子息の義範（義貫）に継承された。丹後と若狭は隣り合い、三河と尾張知多郡も隣接している。一色氏の守護分国は南と北の海に面する一帯を押さえる形になっていたのである。

播磨出身の赤松氏は、外様でありながら当初から幕府の中枢に深くかかわった大名で、山名や一色と同様に侍所《さむらいどころ》の頭人《とうにん》もつとめることがあった。播磨の守護職は幕府開創当初から確保していたが、貞治四年（一三六五）頃には赤松則祐《そくゆう》が備前の守護職を与えられ、その子の義則《よしのり》は明徳三年（一三九二）に美作の守護も兼ねて、赤松氏は播磨・備前・美作というまとまった三ヵ国の守護を兼任することになった。ただこの守護国の確保はたやすいことではなく、赤松義則が死去したとき、足利義持が子息の満祐が三ヵ国を受け継ぐことを認めず、播磨を没収しようとする一幕もあった。京都にも近いまとまった三ヵ国を赤松氏が所持していることは、将軍にとってそれなりの脅威だったのだろう。

佐々木導誉《ささきどうよ》にはじまる近江の京極氏も、外様《とざま》ながら侍所頭人もつとめた家柄で、数ヵ国の守護職を持っていた。近江の守護職は佐々木六角《ろつかく》氏のもとにあり、京極氏は近江北半の三郡ないし五郡を管轄下においていたに過ぎないが、延文《えんぶん》四年（一三五九）に飛驒《ひだ》の守護職、貞治五年（一三六六）には出雲の守護職を獲得し、数ヵ国を有する大名の地位についた。その後いったん出雲守護職は山名氏のもとに渡るが、応永二年（一三九五）に京極高詮は出雲守護に任じられ、同時に隠岐の守護も兼ねた。こうして京極氏は近江のほかに飛騨・出雲・隠岐の守護職を兼帯することになる。

美濃の土岐氏も幕府創業以来の功臣《こうしん》で、頼康《よりやす》のときには美濃・尾張・伊勢の三ヵ国の守護職を兼務していた。嘉慶《かきょう》元年（一三八七）に頼康が死去し、養子の康行《やすゆき》が美濃と伊勢、同じく満貞《みつさだ》（康行の実弟）が尾張守護職を継承するが、明徳元年（一三九〇）に康行は将軍義満の追討を受けて没落し、美濃守護職は一門の頼忠《よりただ》に与えられた。その後満貞は失脚して尾張守護職を失い、兄の康行は伊勢の守護に返り咲いて、土岐氏は美濃守護家と伊勢守護家の二流に分かれることになる。このうち頼忠―頼益《よります》―持益《もちます》と続く美濃の土岐氏は、惣領家としてまれに侍所頭人もつとめ、伊勢守護の土岐氏（世保《よやす》家）は伊勢の北半を治めながら、伊勢南部に勢力を張る北畠氏に対する押さえの役割を果たした。

細川・斯波・畠山・山名・一色・赤松・京極・土岐。管領や侍所頭人をつとめた大名たちの守護分国の広がりをみてきたが、畿内とその周辺のほとんどがこうした主要な大名によって管轄されていたこと、そして彼らは数ヵ国の守護職を兼帯していたことがわかる。このほかこの地域で一国単位の守護職を持っていたのは、近江の六角、加賀の富樫《とがし》、駿河《するが》の今川《いまがわ》、信濃の小笠原《おがさわら》、安芸の武田、伊予の河野といった程度である。

六角・富樫・今川・小笠原・上杉

近江の六角氏は佐々木氏の本流で、幕府創建の当初から近江の守護職を持ち、これを世襲していた。近江北半の五郡は京極氏の管下にあったが、近江の守護職自体は六角氏が持って南半の七郡を統治し、京極氏管下の北五郡についても部分的ながら権限を持った。近江全体の統治は果たせなかったが、京都の東北の枢要の地を押さえて、軍事動員に応じるなどの形で幕府政治を支えた。

富樫氏は加賀の一国人《こくじん》にすぎなかったが、当初から足利氏に従って戦功を挙げ、念願の守護職を獲得した。嘉慶元年（一三八七）に富樫昌家《まさいえ》が死去すると、富樫氏は守護職を没収され、雌伏《しふく》の時代を迎える。しかし応永二十一年（一四一四）に守護の斯波満種《みつたね》が没落すると、富樫氏惣領の満春《みつはる》と、庶流で義持の寵臣《ちょうしん》であった富樫満成《みつしげ》がそれぞれ加賀の半国守護に任命され、四年後に満成が失脚すると、惣領の満春が加賀一国の守護となって、その後持春《もちはる》―教家《のりいえ》と継承された。隣国の能登でも国人出身の吉見《よしみ》氏が守護となっていたが、将軍義満によって守護職を没収され、二度と復帰することができなかった。外様でありながら一国の守護職を確保した富樫氏は、かなり幸運な事例ということができよう。

足利一門の今川氏は、尊氏に従って活躍した範国《のりくに》が駿河と遠江の守護職を与えられ、このうち駿河守護職はそのまま子孫に継承された。遠江のほうは範国のあと子の貞世《さだよ》（了俊《りょうしゅん》）、さらにその弟の仲秋が継承し、応永七年（一四〇〇）には駿河守護であった今川泰範《やすのり》（範国の孫）が遠江守護も兼ねた。しかし応永十一年（一四〇四）ころに遠江守護職は斯波義教のもとに渡っており、今川氏は駿河一国の守護職を保持するのみとなった。結果的には駿河一国の守護に止まったが、足利一門として鎌倉府に対する押さえの役割を果たし、しばしば幕命によって関東に出兵することになる。

信濃の小笠原氏も早くから足利氏に従い、信濃の守護職を与えられていたが、貞治五年（一三六六）

ころには守護職を失い、至徳《しとく》元年（一三八四）に斯波氏が信濃守護となって代官《だいかん》が入部《にゅうぶ》すると、小笠原長基《ながもと》は村上《むらかみ》氏らとともに守護所を襲ってこれを制圧したものの、結局敗れて逃走した。その後小笠原長秀《ながひで》は応永六年（一三九九）に守護職を手にして入部したが、村上氏や大文字《だいもんじ》一揆《いっき》などに撃退されて帰京し、守護職も失ってしまう。このように雌伏の時代が続くが、応永三十二年（一四二五）になって小笠原政康《まさやす》は信濃守護に任じられ、子孫が守護職を相伝することになった。信濃は駿河同様に鎌倉府管国との境目にあたっていたから、小笠原氏は国人たちを率いてしばしば関東に出兵した。

駿河・信濃と同じように関東との接点にあたっていた越後の守護職は、関東管領をつとめた上杉《うえすぎ》氏の一族が相伝した。本家筋にあたる上杉氏（山内《やまのうち》家）は鎌倉にいたが、越後は幕府の管国であるため、越後守護の上杉は在京するのが基本であった。在京して将軍に従いながら、鎌倉にいる本家とも深いつながりをもつという形で越後守護の上杉氏は存在していたのである。

西国の守護たち

畿内から西の諸国のほとんどは細川・山名・赤松の三氏の守護分国となっていたが、伊予の河野氏と安芸の武田氏は外様ながら守護職を確保しえた大名だった。河野氏は一時南朝方に属して細川頼之と争い、康暦元年（一三七九）に伊予守護だった細川頼之が政界を失脚すると、河野通直は念願の守護職を将軍義満から与えられたが、その直後に四国に入ってきた細川氏の軍勢に攻められて敗死し、河野氏は後退を余儀なくされた。しかし翌康暦二年（一三八〇）に通直の遺児の亀王丸《かめおうまる》（通能《みちよし》）は義満から伊予の守護職を安堵され、永徳《えいとく》元年（一三八一）には細川頼元（頼之の弟）と和睦《わぼく》して伊予東部の新居郡と宇摩郡を細川氏に割譲して、残りの一二郡の守護としての権利を確保した。その後河野氏は代々守護職を相伝してゆく。

安芸のうち三郡の守護となった武田氏は、甲斐守護の武田氏の同族である。足利尊氏に従って活躍した武田信武《のぶたけ》は甲斐と安芸の守護職を兼帯《けんたい》し、信武のあとは甲斐守護職を嫡男の信成《のぶしげ》が継承し、安芸の守護職はその弟の氏信《うじのぶ》が保持することになった。応安三年（一三七〇）に武田氏信は守護職を没収されるが、数年の後には佐東《さとう》郡のみの守護職を与えられ、その後は信在《のぶあり》―信守《のぶもり》（信在の弟）―信繁《のぶしげ》―信栄《のぶひで》と相伝し、その間に山県《やまがた》郡と安南《あなん》郡も管下に組み入れた。永享《えいきょう》十二年（一四四〇）に武田信栄は将軍義教《よしのり》の命を受けて大和《やまと》で一色義貫を謀殺し、その功績によって若狭の守護にも任命された。こうして武田氏は若狭に本拠を置きつつ安芸の三郡守護も兼ねることになる。

安芸より西の数ヵ国をまとめて管轄していたのが、西国の雄族大内氏である。周防の在庁官人出身の大内氏は、鎌倉時代から御家人に列していたが、南北朝内乱の中で大内弘世が山口を拠点として勢力を広げ、貞治二年（一三六三）に幕府に帰順して周防と長門の守護職を安堵され、さらに石見の守護にも任命された。その子の義弘は周防・長門・石見に加えて豊前《ぶぜん》の守護職も兼ね、山名氏清討伐の功績によって和泉と紀伊の守護にも補任されて、一時は六ヵ国の守護職を兼帯するまでになった。まもなく将軍義満の討伐の対象となって義弘は堺《さかい》で戦死し、その弟の弘茂《ひろもち》が周防・長門の守護職を与えられたものの、その他の守護国は大内氏の手から離れることになった。弘茂は兄の盛見《もりみ》との戦いに敗れて戦死し、勝利を収めた盛見は結局幕府から周防・長門の守護職を安堵され、豊前と筑前の守護にも任命された。永享三年（一四三一）に盛見は少弐《しょうに》氏らとの戦いで討死するが、後継者の持世《もちよ》（義弘の子）が弟持盛《もちもり》との争いも制して内乱を鎮め、周防・長門・豊前・筑前の守護職をあわせもって、四カ国はこの後も大内氏の分国として継承された。また安芸の東西条《とうさいじょう》も持世のときから大内氏の管下に入った。

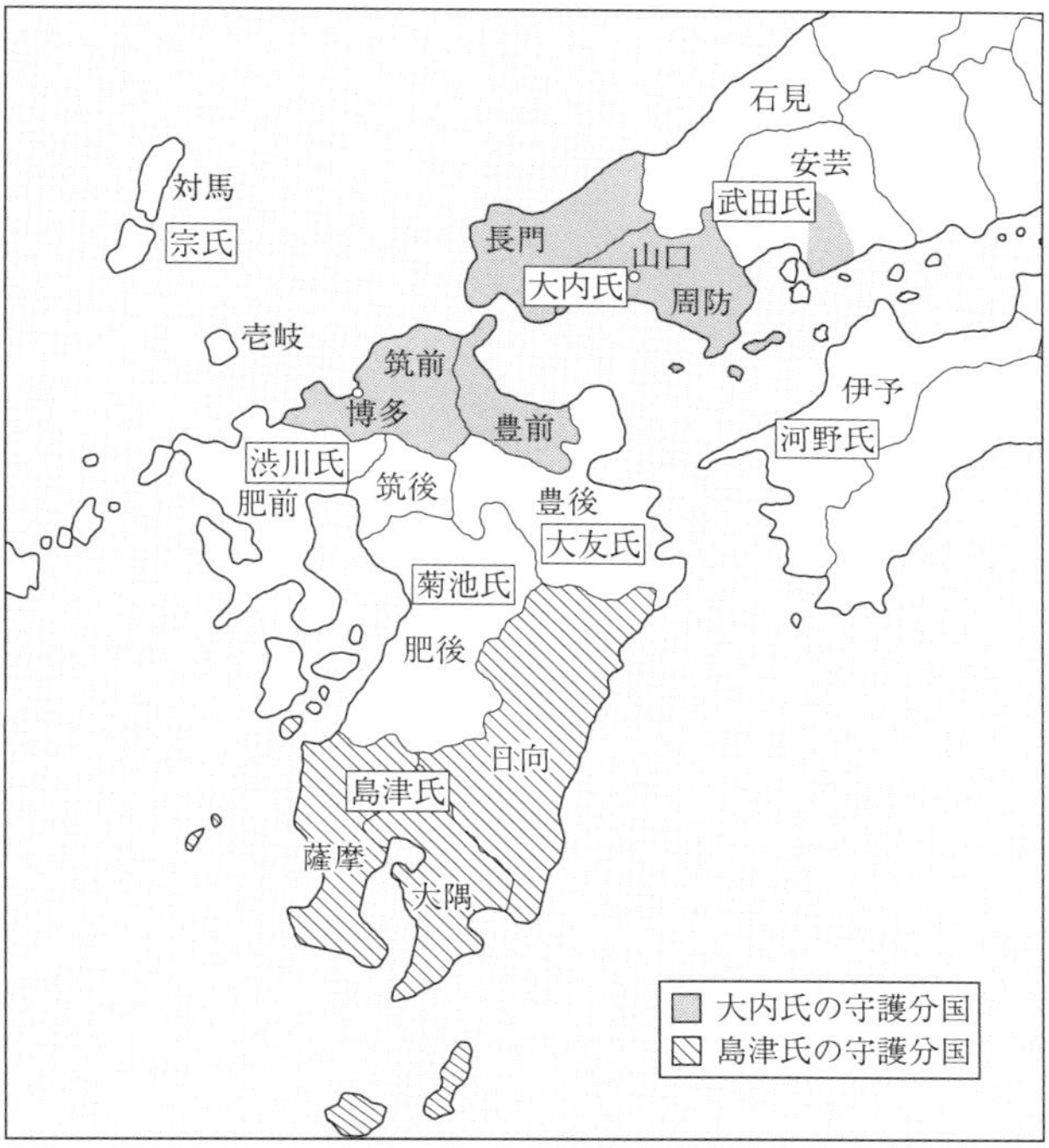

図37　西国の守護

　大内氏は関門《かんもん》海峡を挟む一帯に支配を及ぼし、九州北部もほぼ手に入れていたが、これと対抗しつつ地盤を固めていたのが豊後《ぶんご》の大友《おおとも》氏だった。大友氏は鎌倉以来の名族で、豊後守護も早くからつとめ、足利尊氏に味方して活躍することによって守護職の確保に成功した。応安四年（一三七一）に家督《かとく》を継いだ大友親世《ちかよ》は、兄の氏継《うじつぐ》との争いに勝利を収め、やがて筑後《ちくご》の守護にも任命されて、豊後と筑後の守護を兼ねた。親世のあとは氏継の子の親著《ちかあき》がつぎ、そのあとは親世の子の持直《もちなお》が継承するというように、この時期の大友氏は親子相承の形ではなく、氏継と親世のそれぞれの子孫が交互に家督の座についていたが、永享三年（一四三一）に持直が少弐氏らと連合して大内盛見を戦死させたことによって幕府の追討の対象となり、守護職を没収された。豊後守護職は大友親綱《ちかつな》（親著の子）が継承したが、筑前守護職は大友氏のもとを離れ、肥後《ひご》の菊池《きくち》氏が手に入れることになる。

肥後の菊池氏は南朝方の中心として活躍し幕府方を悩ませたが、やがて幕府に帰順して勢力を保持し、兼朝のときには肥後の守護職に任命された。永享三年におきた九州動乱に際して、菊池持朝《もちとも》は幕府方として活躍して筑後の守護にも任命され、菊池氏は肥後と筑後の守護職を兼帯することになった。このうち筑後守護職は結局大友氏のもとに渡るが、肥後守護職はこの後も長く菊池氏が確保した。

九州の北部・中部一帯の守護職は、豊前と筑前が大内、豊後が大友、肥後が菊池という形にまとまり、筑後は大友氏と菊池氏の争奪の対象となった。そして残る肥前の守護職は幕府の尖兵《せんぺい》として下向した九州探題《きゅうしゅうたんだい》が保持し、今川貞世（了俊）が応永二年（一四一九）に罷免《ひめん》されたあとは渋川満頼《しぶかわみつより》が探題となって肥前守護にも任命された。満頼は博多《はかた》に拠点をおいて九州経営につとめたが、少弐氏や菊池氏などの抵抗にあって威令を広く及ぼすことができず、子の義俊の代の応永三十年（一四二三）、少弐氏との戦いに敗れて博多を追われ、肥前に逃亡してしまう。渋川氏の勢力は大きく衰え、肥前東部の一勢力にとどまることになるが、肥前の守護職は所持しつづけた。

南九州の薩摩《さつま》・大隅《おおすみ》・日向《ひゅうが》の三国は、結果的にすべて島津氏の守護分国となった。島津氏も鎌倉以来の名族で、薩摩の守護職を持っていたが、足利尊氏に従って活躍した島津貞久《さだひさ》が薩摩のみならず大隅の守護にも任命され、島津氏は二ヵ国の守護となった。そして貞久は子息の師久《もろひさ》に薩摩、氏久《うじひさ》に大隅を与えるという形で守護職を譲与し、兄弟で一国ずつ持つ形になる。大隅守護の島津氏久は、九州探題の今川貞世に反旗を翻したこともあったが、幕府に帰順したのちもその勢力を保持し、その子の元久は薩摩守護の伊久《これひさ》(師久の子)との争いに勝利を収め、応永十六年(一四〇九)には薩摩の守護に任命された。元久はこれ以前に日向の守護にも任じられていたので、一人で薩摩・大隅・日向三ヵ国の守護職を兼ねることになり、これはそのまま子孫に相伝された。

壱岐《いき》の守護職は九州探題今川貞世がつとめていたが、その後のことは不明である。対馬《つしま》も貞世の守護分国だったが、応永二年(一三九五)に貞世が失脚すると地域の有力国人の宗頼茂《そうよりもち》が守護職を獲得し、その後宗氏は守護職を相承して対馬一国を支配した。

鎌倉府管国の守護

室町幕府の時代、相模《さがみ》・武蔵《むさし》・安房《あわ》・上総《かずさ》・下総《しもうさ》・上野《こうずけ》・下野《しもつけ》・常陸《ひたち》の関東八ヵ国に伊豆・甲斐を加えた一〇ヵ国は、鎌倉にある政庁《せいちょう》(鎌倉府)の管轄下にあり、それぞれの国の守護たちは、基本的には鎌倉にいて鎌倉公方《くぼう》に従っていた。守護の任命権は将軍が保持していたが、直接的には守護は鎌倉公方の下にあって関東支配を支えていたのである。

鎌倉府管下の一〇ヵ国のうち、武蔵・上野・上総・伊豆の四ヵ国は、鎌倉公方を補佐した上杉氏一門が守護職を保持した。上杉氏は鎌倉時代以来の足利氏の重臣で、一門に准ずる家格を有していた。上杉憲顕《のりあき》が復権して関東管領に任じられたとき、憲顕自身は武蔵・上野・伊豆と越後の守護職を兼帯し、甥にあたる朝房《ともふさ》が上総守護職に任じられている。憲顕のあと関東管領の職は能憲《よしのり》―憲春《のりはる》―憲方《のりかた》と憲顕の子息があいついでつとめ、憲方のあとはその子の憲孝が継ぐが、この時期武蔵・上野・伊豆の守護職は彼らによって受け継がれ、上総守護職は朝房ののち弟の朝宗《ともむね》が継承した。

しかし応永元年（一三九四）に憲孝が死去し、翌年上総守護だった上杉朝宗が関東管領に任命されると、朝宗は武蔵守護も兼ねることになり、上野と伊豆の守護職は憲孝の弟の憲定《のりさだ》が受け継いだ。このののち憲定が上野と伊豆、朝宗が武蔵と上総の守護をつとめる時期が続き、応永十二年（一四〇五）に朝宗が管領職を退いて憲定に交代すると、こんどは憲定が武蔵守護を兼ねることになった。このように武蔵の守護職は関東管領が兼務するという形が定着し、憲定の系統（山内家）は上野と伊豆、朝宗の系統（犬懸《いぬかけ》家）は上総の守護職を相承するという形になったが、応永二十四年（一四一七）に犬懸家の氏憲が反乱をおこして滅亡し、犬懸上杉氏は守護職を永久に失った。

鎌倉府管下のうち四ヵ国の守護職は上杉氏のもとに帰したが、そのほかの国々の場合、古くからの歴史を誇る御家人《ごけにん》たちの中から選ばれた家が守護職を世襲するという形が一般的だった。下総の千葉《ちば》氏は鎌倉時代以来ひきついだ守護職を保持し、同じく鎌倉幕府創業以来の歴史を誇る相模の三浦《みうら》氏も相模の守護職を獲得して、これを相伝した。三浦氏は鎌倉の中期に北条氏《ほうじょう》との争いに敗れて没落し、守護職も失っていたが、足利氏に従って念願の守護返り咲きを果たしたのである。

常陸の佐《さ》竹《たけ》氏も足利氏に従って活躍することで守護職を新たに獲得した一門である。佐竹氏は鎌倉幕府の時代には冷遇されていたが、足利尊氏が挙兵すると佐竹貞義《さだよし》はいち早くその下に投じて活躍、念願の常陸守護職を手に入れることに成功し、貞義のあとは義篤《よしあつ》―義宣《よしのぶ》―義盛《よしもり》―義憲《よしのり》と佐竹氏は守護職を相伝した。また下総結城《ゆうき》に本拠をもつ結城氏もこの時代にあらたに守護職を獲得している。結城氏は下野の小山《おやま》氏の一族だが、足利尊氏に従って活躍し、結城直光《なおみつ》は応安二年（一三六九）にすでに安房の守護の地位にあった。これはやがて手放すが、基光《もとみつ》（直光の弟）の時代には下野の守護となっていたことが確認できる。下野の守護職はもともと小山氏の手中にあったが、小山義政《よしまさ》が反乱を起

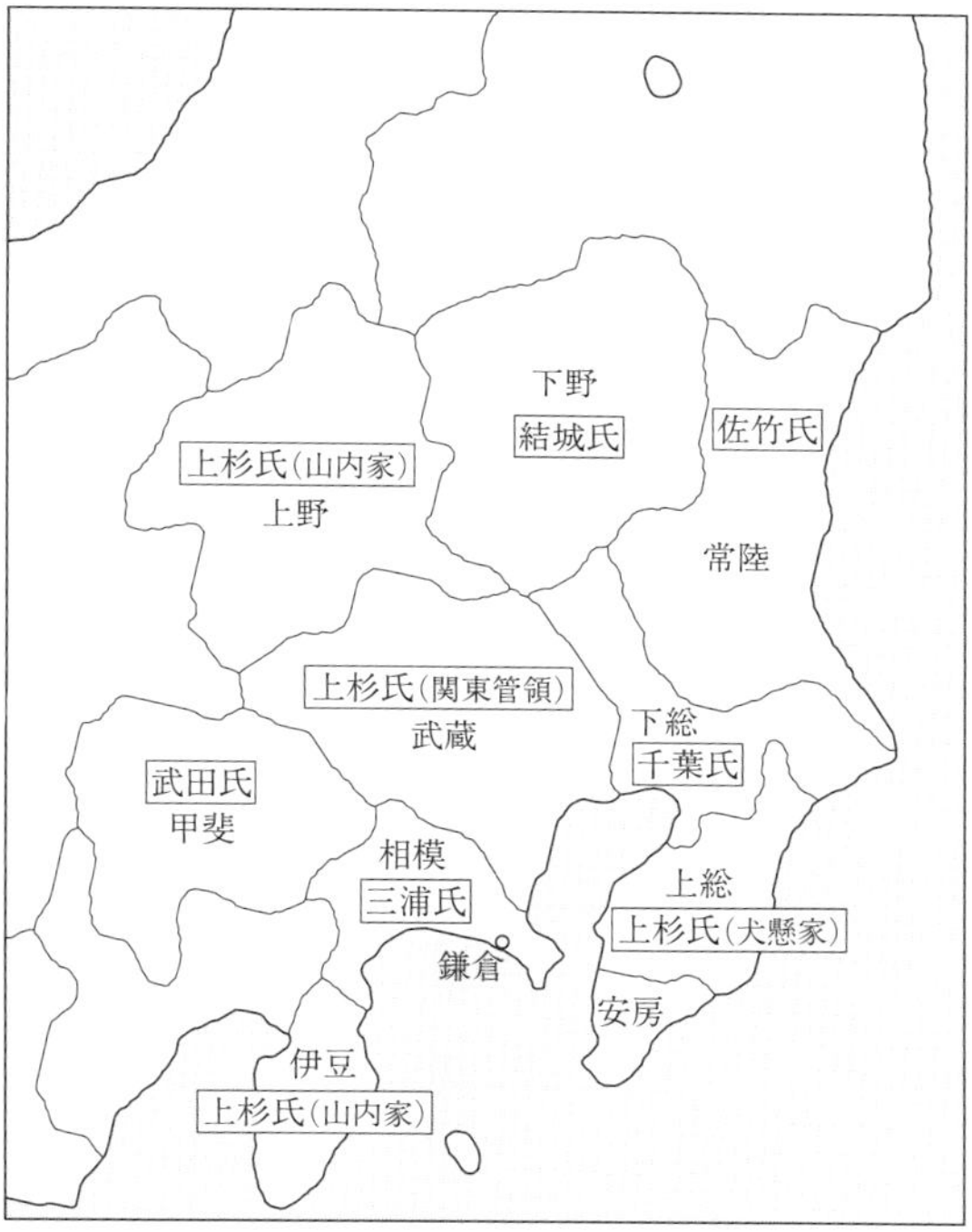

図38　関東の守護

こすと上杉憲方が守護となり、そののち結城氏のもとにころがりこんできたのである。

甲斐の武田氏も足利氏に従って守護職を保った。武田信武は甲斐と安芸の守護を兼ね、子息の信成が甲斐、氏信が安芸の守護職を継承する形で二つの家が分立することになる。安芸の武田氏は幕府に従いながら若狭の守護職も獲得し、一方の甲斐守護武田氏は、鎌倉公方の管轄下に置かれながら守護職を相伝した。応永二十三年（一四一六）に上杉氏憲が反乱を起こしたとき、武田信満はこれに加わり滅亡するが、武田氏が断絶することはなく、その後も守護として一国支配を続けた。

このように鎌倉府管下の一〇ヵ国のうち、武蔵・上野・伊豆・上総は上杉一門（山内家と犬懸氏）が守護をつとめ、あとは千葉が下総、三浦が相模、佐竹が常陸、結城が下総、武田が甲斐というように、伝統ある大名たちに守護職が与えられた。安房の守護職は結城や上杉が一時期持っていたことがわかるが、くわしく知ることはできない。

なお陸奥《むつ》と出羽《でわ》の両国に守護は置かれず、奥州管領《おうしゅうかんれい》の斯波（大崎）氏が多賀国府《たがこくふ》（宮城県多賀城市）において統括していた。しかし多くの国人たちが並びたつ中で斯波氏の威令がいきわたるのは難しく、明徳二年（一三九一）に陸奥と出羽が鎌倉府の管国に加えられると、大崎氏も鎌倉公方の指揮に従うことになり、その後幕府から奥州探題に任命されたものの、周辺の国人たちを従わせることはできなかった。また斯波氏の一門が出羽を管轄したらしいが、その活動の詳細はわからない。

2―守護の職務と活動

守護とその職務

これまで時代を追って各国の守護職の行方を追ってきた。室町も後半になると守護分国は固定化するので、守護職は世襲のようにみえてしまうが、元来守護職は将軍から任命されるもので、任期も長くはなかった。幕府開創の当初には守護職の交替はひんぱんだったし、内乱が一段落したあとも原則的には将軍の意図によって容易に任国《にんごく》の交代や没収がなされた。山名や大内の反乱はこうした守護分国の配分がからんで起きた事件ともいえる。しかし大内の乱が鎮圧されたころから、戦乱によって守護が交代することはほとんどなくなり、守護分国は世襲されるようになってゆく。

義持や義教の時代になると、世襲的に守護分国を持つ形がほぼ定まるが、京都分国（鎌倉府管下以外の地域）の範囲内では、細川・斯波・畠山・山名・一色・赤松といった幕府の中枢にいた大名たちの守護分国がそのほとんどを占める。西国の大内氏は京都に常駐してはいないが、将軍と密接な関係を保ち、中央政治に関わった大名に準ずる存在といえる。細川・斯波・畠山・山名といった大名たちは、中央の幕府政治に関与しながら、一方で幕府の地方支配を担う存在だったのである。

永享三年（一四三一）六月のこと、畠山満家と山名時熙が、将軍義教に政道にかかわる起請文《きしょうもん》を捧げ、細川や一色・赤松もこれにならったが、申し出を受け入れた義教は、大名たちに対して知行《ちぎょう》している分国の政治にとくに念を入れるようにと指示を下している。守護として管理を任されている国の統治に意を注ぐことが、大名たちの重要な使命だったのである。

京都分国の場合、守護をつとめる大名たちは京都に屋形《やかた》（館）を構えて常駐するのが基本だった。将軍との関係を保ち、その指示に従いながら活動するためには、やはり京都にいなければならなかったのである。従って守護をつとめる国々の管理はその一門や被官《ひかん》に委ねられることになる。守護代と呼ばれる代官が現地にいって指揮にあたることもあったが、細川・斯波・畠山・山名といった幕政に深く関わった大名の場合、守護代も主人とともに在京して活動する必要があり、任国の管理は守護の代官に委ねられることが多かった。守護又代とか小守護代・又守護代などといわれる存在である。

守護分国の世襲化は進んでいったが、守護職の任免は将軍の権限で、なにかの事情で守護職を没収されてしまうことも大いにありえた。赤松氏は播磨・備前・美作三国の守護だったが、赤松義則が死去して満祐が家督を継いだとき、足利義持が播磨を没収すると言い出して騒動が起きている。満祐の必死の抵抗もあって結局沙汰止みとなったが、「備前と美作は残してやるのだから、文句をいう筋合いはない」と義持は発言したらしい。守護職は将軍から一時的に預けられたものにすぎず、将軍の恣意でいつでも没収できるのだという論理はまだ生きていたのである。

将軍が守護の後継人事に介入することもあった。永享四年（一四三二）に駿河守護今川範政《のりまさ》の跡目相続が問題になったとき、範政が末子の千代秋丸《ちよあきまる》への相続を願ったにもかかわらず、将軍義教はこれを認めず、兄がいるのに末子を跡継ぎにするのはいかがなものかと主張した。さまざまなやりとりの末、嫡子の範忠《のりただ》が守護に任命されたが、これは義教の意向に沿うものだった。

将軍義教は守護だけでなく守護代の任免も行った。永享三年七月のこと、細川持之が自身の分国である丹波の守護代の件について義教に申し入れたところ、「これまで守護代だった香西の政道はどうしようもないから、折檻《せっかん》するように」と義教はきつく命を下した。守護代の仕事の中身にまで将軍は目を光らせていたのである。

鎌倉府の管下にあったのは関八州に伊豆と甲斐を加えた一〇ヵ国で、各国の守護たちは鎌倉にいるのが基本だったようである。京都分国の守護は京都に常駐し、鎌倉府管下の守護は鎌倉にいるという形で、守護は職務を果たしていた。南北朝内乱の時期には管国の国人たちを率いて軍事行動を行うことが守護の大きな職務だったが、内乱が終息するとこうしたことは少なくなり、幕府の全国統治を円滑に行うためのさまざまな作業が守護の主要な任務となってゆく。

一国平均役の徴収と守護

中世社会においては現代的な意味での「公共事業」はあまりないが、重要な寺院や神社の造営や修理は、国家規模での公的な事業の中心にあったといえる。伊勢神宮《いせじんぐう》の遷宮《せんぐう》をはじめとする寺社造営にあたっては、あらかじめ指定された国から徴収される一国平均《いっこくへいきん》の役を財源にあてるのが一般的で、室町期にはこうした一国平均役が諸国に賦課《ふか》されることが多くあった。伊勢神宮の遷宮に際しては役夫工米《やくぶくまい》とよばれる役が課され、それ以外の寺社の造営などにあたっては田の面積を基準とする段銭や、家ごとに同額の銭を納める棟別銭《むなべつせん》などが賦課された。

こうした目的のはっきりした役米や役銭の徴収にあたったのは、当該寺社の雑掌《ざっしょう》や「大勧進《だいかんじん》」とよばれた人で、彼らが国内の荘園《しょうえん》や郷村《ごうそん》を歩き回って地頭から段銭《たんせん》や棟別銭を徴収していたが、何かと理屈をつけて銭を出さない地頭《じとう》や百姓たちも多かった。きちんと役銭を徴収するためにはそれなりの武力による強制執行が必要となるが、この強制執行の役目を担ったのが諸国の守護なのである。

応安五年（一三七二）七月、近江の日吉社《ひえしゃ》の神輿《しんよ》の造営にあたって諸国に段別三〇〇文の段銭を課すことになり、幕府において段銭徴収にかかわる法令が定められた。諸国の荘園や郷の田数は「大田文《おおたぶみ》」とよばれる注文《ちゅうもん》に記載されていたが、この大田文を捜し出して、すべてのところから段別三〇〇文の段銭を徴収せよと指示し、なかなか出してくれないところがあったら、守護の使いがいっしょに入部して取り立てるようにと付け加えている。段銭徴収の主体はおそらく大勧進か日吉社の雑掌で、守護がはじめから関与するわけではないが、段銭を納めてくれない領主がいた場合には守護の使いがいっしょに入部して譴責《けんせき》せよと命じられているのである。

二年後の応安七年（一三七四）十一月、鎌倉の円覚寺《えんがくじ》が炎上するという事件がおきるが、鎌倉公方の足利氏満は直ちに再建計画を立て、永和《えいわ》二年（一三七六）になって上総・安房・上野・下野・相模の諸国から広く棟別銭を徴収して造営費用にあてることが決まり、各国の守護に命令が下された。このときは「大勧進雑掌」とよばれる取立て人が各国を回ったらしいが、守護の使いを大勧進雑掌に伴わせて、寺社本所領《じしやほんじよりよう》であろうが、地頭の堀内《ほりのうち》であろうがかかわりなく、すべての所領から家別一〇〇文の棟別銭を徴収せよというのが命令の中身だった。先に見た日吉社の場合とは異なり、ここでは最初から守護使の関与が命じられている。寺社や本所（公家）の所領だから諸役は免除だとか、地頭の館のある「堀内」に役はかからないといった社会通念があったらしいが、こうした言い分を認めずに、国内すべての家から一〇文ずつの棟別銭を徴収せよと、鎌倉公方は厳命したのである。

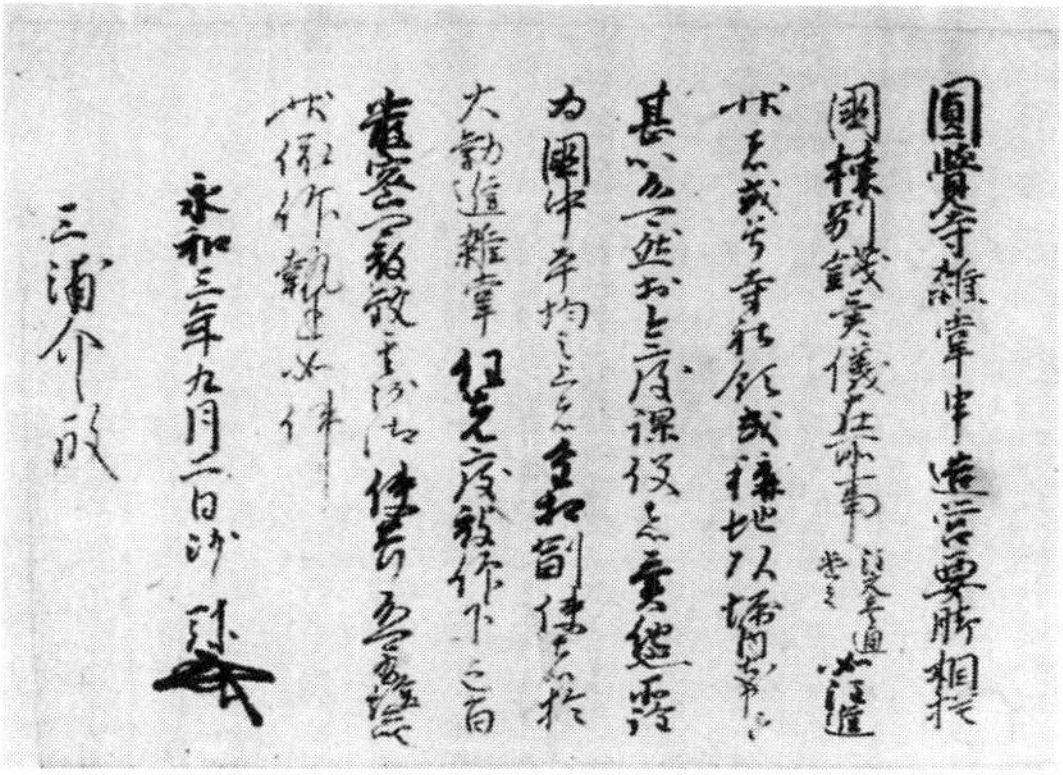

図 39　関東管領上杉憲春奉書
棟別銭徴収について，相模守護の三浦に指示している．

しかし案の定、徴収作業は思うように進まなかった。鎌倉のおひざもとの相模においても、寺社領だとか地頭堀内の中だとかいう理由で取り立てに応じない領主たちが多く現われ、納入拒否に直面した円覚寺の雑掌は、こうした荘園や郷を列記した注文を作って鎌倉府に提出した。これを受けた鎌倉府では、今回の課役は特別なのだから、例外は認められない、もういちど使者を大勧進雑掌とともに現地に入部させてきちんと取り立てよと守護の三浦に命じている。

このようにして棟別銭は集められたが、やはり不足していたとみえ、至徳元年（一三八四）にはあらためて相模・安房・上総・下総・下野の諸国に家別一〇文の棟別銭を賦課することとなり、円覚寺の雑掌とともに徴収に当るようにとの命令が守護に下され、翌年には武蔵・常陸・甲斐の三ヵ国がこれに追加された。しかし二度目の徴収作業も困難をきわめたようである。安房国では守護の結城直光の使者が雑掌とともに国内を回って徴収にあたったが、未進のところも多く、円覚寺のほうでそのリストを作っておいた。その後守護が結城から木戸《きど》法季《ほうき》に交代し、あらたな守護の代官が未進者の注文をもとにもういちど徴収に回ることになった。ところが安房の国人たちは「結城が守護だったときにきちんと納めた」とそろって言い張り、取り立てに応じようとはしなかった。

円覚寺造営という大事業を早く成就させようと鎌倉公方も願っていただろうが、地域の領主や百姓にとっては迷惑な話だし、取り立て役の守護としてもあまり気乗りのしない仕事だったのだろう。応永十九年（一四一二）のこと、東寺《とうじ》の修理のために出雲国の段銭をあてることになり、守護の京極高《たか》光《みつ》に指示が出されるが、ちょうど出雲大社の造営中だからという理由で京極は段銭徴収の作業をしなかった。しばらくして出雲大社造営の工事が終ったということを聞きつけた幕府は、遷宮が終った以上は、早く国中に触れ回って段別五〇文の段銭を集めろと厳命している。

寺社本所領などには諸役はかからないという通念があったことは前述したが、それなりに格式の高い寺院などは積極的に幕府に訴えて諸役免除の特権を与えられることも多く、こうした場合はこの寺院の所領に入部して役を徴収するのは違法行為になる。貞治四年（一三六五）のこと、円覚寺の所領の尾張国篠木荘《しのきのしょう》（愛知県春日井市・小牧市）に伊勢神宮の「大使《たいし》」が現われ、神宮造営のための役夫工米を取り立てようとした。ここは諸役免除の地だと円覚寺側が幕府に訴え出、尾張守護の土岐頼康に対して「早く催促をやめるように大使に伝えよ」との命令が幕府から下された。守護はもともと大使と協力して役夫工米の徴収にあたる立場にあったが、諸役免除の土地だった場合には、反対にむりやり取り立てようとする大使を押し止めることが任務とされたのである。

下地遵行をめぐって

列島各地の荘園や郷村において領主たちがそれぞれ個別に所領支配をしているというのが、中世社会の基本的なかたちだった。もともとは領家《りょうけ》とよばれた荘園領主のもとに、現地の地頭から一定の年貢が上納されるという重層的な形をとる場合が多かったが、領家と地頭の争いが頻発する中で、荘園や郷の領域を完全に二分して領家と地頭で別々の領域支配を行うようになり、いわゆる「一円領《いちえんりょう》」が広がっていった。寺社や本所の一円領と武家一円領に、荘園や郷村は編成されていくことになるが、所領をめぐって領主たちが争いあうことも多く、そうした紛争を解決することが、室町幕府の大きな責務だった。

ある所領をめぐって争いがおきたときには、当事者の双方を呼び出して関係書類を調査したり、両方から意見を聞いたりして裁定を下すというのが、本来の形だったらしいが、これにはかなりの労力と時間を要するので、とりあえず訴えた側（訴人）の言い分を信用して、彼にその所領を安堵するという証文を出し、反論するものが出てきたらあらためて審理するという方法が室町期には一般的になっていった。ただ幕府が証文を当人に手渡したとしても、自動的に所領支配が実現するわけではない。実際にその所領に乗り込んで占拠し、百姓たちも納得させるという作業が必要だが、抵抗勢力の襲撃もありうるから、証文をもらった領主が自力でできることではなかった。そこで領主の入部を武力によってサポートする体制が必要となってくる。

各国の守護はこうした領主入部のサポートという任務も担うことになる。ある所領を正当な権利をもつ領主に引き渡すことを「沙汰し付け」「打ち渡し」といい、そこに至るまでの一連の作業を「下《した》地遵行《じじゅんぎょう》」と呼ぶが、こうした作業を主として担ったのは守護やその配下の武士たちだったのである。

下地遵行のプロセスはかなり複雑なので説明が必要であろう。いろいろの事情で所領支配がうまくいかなくなった場合、その領主（訴人）は関係書類を副えて幕府に訴え出る。訴えを受理した幕府は、とりあえず彼の言い分を認めて、その土地を当人に打ち渡すようにとりはからえという内容の守護あての文書を訴人側に手渡す。この文書は管領が将軍の命令を受けて書く形式をとることが多く、管領奉書《ほうしょ》あるいは管領施行状《しぎょうじょう》といわれるが、その宛先は守護である。守護あての文書だから直接守護に届けたと考えてしまいがちだが、そうではなくて、この文書は当該の訴人に渡されるのである。

幕府からの文書をもらった訴人側は、これを守護のところに持参し、守護代あての文書を書いてくれるように頼む。そしてこんどは守護から守護代にあてる形をとった文書（守護遵行状）が作られ、また訴人側に渡される。そのあと訴人側が守護代のところに行って事情を話すとともに、管領施行状と守護遵行状を見せ、実際に下地の打ち渡しをしてくれる武士にあてて文書を書いてくれるよう依頼する。下地の打ち渡しに際しては二人の武士が担当するのが通常で、この両名あてに守護代の文書（遵行状）が作成される。そしてこれを受け取った訴人側が両名のところに行って、実際の打ち渡しについての協議がなされ、訴人側と両使が現地に赴いて、うまく打ち渡しが実現できたら、両使の一人一人が「打渡状」と呼ばれる結果報告を書いて訴人側に渡す。これが下地遵行の一連の作業であるが、要するに実際に利益を得る訴人側の人物が自分で動きまわってさまざまな文書を集め、守護側の協力をとりつけて所領確保を実現させていたのである。

両使の下向によって平和裏に下地の打ち渡しがなされれば問題はなかったが、自分こそが正当の知行人だと主張する人物が現われて抵抗したりすると、ことは難しくなる。反対派の抵抗にあったときにこれに攻めかかるのは違法で、両使は無理な行動をせず、誰が文句を言って居座ったかを書き記した報告書（請文《うけぶみ》）を書いて、現場を離れる決まりになっていた。とりあえず訴人側の言い分を認めて遵行をしているわけだから、対立する側が出てきたらその言い分も聞かねばならなかったのである。

以上が下地遵行までのおおまかなプロセスだが、もちろん実際の事例をみるとさまざまなケースがあり、また守護側の事情によってなかなか遵行が実行されないことも多かった。尾張国の大成荘《おおなりのしょう》（愛知県愛西市）は京都の東寺《とうじ》八幡宮《はちまんぐう》の所領だったが、猿子《ましこ》という武士が濫妨《らんぼう》を繰り返し、なかなか遵行が進まなかった。困った東寺の雑掌は貞治二年（一三六三）になって幕府に訴え、時の執事である斯波義将の奉書（守護の土岐頼康あて）をもらうことに成功する。このあと雑掌は京都にいた守護代の土岐直氏のもとを訪ね、下地遵行に協力してほしいと頼む。守護の土岐頼康が本拠の美濃にいたため、先に守護代に頼んだのだろうが、守護代の土岐直氏は、自分が遵行にあたることはできないから、現地の武士である乙面と上条に頼むことにしてほしいと返答した。

濫妨の張本人の猿子は直氏の被官だったから、さすがにかわいい家来を追い出すのは勘弁してほしいというのが彼の願いだったのだろう。東寺雑掌の求めに応じて、乙面と上条あてに遵行状を書いてほしいという内容の守護あての書状（実際の宛先は守護被官の斎藤《さいとう》）を直氏は作り、これを雑掌に渡した。このあとこの雑掌が守護の土岐頼康のもとに赴いて直氏の書状を見せ、頼康はこれを受けて乙面と上条あての遵行状を書いて雑掌に渡した。こんな形で作業は進み、下地の打ち渡しもいったん成功したが、猿子がすぐに現地に帰って濫妨を働き、結局遵行は失敗に終わる。翌年になって東寺の執行法印《しぎょうほういん》が土岐直氏のもとを訪ね、直接猿子あてに手紙を書いて説得してほしいと頼むが、「そんなことをしても猿子は承知しないだろう」と直氏はとりあわず、前年同様守護あての書状を手渡すだけですませた。寺社の所領などを押領《おうりょう》したり、濫妨を重ねたりしていた武士の多くは守護や守護代の被官で、自分に仕えている彼らの行動を押さえつけることはなかなかできなかったのである。

大成荘では永徳元年（一三八一）になると別の問題がもちあがる。大成荘の領家職は寺家分と供僧《ぐそう》分に折半されていたが、寺家分の代官をつとめていた大成康経《おおなりやすつね》という現地の武士が、供僧分の土地に攻め込んで押領してしまったのである。困った東寺の雑掌は、大成を現地から追い出してほしいという訴状を作るが、これは幕府ではなく尾張守護の土岐頼康のもとに提出されている。また東寺の雑掌は管領の斯波義将にも働きかけ、土岐あての内々の書状を書いてもらった。斯波と土岐は細川頼之追い落としを実現させた朋友だから、斯波が頼んでくれればなんとかなるかもしれないと東寺側は考えたのだろう。しかし土岐はなかなか動かず、数度に及ぶ直接の訴えも効果がなかった。至徳三年（一三八六）には幕府に対して訴訟を起こし、守護あての命令が下されることになるが、それでも事は進まなかった。押領の張本人はやはり守護の被官で、これを追い出すことは難しかったのである。

守護の一門や被官たちが国内の寺社本所領を押領して力を伸ばしていく中、本来の領主に所領を引き渡す守護の遵行はなかなか進まなかったが、一方で守護は将軍によって任命される存在で、幕府政治を担う一員でもあったから、社会的使命はそれなりに果たさねばならないという面も持っていた。幕府の列島支配の担い手という公的側面と、地域の武士たちのまとめ役という側面を、守護は二つながら帯びており、その矛盾に悩んでいたのではないかとも思われる。

現地での調査や検分

所領をめぐる訴えがなされたとき、とりあえず訴人側の言い分に従って遵行を行うのが一般的だったが、対立する両者が争いを始めて、一定の現地検分や調査が必要とされることもあり、このような時にも守護の関係者がその任務にあたった。応永十六年（一四〇九）のこと、尾張の中嶋正介《なかしましょうすけ》という武士がかつて知行していた一町七反の土地をめぐって、幕府奉行人の飯尾常円《いのおじょうえん》と尾張の妙興寺《みょうこうじ》が争いをおこす。妙興寺側はこの土地は寺の知行目録にも載っているると主張したが、対する飯尾の側は寺に掠《かす》め取られたのだと言い張った。問題解決のためには現地で事情調査をしてもらう必要があると考えた守護代の織田常松は、尾張の管理にあたっている織田常竹に、両方の言い分を聞いて結果を報告するようにと命じた。守護代の常松は京都に常駐していたので、現地での審理は守護又代の常竹に委ねざるをえなかったのである。常竹は早速両者を呼び出して言い分を調査し、妙興寺の主張が正しいと判断して、その旨を守護代に報告する。そして守護代から守護又代あてに、土地をきちんと妙興寺の雑掌に沙汰し付けるようにとの命令が下されることになる。

妙興寺の所領をめぐっては、ほかにももめごとが続いていた。応永十七年（一四一〇）の末、鈴置《すずおき》村というところに関して、丹波の妙楽寺《みょうらくじ》から幕府に訴えがなされ、妙興寺を京都まで出頭させよとの命令が守護に出されたのである。指示を受けて雑掌は上洛するが、権利を示す文書をなかなか提出しないので、現地の近くにいる地頭御家人たちに事情を聞いてみるようにとの幕府の命令が守護あてに出され、現地の守護又代の織田常竹が事情聴取にあたることになる。常竹は上条と朝日という近隣の武士にこれまでのいきさつを尋ね、「あそこはかつて熱田社《あつたしゃ》の所領だったが、先代の大宮司《だいぐうじ》のときに

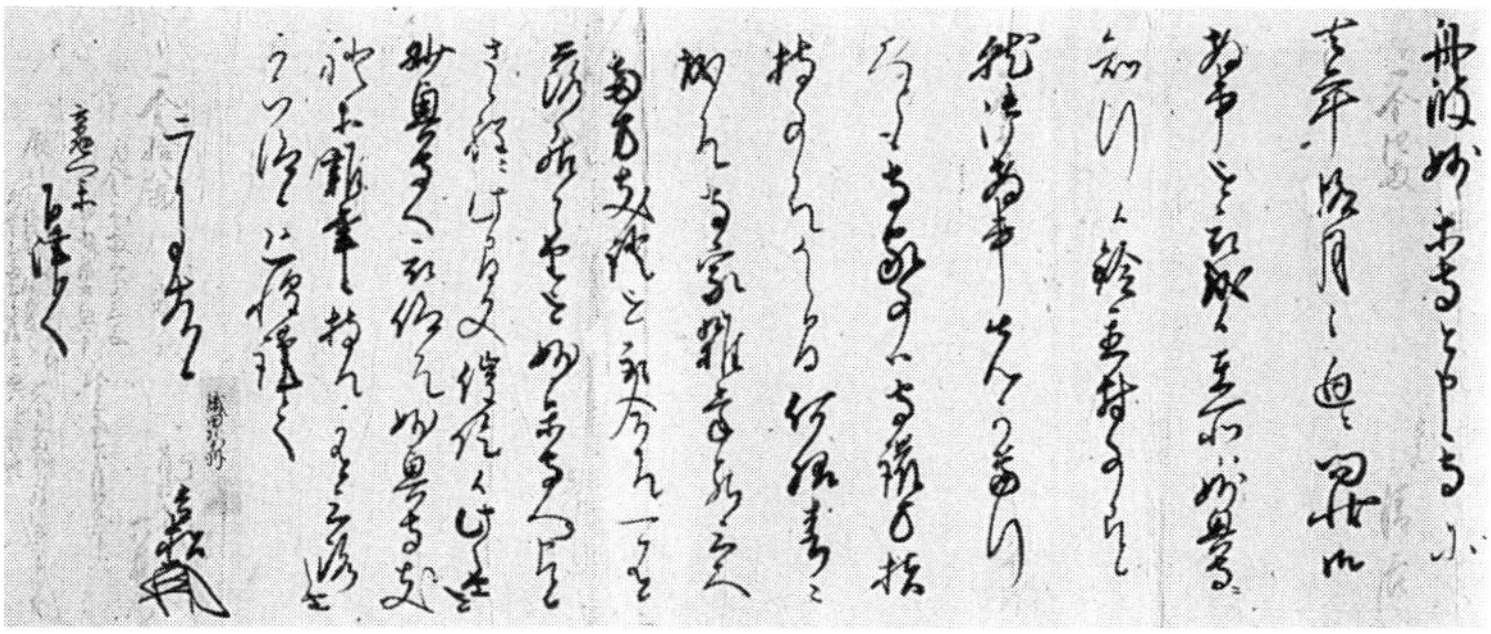

図40　尾張守護代織田常松書状
妙興寺と妙楽寺の相論について，守護又代に指示している．

妙興寺に寄進し、それから寺が知行していると聞いている。これを妙楽寺が知行していたということは聞いたことがない」と両人は報告書を書いた。このとき地域の名主百姓たちも、同様の内容の起請文を書いて提出し、この二つをまとめて常竹は京都の守護代常松のもとに届けた。

この地が自分のものだという証拠書類を、妙興寺は持っていなかったのかもしれないが、それで相手の勝ちとなるわけでもなく、現地の地頭や百姓たちにいきさつを尋ねるという作業がなされた。そしてこうした調査を担っていたのは現地の守護代（または守護又代）だったのである。

この場合は聞き取り調査だが、目に見える事件が起きたときに現地検分《けんぶん》を行うという作業を守護の代官がやることもあった。相模の金目《かなめ》郷《ごう》（神奈川県平塚市）には光明寺《こうみょうじ》という寺があるが、金目郷はもともと鎌倉の宝戒寺《ほうかいじ》と浄光明寺《じょうこうみょうじ》で折半されていて、このうち宝戒寺領にあたる一〇町八反分が末寺である光明寺に引き継がれていた。ところがいつしか浄光明寺領側の人々が境を越えて侵入し、光明寺の寺領を脅かすようになっていた。嘉慶三年（一三八九）になって光明寺の雑掌は鎌倉府に対して訴えを起こすが、なかなかはかどらない間に大きな事件が起きてしまう。明徳元年（一三九〇）の三月二十三日、数人の悪党《あくとう》たちとしめしあわせて乱入した浄光明寺側の人々が、壁を切り破って寺の中に入りこみ、茶畠を荒らしまわって、せっかく育てた茶を摘み取っていったのである。

とんでもない被害を蒙った光明寺では、とりあえず守護に現地検分をしてもらうことに決め、四月になって守護あての申状を作って訴えた。相模守護の三浦高連《たかつら》は鎌倉にいたらしく、現地検分にあたったのは代官（守護代）の岡聖州《おかしょうしゅう》で、被害のようすを実見し、事のいきさつを聞いたうえで、守護あての注進状《ちゅうしんじょう》を作り、これを見た守護が鎌倉府の奉行所あての注進状を作成した。こういう形で証拠書類は整えられ、六月になされた鎌倉府への再度の訴えにあたっては、光明寺領の由緒を示す文書とともに、守護と守護代の注進状も証拠として提出された。

なにか事件がおきたときにすぐ幕府や鎌倉府に訴えるのではなく、とりあえずは守護に訴えて現地検分をしてもらうという方法がとられたのである。幕府の命令を受けて下地遵行を行うといった事例が多いために、守護は幕府の命令を受けてから動くとどうしても考えてしまいがちだが、特に指示がなくても地域の人々の要請を受けてさまざまな仕事をしていたのである。

守護役のひろがり

守護はさまざまの仕事をこなしていたが、守護としての役目を果たすためには お金もかかり、また人足が必要なこともある。こうしたものをどのように調達していたのかという疑問が浮かぶが、守護は一国を管理する権限をもつ公的存在なので、国内の荘園や郷村に対してさまざまな役負担を要求することは広く認められており、国に生活する人々の義務として、百姓たちは守護の課役に応じざるを得なかった。

京都の東寺の所領であった丹波国大山荘《おおやまのしょう》（兵庫県篠山市）の事例は、田沼睦によって詳しく報告されている（田沼二〇〇七）が、応安七年（一三七四）分の地下算用状《じげさんようじょう》には「守護殿備用米《しゅごどのびようまい》」「守護殿京上夫《きょうじょうふ》」「守護殿米持夫《こめもちふ》」といった守護に対する費用負担が列記されていて、合計は一〇石余になる。この年の総年貢は七六石余で、この一〇石余は年貢から引かれている。また康暦二年（一三八〇）分の守護役は守護人夫の食料代などをはじめとして二一石余りに及んでおり、その負担は領主である東寺と荘園の住人とで折半することが定められている。明徳元年（一三九〇）に守護の山名氏清が但馬に出陣したときには七五五人に及ぶ人夫役が賦課され、人数分の代銭にあたる二四貫文余りを名主たちは供出せざるをえなかった。

同じく東寺の所領である播磨の矢野荘《やののしょう》（兵庫県相生市）においても、守護の赤松氏からさまざまな役が課せられたようすが詳しくわかる。永和元年（一三七五）に守護の赤松義則が南朝方と戦うために紀伊に赴いたときには、矢野荘に対しても数人の人夫を出すようにとの命令が下り、翌年に作られた算用状にはそのための費用が書かれているが、荘園にいる野伏《のぶし》を差し出す「軍役《ぐんやく》」を免除してもらうために守護代の内者に渡した心づけの費用も並べて記されており、ほかにもさまざまな負担があった。

このころは守護の役もそれほど多くはなかったが、やがて数を増し、さまざまな名目で人夫や物資の調達を求められるようになっていく。たとえば応永十四年（一四〇七）の矢野荘学衆方《がくしゅかた》の年貢算用状を見てみると、「守護役国下用」として四月一日から十二月十八日までに支払われた費用が細かく書かれているが、その項目は七十以上に及び、ひっきりなしに費用が発生していたことがわかる。

先にみた丹波の大山荘ではやがて「瓜持役《うりもちやく》」と「炭持役《すみもちやく》」という特定の守護役が恒常的に賦課されるようになる。山名氏清が滅亡したあと細川氏が丹波守護となるが、応永二十七年（一四二〇）から瓜持人夫と炭持人夫が課せられていることが知られ、応永三十二年（一四二五）にはこの二つの役以外の臨時の夫役を大山荘には賦課してはならないという守護の命令が、守護代にあてて出されるようになる。実際にはほかの役負担もあったようだが、瓜持役と炭持役が守護役の中核を占めていたことはまちがいない（榎原二〇〇〇）。

このころ細川本家（京兆家）の当主は丹波の瓜を将軍に献上していたから、この「瓜持」は将軍に献上するための瓜を京都まで運ぶ人だったとみていいだろう（盛本一九九七）。丹波は瓜の名産地で、大山荘は守護所のある八上《やかみ》に近かったから、八上に集められた瓜を京都まで運ぶ役目を仰せつかることになったのだろう。炭持も同様に幕府に献上する炭の運び手とみられる。瓜にしても炭にしても守護のために用意されたものではなく、結局は将軍への献上品になってしまうわけだが、こうした名産の献上を続けることは、細川氏にとってその政治的地位の確保のために必要不可欠だったから、瓜持も炭持も守護のために奉仕していたとみていいだろう。このようなさまざまな形で地域の人々は役負担に応じていたのである。

守護のメリット

守護職は基本的には短期で交代するものだが、幕府の創業に功績のあった大名などの場合は早い時期から代々相承されてゆくこともあり、守護分国に対するそれなりの支配も及ぼすようになっていった。大名自体もひとりの領主だから、その経済基盤の中心は自らの所領、すなわち直轄領からの収入だったが、守護の地位にあることに付随して得られる権益もいくつかあった。その一つが国衙領の請け負いによるものである。

鎌倉時代になると列島各地に荘園が広がっていくが、国司《こくし》がいなくなったわけではなく、国衙《こくが》の支配下にある国衙領もそれなりに維持されていた。この国衙領の支配にあたる権利を「国衙職」と呼ぶが、幕府の分国においては公家や僧侶がこの「国衙職」を保持するのが一般的で、各国の守護が自ら「国衙職」をもつわけではなかった。ただ京都にいる公家や僧侶が自力で地域からの年貢収納を実現できるはずもなく、また国衙領の年貢は目減りする一方だったから、ある程度の収益だけでも確保するために、国の管理責任者である守護に年貢徴収を委託する「守護請《しゅごうけ》」が広く行われるようになった。田沼睦の研究に依拠しながら、そのようすをみてみよう（田沼二〇〇七）。美濃の国衙職は西園寺《さいおんじ》家が領有していたが、明徳元年（一三九〇）に守護の土岐頼忠が八〇〇貫文で年貢上納を請け負っている。また赤松氏の守護分国である美作でも、応永五年（一三九八）に国衙領の守護請が始まり、毎年一五

○貫文が国衙職をもつ万里小路家《までのこうじ》に上納される約束になっていた。万里小路家はこのほか備後・讃岐・伊勢の国衙職も所持していたが、備後は守護山名氏、讃岐は同じく細川氏の請所《うけしょ》となっており、伊勢の場合は守護土岐氏（世保氏）の知行下に入ってしまう。美作と同じく赤松氏の分国である播磨の国衙職（伏見宮家《ふしみのみや》が所有）も、同様に守護の請所となっていた。

尾張の国衙職は醍醐寺三宝院《だいごじさんぼういん》の所持するところだったが、国衙領である郷や保《ほ》の地頭たちは年貢をまともに納めず、せいぜい二割程度の収益しかなかった。応永七年（一四〇〇）に斯波氏が尾張守護になると、国衙領の年貢徴収は守護（実際には守護代の織田）に委ねられたが、守護被官である織田氏の一族や守護方の武士たちが郷の給人《きゅうにん》となり、しかもまともに年貢を上納しないという事態になった。国衙領は守護の被官たちの勢力拡大のための基盤となっていったのである。

さまざまな事情で年貢収納を実現できなくなった荘園領主が、守護に荘園の管理と年貢徴収を委ねる「守護請」はしだいに広がっていったが、国衙領の守護請はかなりの数に及ぶ郷や保の一括請け負いなので、個別の荘園の守護請とは規模が違っていた。守護みずからが国衙職を持つことはあまりなかったが、代官として支配を行うことで一定の収益をあげることができ、またこれに伴って自らの被官たちの力を伸ばすことも可能になったのである。

もうひとつ注目できるのが「闕所地《けっしょち》」の処分権である。さまざまの理由で地頭が所領を没収したとき、領主のいなくなった場所を「闕所地」と呼ぶが、闕所地ができると、新たに誰を地頭に任命するかが問題となる。諸国の地頭職を補任できるのは原則的には将軍（関東では鎌倉公方）だったから、闕所地が発生したときには所望した人に将軍から充行《あてが》いがなされていたが、もともとの地頭だとか、さまざまな理由をつけ、自分こそ適任だと主張する人が並び立って大変なことになる場合も多かった。そこで応永十五年（一四〇八）、幕府は法令を出して、もし闕所が生じたら、その理由や年貢の量などを守護に尋ね、その報告に従って所望《しょもう》の人に与えるかどうか決めることにしている。京都の幕府が現地の事情を知ることはとうてい不可能で、守護による調査を必要としたのである。

こうした状況なので、闕所地のあとに誰が入るべきかをいちばんわかっているのは守護ということになり、いっそのこと守護の権限であらたな地頭を決めてしまったほうがいいという考え方が生まれてくる。こうした事情もあって、国によっては闕所地の処分権が守護に与えられることもあった。応永七年（一四〇〇）には斯波氏の分国である尾張・越前・加賀の三ヵ国において闕所地を守護が自由に成敗《せいばい》してもかまわないとの決定がなされ、翌年には上野国の闕所分については守護の上杉憲定にその処分を委ねるとの足利義満の下文《くだしぶみ》が発給された。もちろんこれは守護側からの請求に応じて将軍が許可したものだが、斯波や上杉のような大名の場合には、こうした権益が認められ、代々受け継がれたのである。闕所地が生まれたときには、何らかの由緒を持つ武士にここが与えられるのが一般的だが、守護が処分権を持つようになれば、功績のある自分の被官に与えることも可能になるし、ここを守護自身の直轄領として確保したうえで、被官を代官に任命して管理にあたらせることもできるようになる。闕所地処分権の確保が守護の所領の拡大や被官の勢力を伸ばすのに役立ったことはまちがいないだろう。

このように守護であることによって得られる経済的メリットもかなりあり、また役銭徴収や遵行などに関わる中から国内のさまざまな人々との関係を築きあげることもできるようになっていった。国内各地にいる国人たちとの関係はいまだルーズなもので、きちんとした領国支配をしているとは言いがたかったが、年代を重ねるごとに守護の支配は深化してゆき、足利義政《よしまさ》の時代以降になると独自の段銭を賦課したりしながら領域支配を行うようになっていくのである。

3―国人と一揆

御家人と当参奉公人

鎌倉時代の御家人たちは、将軍と直接の主従関係をもち、地域支配においては郷村の地頭職を保持する存在で、この地頭職も将軍から安堵されていた。しかし長い歳月を経るなかで将軍とのむすびつきは希薄化し、「御家人」という言葉はひとつの一般的な社会身分を示すものとなっていった。北条氏の滅亡後、あらたな棟梁《とうりょう》として決起し、幕府を開いた足利尊氏は、各地の御家人たちをまとめて組織することになるが、尊氏と御家人たちの間に濃厚な主従関係が生まれるといったケースはそれほど多くはなく、御家人身分を持っていた武士たちがそのまま「御家人」として位置づけられるという、ややなし崩し的な形で編成がなされていく。そして幕府によって地方支配を任された諸国の守護が、国内の御家人たちを統率する形が広がっていくことになる。この時期になると「御家人」という言い方はあまりみえなくなり、「国人」という表現が一般化してゆく。

各地の国人は基本的には独立の領主で、守護に従属していたわけではないが、戦いで動員されるときには守護のもとに編成されたし、五十分の一年貢をはじめとする「地頭御家人役」も直接幕府に納めるのではなく、守護の本拠である守護所に持参し、守護がまとめて上納することになっていた。国人たちは基本的にはその本拠地にいて、京都に赴くことはあまりなく、ましてや将軍に謁見《えっけん》する機会はかなり限定されていた。守護の支配が及んでくると、国内では守護の被官たちが力を強めてくるが、そうした中にあっても彼ら一般の国人たちは、自分は「御家人」だという身分意識を強く持ち、守護の被官の風下には立たない態度を貫くことが多かった。

室町時代の一般的な国人はこうした状況にあったが、すべての国人が在国していたわけでもなく、京都に常駐して将軍に直接仕えるものもかなりいた。こうした人々は「当参奉公人」などと呼ばれ、将軍の近習《きんじゅう》としてさまざまな役を果たした。彼らは守護の指揮下に入ることなく将軍に直結する存在で、原則として京都にいたから、地頭御家人役や段銭なども直接幕府に納入することになっていた。

在国して守護とのかかわりをもちつつ所領支配をするという国人が多数ではあったが、将軍に直接仕えて活動することで自立性を守りぬこうとした国人もかなりいたのである。こういう形をとらなくても守護に従属してしまうわけでもないが、当参奉公人であればその所領に対する守護勢力の介入を阻止できるし、一族内部の対立においても、将軍との密接な関係を背景として有利に事を運ぶことができる。京都にいて直接将軍に仕えることにはそれなりのメリットがあったのである。

ところで将軍の近習を構成していたのはこうした国人たちだけではなく、むしろ守護大名をつとめた細川・畠山・山名・赤松・京極・土岐などの一門の人々が、惣領である大名とは別個に将軍との関係を取り結び、近習として組織されていくケースのほうが主流だった。足利義持の近臣として活動した赤松持貞《もちさだ》なども その一人だが、義持が彼に播磨守護職を与えようとしたことから本家で守護でもある赤松満祐が反発してひと騒動起きたこともある。一門の中から将軍の近習を多く輩出することは大名家の全体的発言力を増すという効能もあったが、惣領にあたる大名にとっては迷惑な話で、同族をまとめあげる上では大きな阻害要因となった。

将軍の近習はこうした守護クラスの大名の一門や、もとからの足利氏の被官出身の人々、さらには各地に本拠を持つ国人たちによって構成されていたが、足利義教の時代になるとこうした近習のうち上位者を「御供衆《おともしゅう》」としたうえで、それ以外の人々を番に編成して交代で御所《ごしょ》などの警備にあたらせるという体制が整っていく。近習の組織化によって彼らは「奉公衆《ほうこうしゅう》」とか「番衆《ばんしゅう》」と呼ばれるようになり、やがて家ごとにほぼ固定された番に所属して代々継承してゆくようになる（福田一九九五）。

鎌倉公方の管轄下にあった関東のようすもあわせて見てみよう。関東の各地には鎌倉時代以来の有力御家人が並び立っていて、守護がこれをまとめあげるのは難しい状況があった。千葉・小山・結城・宇都宮・佐竹・小田といった大名たちのうち、守護職を持っていたのは千葉と佐竹・結城だったが、常陸守護の佐竹氏は本拠である常陸北部を押さえるのみで、南半には小田氏や大掾《だいじょう》氏が独自の支配を進めており、また下野には小山・宇都宮《うつのみや》・那須《なす》といった大名がいて、守護の結城氏の影響は限定的にならざるを得なかった。こうした大名や一般の国人たちは、鎌倉公方さらには将軍に直接つながる御家人として自らを位置づけつつ、それなりの独自性を保持していたが、中には鎌倉公方のそば近く仕えて勢力を伸ばそうと試みる国人もいた。常陸の宍戸《ししど》氏や下総の海上《うなかみ》氏などだが、こうした国人たちの登場によって鎌倉公方の近習はその数を増し、やがてひとつの政治勢力となっていく。

国人一揆の世界

このように御家人たちは在国する一般御家人と、在京を基本とする当参《とうさん》奉公人に二分されるが、いずれにせよ彼らはそれ相応の規模の所領をもつ一人前の御家人であり、軍事動員や役賦課なども単独でなされる存在だった。しかしより所領規模の小さな領主の場合は、かなりの人数でまとまって「一揆」を構成し、「一揆」単位で幕府に編成される形をとる場合が多かった。たとえば九州の肥前国彼杵《そのき》郡の武士たちは南北朝内乱の中で一揆を結んで、さまざまな軍勢催促などに応じており、九州探題の今川貞世（了俊）から兵糧料所《ひょうろうりょうしょ》を預けられたりもしている。また彼杵一揆の後身と考えられる南方《みなみかた》一揆は、応永十九年（一四一二）に九州探題が上洛している間に博多を警備する番役を仰せつかっている（福田一九九五）。一揆は一般の御家人と同様にひとつの単位として扱われているのである。

応永七年（一四〇〇）に信濃で守護の小笠原氏と一戦を交え、これを追い払った「大文字一揆」も有名である。信濃には多くの国人たちが並び立っていて、これをまとめるのは至難の業だったが、幕府から守護職を与えられた小笠原長秀に対し、村上《むらかみ》・海野《うんの》・高梨《たかなし》・井上《いのうえ》といった国人たちと「大文字一揆」が協力して決起し、戦いに勝利を収めている。大文字一揆の構成員は仁科《にしな》・禰津《ねづ》・春日《かすが》氏の一党などをはじめとする中小武士で、村上や海野のような一人前の国人とは違っていたから、結集して一揆を作り、ひとつの政治勢力となって活動したのである。このとき大文字一揆は守護に敵対するという行動をとっているが、これは決して幕府への反抗ではなく、むしろ小笠原を排除して幕府と直接結びつこうとする行動ととるべきであろう（福田一九九五）。

鎌倉府管下の関東でも国人一揆が広く組織された。もともと関東には白旗《しらはた》一揆・平《たいら》一揆・藤家《とうけ》一揆といった同族連合の一揆があり、このうち武蔵や上野の武士たちで組織された白旗一揆は鎌倉府の軍事編成の一翼を担いつつ活動を続けた。しかしやがて一揆は同族組織という性格を乗り越え、血筋にかかわらず広く地域の武士たちを結集する形で作りなおされ、「上州《じょうしゅう》一揆」「武州《ぶしゅう》一揆」とよばれる組織が登場するようになる。永享七年（一四三五）当時常陸の二つの郷を上州一揆が知行していたことが史料にみえ、上州一揆は鎌倉公方から所領を給与されるような単位だったことがわかる。上州一揆は鎌倉公方に従う立場にあったが、守護の上杉氏との関係を取り結ぶことも必要で、比較的有力な武士の場合は一族の中から守護の被官になる人を出している（峰岸一九八九）。

このような一揆がこの時代には列島各地で結成され、恒常的に引き継がれることも多かったが、一揆を運営するためにメンバーが集まって契約を結び、それを「一揆契状《いっきけいじょう》」の形で文書に残すこともしばしばなされた。そのなかでもことに詳細な規定をもつのが九州肥前の松浦党《まつらとう》の一揆契状である。応安六年（一三七三）に宇久《うく》・青方《あおかた》などの五島《ごとう》列島の武士たちによって一揆契状が作られたが、このメンバーの中で争いが起きたりしたときには、みんなで談合して「多分《たぶん》の儀《ぎ》」で決めることとする、不服があってもこれに従うようにという規定がみえる。多数決というのは日本の文化にはなじまない印象があるが、結論がつかなければ多数決という方法をとることが明言されているのである。

永徳四年（一三八四）には平戸あたりの武士たちも広汎に参加して一揆の契約がなされた。何事が起きても一人で独断専行に走らず、みんなで相談してことを決めるようにする、市町や路頭で喧嘩や騒ぎがおきたときにも、一揆の面々が馳せ集まって理非《りひ》を取り調べ、その上で沙汰を下す。各自が勝手な行動をしないで、みんなで相談して問題を解決しようというのが立法の主眼だったが、これに続いて領内の百姓や下人についての規定もみえる。地頭への上納物が納められなくなったりして百姓が逃散《ちょうさん》したとき、ほかのメンバーはこれを領内に抱え置いてはならない。また下人が主人から離れてほかの村に居住し、もとの主人が訴えてきたときには、法に従って下人を彼に引き渡すように。一揆を構成している地頭たち同士の争いだけでなく、それぞれの領内の百姓や下人の問題についても、この一揆契状には盛り込まれていたのである。

ところで嘉慶二年（一三八八）に作成された下松浦一族の一揆契状では、逃散した百姓の取り扱いについてやや異なる規定をしている。先にみた契状では、地頭への上納物を滞納したり、あるいは理由もなく逃散した百姓はもとの地頭に引き戻すようにとあるが、ここでは「もしもとの地頭に対して不忠のことがなく、年貢などもきちんと納めていれば、逃げ込んできた百姓を扶持《ふち》してもかまわない。ただし年貢未進などがあったら扶持してはならぬ」という規定になっている。年貢さえ払っていれば百姓は他所に移ってもかまわないという論理がここにはみえるが、明徳三年（一三九二）の松浦党の一揆契状では「百姓が逃散したとき、もとの領主から訴えがあったなら、是非を論ぜずに領主のほうに返すように」というとりきめになっている。もとの領主が放置すればかまわないが、もしもこちらに引き渡してほしいと訴えてきたら、百姓が年貢未進などをしていなくても返還しなければならないということになったのだが、いずれにせよこうしたゆれがみえることは注目すべきである。領主と百姓の関係をどうとらえるべきかというのは難問で、なかなかきちんと決められなかったのだろう。

益田兼見の置文

このように国人たちのありようはさまざまだったが、いずれにせよ彼らは固有の所領を持つ存在で、自らの所領を維持し、あわよくばこれを拡大させることがなによりの課題だった。一定の所領規模を維持させなければ幕府に対する役負担もままならなくなるから、所領の維持は基本命題だったが、実はこれがそれほどたやすいことではなかったのである。もともと御家人たちの所領配分にあたっては、いわゆる嫡子《ちゃくし》にすべてを相続させるという方法はとられず、男女を問わずに子供たちに分配するのが一般的だった。列島各地に地頭職をつぎつぎに与えられているような時代には、こういう方式もありえたし、こうしておけばそれぞれの子息たちが不満を持つこともなかった。しかしやがて所領が固定化し、それほどの拡張が望めなくなってくると、こうした分割相続は問題を露呈することになる。子供たちへの所領配分を繰り返していけば、一門をまとめる惣領の所領はひたすら少なくならざるをえないからである。

こうしたこともあって、しだいに嫡子が所領のほとんどを相続する形が広がっていくが、そうすると配分にあずかれない兄弟たちが不満を持ち、一族の内部紛争が起きてしまう危険性もあった。所領の縮小をくいとめながら、しかも一門の抗争も防止しなければならないという、なかなか難しい問題に国人たちは直面していたのである。

永徳三年（一三八三）の八月、石見国の有力国人である益田《ますだ》兼見《かねみ》は、益田《ますだ》本郷《ほんごう》（島根県益田市）をはじめとする所領を子息たちに譲与する約束をしたが、今後のことも含めてくわしい決めごとを列記した置文《おきぶみ》を書き残した。嫡子の兼世《かねよ》、次男の兼弘《かねひろ》、三男の兼政《かねまさ》が所領配分を受けていて、兼世は本領である益田本郷以下の四ヵ所を譲られ、兼弘は東山道郷《ひがしせんどうごう》以下三ヵ所、兼政は北山道郷を与えられたが、二人の弟はこのほかに益田本郷の中に小さな所領を持つことになった。本領の益田本郷全体の地頭職は

表1　益田兼見の所領配分

嫡子兼世分	次男兼弘分	三男兼政分
益田本郷 納田郷内岡見村 弥富名 長野荘内飯田郷	東山道郷 益田本郷内久々毛村・大谷・平原 伊甘郷 乙吉・土田両村	北山道郷 益田本郷内得原右近允名

惣領が持ち、そのうちの一部を弟たちが分配されるという形であるが、こうしたことは昔からよくなされていた。三人の兄弟が所領を完全に分けるのではなく、本領の中にそれなりの取り分をもつことで、一族としての一体性を保とうとしたのだろう。三人の兄弟に配分する形をとっているが、もちろん惣領の兼世の所領が最も大きく、次男・三男の順で分け前は少なくなっている。

所領配分について書いたあとで、具体的な条目《じょうもく》に移る。さまざまな御公事《みくじ》や軍役《ぐんやく》は惣領の兼世がとりまとめ、弟たちは兼世の指示に従ってそれぞれの分を負担せよと書き、さらに続ける。「弟たちは兼世に背いてはならない。また兼世は弟たちを扶持して、やさしい気持ちでいるように。他人の振る舞いを見てみると、だいたい兄弟や親類の確執や不和から事が起き、所領から離れたり家を失ったりしている。とにかく水魚の思いで一味同心し、なにごとも相談してやっていくように」。ほかの家のようにならないためにも、一門の和融が必要だと、父親は子息たちに説いたのである。

この置文には将来のことについての規定もみえる。もし惣領の兼世に子孫がいなかったら、兼弘の子孫の中から人を選んで相続させよ。そのとき兼弘の子孫がいなかったら、兼政の子孫の中から相続人を選べ。それから兼弘や兼政の子孫が絶えたときには、彼らの所領は惣領が知行することにせよ。このような形で兼見はあとあとの相続についてもご丁寧に取り決めているのである。この規定からわかるように、とにかく必要なのは惣領家を保つことで、もし直系が絶えたら近い一門から跡取りを迎えるという方法がとられた。庶家にあたる兼弘や兼政の子孫については、たとえ断絶したとしても問題はなく、その所領は惣領のもとに戻されればよかったのである。

さらにこの置文には女子たちの所領についての規定もある。女子の所領については別に譲状《ゆずりじょう》を書いてとりきめていたが、この置文の中で兼見は「女子の所領は一期《いちご》（一代）だけなので、そのあとは惣領のところに戻すように」と規定している。男子の場合は譲られた所領を子孫に継承させることが認められていたが、女性の所領は一代限りで、彼女が死去したあとは惣領家に回収されるというのが、この時代には一般的になっていた。自分の男子に所領を譲ってしまえば、大切な所領が他家に移ってしまうから、一門の所領の確保のためにこうしたきめごとが定着することになったのである。

真壁顕幹の譲状

益田兼見の場合は三人の子息にそれなりに所領を配分することができたが、所領分割を避けて嫡子にほとんどを譲り渡すケースがやはり多かった。応永十一年（一四〇四）の十二月、真壁顕幹《まかべあきもと》は嫡子の秀幹《ひでもと》にあてて譲状をしたため、代々相伝している常陸国真壁郡（茨城県桜川市）内の九つの郷を譲りわたすと約束しているが、多くの弟たちの中でも泰幹《やすもと》は秀幹とともに孝行を尽くしてくれているので、九郷のうち一郷を割き与えるから、何事においても兄と談合して「水魚」のごとくせよと命じ、またほかの兄弟には特別の郷村を与えないから、自分が死去したあとの後家《ごけ》（未亡人）や兄弟姉妹たちの給分については、秀幹と泰幹が相談して取り決めるようにとしている。そしてそのあとには益田の置文と同じように将来にかかわる取り決めが書かれる。「もし泰幹に子がなければ、秀幹の子を跡継ぎにせよ、秀幹に子がないときは泰幹の子に跡目を継がせよ」。

このとき顕幹は病気かなにかで将来をおもんばかり、こうした譲状をしたためたわけだが、実際に所領を手渡したわけではなかった。そして応永十六年（一四〇九）になってあらためて仮名書きの証文を書き残す。「代々の手継《てつぎ》証文は、皮の袋に一つ、葛籠《つづら》に一つ、錦の袋に一つ、布の袋に一つ、それぞれ入っているが、これをみなまとめて秀幹に渡すことにする。もしもの時の用意のためだ」。自分に万一のことがあったときに問題がおきないように、あらかじめ嫡子と定めた秀幹に相伝文書をまとめて手渡したのである。

こうしておかないとほかの兄弟たちが何をするかわからないという心配があったのだろう。「もしもこの処置に文句を言ったら、これまでに約束した譲与の件はなかったことにする」とここで顕幹は念を押している。ここまでの間に多くの子息たちにそれなりの土地を譲るという約束をしていたのだろうが、もしも秀幹の所領相続に異議を唱えるものがいたら、いったん出した譲与の約束を反故《ほご》にすると宣言したのである。そして「もし秀幹に不慮のことがあったら、孫の永寿丸《えいじゅまる》があとを継ぐことにする」と顕幹はわざわざ付け加えた。秀幹以外の子息たちが惣領の座につくことを、なんとしてでも阻止しようとしたのである。

ところで顕幹の秀幹への譲状はもう一つある。年月日がないので詳細はわからないが、竜蔵主《りゅうぞうす》という子息に少々所領を譲ったが、自分に対して不義があったので悔《く》い返《かえ》して（返還させて）、すべて秀幹に譲渡する。どんどん所領を分けてしまったら、「公方の御大事」とつとめられなくなるので、ほかの男女に与えた譲与の約束もすべて反故にするとここには書かれている。御家人としてのつとめを果たすためにはこれ以上の所領分割は避けねばならないと、顕幹は考えていたのである。

所領と人の支配

このように当時の国人領主たちは、代々継承されるべき所領の維持をなによりの課題としていたが、彼らの所領支配の具体像はなかなかつかめない。関東や九州などでは中央の公家や寺社の勢力が及びにくいので、郷村の地頭職をもつ国人による一円的支配がなされるのが一般的だったようだが、畿内やその周辺では公家や寺社の荘園もまだ残り、また守護勢力の台頭もみられたから、国人たちの所領の構成も複雑なものだったようである。具体的な状況はなかなかわからないが、川岡勉が紹介した備後の山内氏の事例は、所領支配の中身に迫る貴重な素材であるといえる（川岡二〇〇二）。

山内氏はもともと相模出身の御家人だったが、南北朝期には中心的な所領だった備後国地毘荘《じびのしょう》（広島県庄原市）の本郷に定住するようになり、備後の有力国人としての歩みを始める。列島各地に所持していた散在所領が維持できなくなったこともあり、山内氏は本拠である地毘荘の経営に専念することになるが、こうした中であらたな支配地のひろがりがみられるようになる。地毘荘は領家方と地頭方に分かれており、山内氏は地頭方を支配するのみだったが、領家方の荘園領主との間で契約を結んで、自ら代官として支配にあたるようになった。またあらたに入部した守護の山名氏に従って活動する中で、地毘荘やその周辺で守護から多くの給地を与えられた。こうした多様な形で山内氏の所領支配はひろがりをみせ、もとからの本領、領家分の請地、守護から宛行われた給分という三つのものをあわせもつ形で、結果的には地毘荘全体をその勢力下に置くことになったのである。

地域的なひろがりだけでなく、所領支配の中身についても、山内氏の場合は具体的にわかるてがかりがある。永徳三年（一三八三）の地毘荘本郷の鎮守八幡宮の放生会《ほうじようえ》のときに、郷内のどこからどれだけの米を出すか列記した注文が残されているが、これから当時の地毘荘本郷の内部の状況をうかがうことができる。必要な米は六石二斗一升だったが、このうち一石八斗八升四合五勺は滑《なめら》氏をはじめとする庶子家の知行分から供出された（ここからはほかに銭が二四六文出されている）。残りの四石三斗二升五合五勺分が山内氏の惣領の支配分にかかってくるが、その中には百姓たちの所持する「名《みよう》」と「地頭名」「公文名」、さらには「山下殿」「うゑき殿」「田原殿」「中垣内殿」といった殿原《とのばら》たちの知行分というような、さまざまな形の田地があったことがわかる。このように地毘荘本郷は惣領分と庶子分に分かれ、惣領分には数多くの百姓名とともに、地頭名や公文名といった領主的な名、さらに惣領に仕える殿原たちの知行分などがあったのである。

このように国人の所領の中にはさまざまな人々の権益が混じりあっており、彼らが一体となって鎮守八幡宮の祭礼に協力する体制が築かれていたことがわかる。百姓たちもいっしょになって領主支配を支えていたわけだが、ひとつ注目されるのが「山下殿」「うゑき殿」といった殿原たちの存在である。「殿」つけで呼ばれる彼らは、おそらく山内惣領家に仕える郎党《ろうとう》たちで、主人から給分をもらっていたのだろう。彼らは山内氏の家臣の中核としてさまざまな役割をこなし、いざ戦いともなれば主人に従って戦場に赴く存在であり、また所領支配にも大きく関わっていたものと思われる。

ところで先に見た益田兼見の置文には、こうした家臣についての規定もみえる。ここでは「扶持人」と表現されているが、「給恩《きゆうおん》の多い少ないで恨みをもったり、奉公のしかたに問題があったりするものもいるだろうが、忠義の心が疑わしくても褒美《ほうび》をやり、罪科が明白でも許してやるように」と彼らを大切にせよと諭しているのである。

応永十年（一四〇三）二月のこと、安芸の熊谷宗直《くまがいむねなお》は家人《けにん》や中間《ちゆうげん》たちのことについて列記した置文を認《したた》めた。桐原・恒松・袴川の者たちは、「重代相伝の家人」だから、よくない振る舞いがあって領内から退去したとしても、なんとかこれを引き戻すように。「中間」をつとめている小六や水落刑部入道・林下入道・弥三郎は「重代相伝の下人」だから、その子孫や一族が出ていっても、この法に従って引き戻し、召し使うように。「重代相伝の家人」「重代相伝の下人」である人々の子孫が領内からいなくなることを、宗直はまえもって防ごうとしていたのである。ここで「家人」と呼ばれている桐原以下は郎党・殿原クラスで、より身分の低い「中間」は熊谷氏の「下人」だったのである。

伝統的な国人領主の場合、早い時期に分出した庶子家も多く、こうした庶子家をどう統制するかが惣領の課題となっていたが、室町幕府が惣領を対象として軍事動員や役賦課を行ったことも作用して、庶子たちの自立性はしだいに失われていった。そしてこれと並行して、惣領家の家臣たち（家人・郎党）がその力を伸ばしてゆく。先に登場した常陸の真壁秀幹は、やがて鎌倉公方足利持氏の討伐の対象となって居城を落とされ、所領没収の憂き目にあうことになるが、このとき真壁氏の相伝文書を預かって隠し持っていたのは竹来《たかく》左衛門入道《さえもんにゅうどう》・河田《かわた》伊豆入道《いずにゅうどう》といった譜代の家人たちだった。このあと真壁氏では氏幹と朝幹という二人の争いが始まるが、竹来と河田がこの文書を朝幹のところに持参し、朝幹は相伝文書を手に入れることができた。長岡《ながおか》・白井《しらい》・飯塚《いいづか》といった庶子家の面々が氏幹方に加担するが、結局のところ朝幹が勝利を収め、長岡らの一門は没落を余儀なくされた。伝統ある庶子家は力を失い、惣領の家臣たちによって政治がリードされるようになっていったのである。

五　地域社会と人の動き

1—領主・代官・百姓

荘園制の再編

日本の中世は「荘園制《しょうえんせい》」の時代だとよくいわれる。「荘園」について説明するのは難しいが、中央の貴族や寺社、さらには新興の武家勢力が私的に所有した権益で、平安末期から鎌倉期にかけて全国的に広がっていった。最初は京都にいる天皇家や、摂関家をはじめとする公家たち、さらには延暦寺《えんりゃくじ》・東寺《とうじ》・醍醐寺《だいごじ》・東大寺《とうだいじ》といった大寺院が列島各地に自らの経済基盤として荘園を設定してゆくが、鎌倉期になると荘園の経営に「地頭《じとう》」が参入するようになる。鎌倉幕府の将軍に従う御家人《ごけにん》たちが京都の荘園領主（領家《りょうけ》・本家《ほんけ》）の支配を補助するという名目で現地支配に関与しだし、年貢を上納するかわりに一定の得分《とくぶん》を手にするということが一般化してゆく。荘園領主（貴族や寺社）の側が自分の配下を荘官《しょうかん》として送り込んで管理にあたらせることもあったが、地頭が年貢の収納を請け負うことも多かった。いずれにせよこの時代の荘園はある特定の人によって完全に支配される形にはなっておらず、本家・領家・地頭がそれぞれの得分を獲得しながらいっしょに支配していたのである。

しかし武家勢力の台頭によってこうした関係はやがて破綻をきたす。力を強めた地頭が決まった年貢を上納しない事態が恒常化してゆき、領家と地頭の関係は悪化の一途をたどって、訴訟に発展することも多くなる。こうした中で、地頭が領家に年貢を上納する方式を改め、領家と地頭で土地と百姓を折半して、それぞれ独自に支配を行う形にしたほうがいいということになり、いわゆる「下地中分《したじちゅうぶん》」が各地で行われ、領家分と地頭分が空間的に分離されるようになっていく。

鎌倉後期にはほとんどの荘園や郷《ごう》が領家（貴族や寺社）の支配部分と地頭（武家）の支配部分に二分され、それぞれの領主が独自に支配を進める形になっていく。こうした所領を「一円領《いちえんりょう》」「一円地《いちえんち》」とよぶが、公家領である「本所《ほんじょ》一円地」、寺社領の「寺社一円地」と、武家領の「武家一円地」に列島全体が覆われるようになっていったのである。

もともと荘園領主のほとんどは京都にいる貴族や寺社で、列島各地の富が京都に集められる形になっていた。そして鎌倉幕府が成立すると鎌倉にいる御家人たちも地頭として支配に参入したので、鎌倉も各地の生産物の集積する都市となっていった。さらに鎌倉の御家人たちは列島各地にあらたに所領を与えられ、遠く離れた多くの所領をまたにかけて支配した。ある特定の地域に所領が集中することは少なく、列島各地にきわめて分散的に配置されていたというのが、鎌倉期の特質だったが、やがてこうした所領支配は難しくなってくる。

鎌倉の円覚寺《えんがくじ》は尾張《おわり》の富田荘《とみたのしょう》(名古屋市中川区ほか)・篠木荘《しのきのしょう》などの所領をもっていたが、鎌倉から遠いこうした荘園では、新興の武士たちの侵略をくいとめることができず、荘園支配は危機に瀕していた。なんとか不知行化をくいとめようと守護《しゅご》に働きかけ、ときには寺の財産として秘蔵していた唐絵《からえ》を守護や関係者に進上したりしていたが、所領を侵略している武士の多くが守護の被官《ひかん》だったこともあって、こうした工作も功を奏さず、応永《おうえい》三年(一三九六)に円覚寺は富田荘の当知行分を幕府政所《まんどころ》頭人《とうにん》の伊勢《いせ》貞信《さだのぶ》に渡すかわりに、伊勢が持っている上総《かずさ》の所領をもらうという契約を成立させ、富田荘を完全に手放すことになった。このような所領交換を「相博《そうはく》」というが、遠隔地所領の支配に行き詰まった領主たちは、互いにこうした契約を結んで自分の根拠の近くで所領を確保しようとしたのである。

列島各地に所領を広げていた武士たちは、自分の根拠地の近くに所領を集中させながら支配を進め、円覚寺のような鎌倉の寺院も、鎌倉公方《かまくらくぼう》から新たに関東内部で所領寄進を受ける形で経済基盤を確保した。そして京都の貴族や寺社も、遠方の荘園はほとんど失ってしまうが、畿内やその周辺においてはそれなりに荘園経営を維持し、一定の収益を確保することに成功した。足利尊氏《あしかがたかうじ》によって創設された幕府が京都を拠点と定め、朝廷や公家社会、さらには伝統的な寺社とも協調関係を築こうとしたことは、京都の荘園領主がそれなりに存続できた大きな要因だった。幕府のもとに従う各地の武士たちは、荘園を脅かしかねない存在で、各地の支配を担当した守護も、内乱の中にあって兵粮米《ひょうろうまい》の確保のために年貢《ねんぐ》の半分を収奪することもあった。しかし内乱の鎮静化とともにこうしたことは少なくなり、守護やこれにつらなる勢力の行動にもブレーキがかかる。基本的には守護は将軍から任命される治安維持の役であり、管国の武士たちの荘園侵略にあたっては、これを阻止する役割を帯びていた。押領《おうりょう》を繰り返していたのは守護の被官が多かったから、守護が積極的にこれを取り締まることはあまりなかったが、それでも秩序維持を本務とするという意識は守護の行動を大きく制約し、彼らは貴族や寺社の荘園支配をそれなりに補助する役割を果たすことになる。

こうして荘園と「荘園制」という支配のシステムは、南北朝内乱を経ても解体することなく再編を遂げ、年貢収納もそれなりに実現されていった。荘園が生まれてかなりの歳月が経過しているため、領主と百姓の関係も希薄になっていたが、自らの配下や地域の有力者を代官に任命して現地の管理にあたらせる形で荘園支配はなされていったのである。

矢野荘の代官と百姓

播磨《はりま》の矢野荘《やののしょう》（兵庫県相生市）はもともと天皇家の荘園で、鎌倉末期に東寺に寄進されたが、悪党《あくとう》の台頭によって東寺の支配は順調には進まなかった。しかし東寺はこうした悪党勢力の排除になんとか成功し、貞和《じょうわ》元年（一三四五）には荘内の検注《けんちゅう》を実施して田畠の実態を把握し、あらたな支配を開始した。そして文和《ぶんな》二年（一三五三）、祐尊《ゆうそん》という名の寺官《じかん》が抜擢されて代官として矢野荘に下向する。このとき彼は二十五歳、これから二〇年以上にわたって現地代官として活躍することになる。

当時の矢野荘が直面していた最大の問題は、守護勢力の伸張という事態にどう対応していくかということだった。戦争にあたって兵粮米を徴収されたり、百姓が軍陣《ぐんじん》に動員されたりすることもあったが、戦争が終息しても課役《かやく》がなくなるわけではなく、さまざまな名目で役銭《やくせん》や夫役《ぶやく》が賦課《ふか》された。このような課役をいかに軽減するかが、名主や百姓たちにとっても切実な問題だったが、伊藤俊一が詳しく解明したように、現地代官の任にあった祐尊は、守護の赤松則祐《あかまつそくゆう》の側室《そくしつ》と考えられる「七々局」や、守護の奉行人をはじめとする多くの関係者と個人的なつながりを作り、こうした人々にそれなりの「付け届け」をしていろいろ工作してもらい、結果として守護役の軽減を実現していった。そしてこうした費用は必要経費として年貢から差し引くという形で領主である東寺に申告する（以下、伊藤俊一一九九二）。

守護から荘園に懸けられる役銭は、本来領主が負担するべきものだから、その分年貢が減るのは当然だということだろうが、これを領主側が簡単に認めるはずもなく、守護役負担のありかたをめぐってしばらくせめぎあいが続いた。しかし貞治《じょうじ》二年（一三六三）になって守護役とこれに関わる出費については荘園領主側と地下《じげ》（荘園の名主《みょうしゅ》・百姓《ひやくしょう》）が半分ずつ負担するということで落ち着くことになる。全額を領主に負担させようという祐尊のもくろみは実現しなかったが、それでも守護役の半分相当分だけは年貢から差し引くことが正式に認められたのである。

守護役を減免させて荘園の一円支配を確実なものとしたという意味で祐尊の領主に対する功績は大

きかったし、名主や百姓にとっても、半分とはいえ守護役負担を領主側に押し付け、その分年貢を減らすことを認めさせてくれたわけで、祐尊は恩人といえなくもない。ただこうした形で恩を施しながら、祐尊は自らの名田《みょうでん》をつぎつぎと増やし、敵対する人物の失脚を画策したりして、自己の勢力伸張を露骨に押し進め、百姓たちにもさまざまな労役を課し、つらく当ることが多くなった。こうした中で祐尊と名主・百姓の関係は悪化し、ついに大規模な逃散《ちょうさん》事件が起きることになる。

永和《えいわ》三年（一三七七）正月十四日、矢野荘の名主・百姓たちは神水《じんすい》を飲む儀式を行って団結を確認したあと、一斉に逃散して耕作を放棄し、連署《れんしょ》の起請文《きしょうもん》を作って領主の東寺に訴えた。起請文には代官祐尊の悪行が書き連ねられ、代官を罷免《ひめん》してくれなければ荘に戻らないと書かれていた。領主の東寺に対して不満を述べているわけではなく、攻撃の対象はあくまで代官の祐尊で、代官の罷免を勝ち取るために逃散という強硬手段に訴えたのである。

突然の事態に驚いた祐尊の側も、もちろん直ちに行動に出た。祐尊の甥が使者として上洛《じょうらく》し、また田所《たどころ》の本位《ほんい》田家久《でんいえひさ》も使いを遣わして状況を報告した。しらせを受けた東寺の学衆《がくしゅ》たちは早速評定《ひょうじょう》を開いて相談するが、代官の非法の内容についてはあまり問題にならず、「言い分があったらまずこちらまで訴えて、聞き入れてもらえないときに逃散という手段に訴える、というのなら話はわかるが、こうした順序を踏まずに突然逃散したのはけしからん」というのが大方の意見で、代官の祐尊や田所家久に対して、とにかく早く百姓を荘内に引き戻せと命を下した。領主である東寺にとっては、百姓

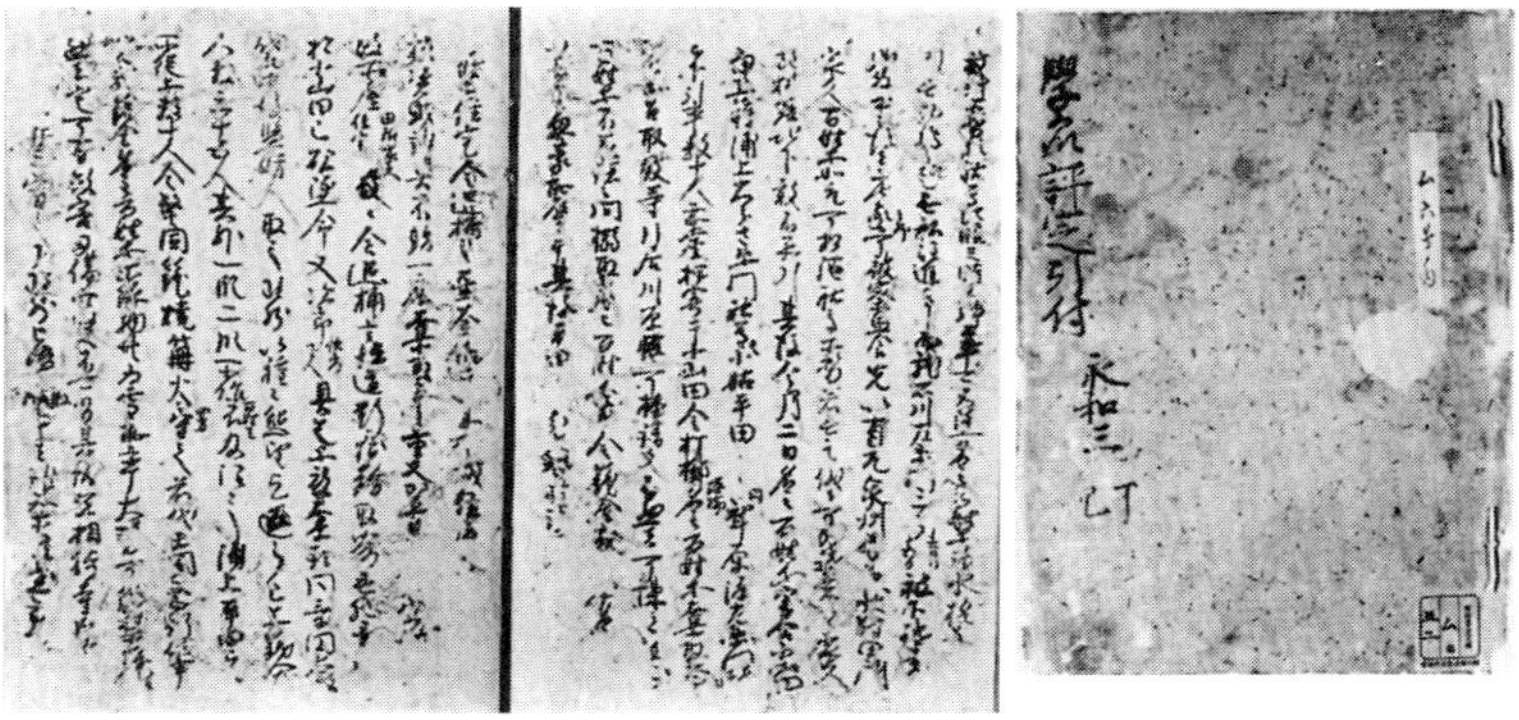

図41　東寺学衆方評定引付（右，永和3年表紙，左，同年12月8日条）

の逃散によって耕作不能になり、年貢が上納されなくなるのがなにより心配だったのである。

しかし百姓たちが簡単に戻ってくるはずもなく、事態は好転しないまま収納の時期を迎えてしまう。東寺からも使者が現地に何度か下向して百姓たちと問答するが効果はなかった。一方の祐尊も強硬姿勢を貫き、逃散百姓の張本人を捕まえて籠舎《ろうしゃ》に入れるとまで言い出した。さすがにこれは東寺の聞き入れるところとはならなかったが、百姓をこらしめたことによって年貢が払えなければ公文職《くもんしき》を没収されてもかまわないと祐尊が誓約したこともあって、八月になって東寺側も逃散百姓の家を押さえ込むことを認めた。一二人の百姓があきらめて帰り、年貢の一部が祐尊によって上納されたことで東寺側も少し気をよくし、祐尊に有利に事は運んでいるように見えていた。

しかし十二月になって事態は一変する。東寺の使いとして矢野荘に下向していた乗円《じょうえん》が現地の状況を事細かに報告したが、その内容は壮絶なものだった。前々通り祐尊の指示に従って耕作に励むようにと田所家久らが説得したものの、百姓たちは承知しなかったが、こうした中、祐尊の関係者が実力行使に及んだのである。十二月二日に名主・百姓らが小山田に集まって会合していたが、守護方の浦上太郎左衛門《うらがみたろうざえもん》と、祐尊の小舅にあたる平田《ひらた》、祐尊の婿の源左衛門《げんざえもん》らが、数十人の悪党を率いて小山田に押し寄せ、百姓たちに襲いかかって刀を奪い取り、彼らを河原まで引っ張っていって、「きちんと誓約書を書け、さもなくば殺してしまうぞ」と脅しをかけた。それでも百姓たちが承諾しなかったので、結局三五人の百姓が籠舎に入れられることになった。

乗円の報告はこのようなもので、「浦上や平田の家来たちが籠舎を警固しているが、つかまっている百姓たちの縁者が攻め込んできて刃傷《にんじょう》沙汰が起きかねない状況だ」と、緊迫したようすを伝えていた。さすがに驚いた東寺の学衆たちは、ただちに祐尊の代官職を没収して、年貢を直接東寺に納めるようにと百姓たちに指示することにした。浦上をはじめとする守護方の人々と祐尊は話をあわせて、いざとなったら武力で百姓たちを押さえつけようと考えていたが、浦上や自分の親類たちが分を越えた行動をしてしまったために立場を失ったのである。祐尊はその後しばらく抵抗していたが、翌年には二五年にわたって活躍した矢野荘を去ることになる。

康暦《こうりやく》元年（一三七九）、あらたな代官として明済《みようさい》という寺官が矢野荘に入部《にゆうぶ》する。彼も十数年代官として活動し、それなりの実績を挙げるが、百姓との関係構築は難しく、祐尊と同じようにやがて弾劾されるようになる。明徳四年（一三九三）十二月、百姓たちは団結して逃散を試み、明済の非法を東寺に訴えた。自分が持っている一一の名から公事《くじ》を納めないことが第一の問題で、代官の既得権に対して百姓たちが疑問を抱きはじめていたことがうかがえる。明済は東寺からの使者や田所家久と協力して逃散百姓の家を押さえるという強硬手段をとりつつ百姓との和睦《わぼく》も進め、危機を乗り切るが、百姓との対立関係は払拭されず、数年後には矢野荘を去らねばならなくなる（伊藤俊一一九九七）。

祐尊にしても明済にしても、力量ある有能な代官で、東寺にとっても功績抜群の人物だった。そういうこともあってかなりの自信をもち、自らの権益拡大を押し進め、守護勢力との関係も築きあげていたわけだが、これが名主・百姓との摩擦の原因となっていく。一味団結した逃散によって百姓たちは代官の恣意的な支配を阻止することに一定度成功するが、こうした強訴《ごうそ》はやはり非法であり、領主の東寺の理解を得られるものではなかった。百姓たちはある程度の年貢未進をしていたようだが、領主支配そのものを否定することはできず、代官の非法を訴えるのが関の山だったのである。

佐々目郷と佐坪郷

矢野荘で代官明済に対する百姓の逃散が繰り広げられていたころ、遠く離れた関東でも百姓たちの年貢未進や強訴の動きがめだつようになっていた。鎌倉の鶴岡八幡宮《つるがおかはちまんぐう》における外方供僧《とかたぐそう》の衆会《しゅうえ》の記録である『鶴岡事書日記《ことがき》』には、八幡宮の所領における百姓や代官の動きと領主側の対応が詳しく書かれているが、武蔵《むさし》の佐々目郷《さ447めごう》（埼玉県戸田市ほか）や上総の佐坪郷《さつぼごう》（千葉県長生郡長南町）などで年貢減免の訴えが毎年のようになされ、八幡宮の側も対応に苦慮していたことがよくわかる。

武蔵の佐々目郷は入間川《いるまがわ》に面した大きな郷で、鶴岡八幡宮にとってなによりの経済基盤だったが、百姓たちが旱魃《かんばつ》や水損《すいそん》を理由に決まった年貢をなかなか納めてくれない状態が続いていた。応永元年(一三九四)も不作だという情報があり、年貢収納は危ぶまれたが、八幡宮の供僧が四人現地に下向して催促にあたったことが功を奏して、年貢はおおよそ納められた。しかし翌応永二年になって百姓たちが年貢減免のための強訴を企てているらしいという知らせが届き、八幡宮の側も強硬手段に訴えることになる。強訴を未然に防ぐために、まずは張本人の百姓に出頭命令を出して、彼らがのこのこ鎌倉にやってきたら、つかまえて八幡宮の籠舎に入れておくことにしようとしたのである。こうした強硬手段をとらなければまともに年貢は来ないだろうというのが領主側の意識だった(以下、田代一九八六)。

出頭すべき百姓は一五人とされ、名前を書いた注文《ちゅうもん》が佐々目の政所(代官)のもとに届けられたが、百姓たちがおとなしく命令に従うはずもなかった。その後四人の供僧が現地に下向してある程度の年貢収納を実現し、翌年もほぼ同様だったらしいが、応永四年(一三九七)は旱魃のためにかなりの不作となり、満足な年貢はもたらされなかった。翌応永五年は去年よりは作柄《さくがら》がいいという風聞《ふうぶん》が流れてきていたが、百姓たちが特に不作のところを持ち出してきて、佐々目郷全体がこんなものですと主張したために、やはり満足な収納は望めない状態になっていた。そこで領主側はまた百姓の召喚《しょうかん》を考えつき、一〇人の百姓を鎌倉に召しだすようにとの命令が政所あてに下されることになる。

前回は黙殺した百姓側も、まったく無視するわけにもいかず、五人だけ鎌倉に向かって出発するが、八幡宮の側は残りの五人が来ないことを問題にしだし、この五人にあらたに五人を追加した一〇人の百姓の名前を書いた注文を作って、ここに記した百姓たちをつかまえて府中《ふちゅう》（東京都府中市）まで連れていくようにと指示した。府中は武蔵の守護所で、守護上杉《うえすぎ》氏配下の武士たちが結集していた。所領からの年貢収納と百姓たちの取り締まりを果たすために、鶴岡八幡宮の側は守護勢力の協力を求めていたのである。

五人の百姓を監禁した状態で、現地で百姓との交渉が続けられたが、結局は一年限りという約束で、百姓の要求どおり半分以上の減免を認めざるをえなかった。不作の状況は続いていて、無理な収奪は不可能と判断したのだろう。ただ命令に従わず出頭しない一〇人については、きちんと府中まで連れていくようにと政所に重ねて命令している。しかし百姓たちは動かず、十二月になると鎌倉にいた五人の百姓が籠舎を破って逃げ帰ってしまう。百姓を人質として押さえつつ、府中の守護勢力の協力もとりつけて年貢を確保しようとした八幡宮だったが、思ったような成果は出せなかったのである。

同じ頃上総の佐坪郷・一野村《いちののむら》でも百姓たちの年貢減

表2　出頭命令を受けた佐々目郷の15人の百姓

右馬三郎入道浄阿弥
藤内次郎入道長阿弥
弥藤太郎入道宗円
又三郎入道妙禅
平内太郎入道蔵教
五郎三郎入道本阿弥
鹿嶋大夫
七郎三郎入道道久
孫次郎入道性宝
彦八入道実賢
太郎次郎
安藤四郎入道唯法
浄　円
三郎次郎
五郎次郎

免の運動が続けられていた。佐々目郷の場合は作柄によって年貢額は変動していたが、佐坪郷では豊凶にかかわらず決まった年貢を上納するという契約が領主と百姓の間でなされており、毎年同額の年貢（秋年貢）が納められることになっていた。しかし旱魃に襲われた応永四年になって、百姓たちが年貢を減らしてほしいと訴えてきたのである。政所（代官）の平田《ひらた》彦六実次《ひころくさねつぐ》がこれを鎌倉まで注進《ちゅうしん》するが、「豊作でも凶作でも決まった年貢を納めることにしたいと、先年百姓たちが申請してきたので、そのように定め置いたのだから、旱魃で不作になったから年貢を減らしたいというのは理屈に合わない」と八幡宮の側はつっぱねた。ただこの年は大変な不作だったので、さすがに要求を全面的に無視するわけにもいかず、一年だけという約束で一割だけ減免ということにした。田地《でんち》一反につき三斗《と》というのが先の契約で決められた年貢量だったが、これを一反につき二斗七升《しょう》に減免してやることにしたのである。

この一割減免は一年限りという約束だったが、翌年も翌々年も、百姓たちは反別二斗七升分だけしか納めてこなかった。三年目になった応永七年（一四〇〇）、きちんと反別三斗分を上納せよと領主側は迫るが、百姓たちは「三斗代のうち三升は運賃・船賃料で、始めから免除されているはずだ」と主張しだした。政所の注進に接した八幡宮の供僧たちは、貞和五年（一三四九）の記録と観応《かんのう》二年（一三五一）の百姓たちの連判押書《れんぱんあっしょ》（申請書）に「反別《たんべつ》三斗三升代」とあるから、運賃・船賃が三斗代分とは別であることは明白だとして、きちんと満額納めるように迫った。

いろいろ工夫をこらしながら年貢減免を求める百姓と、あくまで満額回答を迫る領主の間に立って、代官も苦労するが、反別二斗九升分ということで百姓たちと話をつけ、鎌倉の八幡宮に注進した。反別三斗にこだわるべきかもしれないが、代官の苦労に免じて減免を許可しようということで供僧たちの話もまとまり、この年は反別一升分の減免ということになる。

佐々目郷でも佐坪郷でも、少しでも年貢の減免を勝ち取ろうと百姓たちは工夫をこらした。しかし領主側も強硬で、張本の百姓を鎌倉の籠舎に閉じ込めたり、守護勢力との協力をとりつけて武力で百姓を押さえこもうとしたりしている。佐坪郷では応永二年（一三九五）にも百姓たちの減免運動があり、領主側の両使が現地に下向しているが、このとき佐坪郷の近所にいる武士たちに対して、もしも佐坪の百姓たちが逃散したらきちんと糾明《きゅうめい》してほしいという依頼がなされている。地域の武士たちと連携しながら所領支配を確保しようと、領主たちは考えていたのであり、百姓たちの運動は武力によって囲いこまれていたといえなくもない。

佐々目郷の場合は政所が現地に不在だったことが多く、それが百姓たちの動きを活発化させていたらしいが、佐坪郷の代官の平田はそれなりに実務をこなし、百姓との交渉も果たしていたようである。平田彦六実次は政所をつとめる中で「岩名手入道《いわなでにゅうどう》」と改名したらしいが、これは一種の身分的上昇ととらえることもできる。「平田」は佐坪の小さな地名だが、佐坪の隣には「岩撫《いわなで》」という独立した郷がある。もともと地域の侍だった平田は、佐坪郷の政所という重職をつとめるなかで功績を認められ、郷の名を名字とすることに成功したのではあるまいか。平田のような地域の有力者は御家人身分の武士の下に置かれ、地頭職などは持てない存在だったが、八幡宮のような権門《けんもん》の所領の代官をつとめることによって社会的な地位と名誉を獲得しようとしたのだろう。そして自らの地位の確保のためにも、百姓たちと交渉を続けながらそれなりの年貢上納を実現させていった。この時代の領主たちの所領支配はこうした代官たちの努力によって支えられていたのであり、百姓たちの年貢減免の動きも無制限に認められることはなかったのである。

日光山領の代官と百姓

佐々目郷でも佐坪郷でも百姓たちの年貢減免運動は続けられたが、百姓たちが一斉に逃散を決行するという事態には至らず、年貢はそれなりに進納された。しかしそれから二〇年ほど経過すると、関東でも百姓の逃散がみられるようになる。応永二十五年（一四一八）のこと、下野日光山《しもつけにっこうさん》の所領である荷所郷《ふどころ》（栃木県鹿沼市）に、三貫六〇文の段銭が賦課されたが、ちょうど川成《かわなり》（洪水で田が失われる状態）がおきていたこともあって百姓たちは上納を拒み、翌年の春になって郷から逃散してしまったのである。領主側は代官の宇塚道慶《うづかどうけい》に対して百姓たちを帰らせるようにと指示し、宇塚の説得が実をむすんで百姓たちは郷に戻り、三貫六〇文のうち半分が免除ということになった。

百姓たちは半分の一貫五三〇文だけ上納して、一件落着といきそうなところだったが、八月になって領主側（日光山常行堂《じょうぎょうどう》の見衆《げんしゅう》たち）が残りの一貫五三〇文を早く納めるようにと催促してきたので、問題が再燃することになる。「半分免除という約束はどうなったのか」と百姓たちは代官の宇塚に迫り、「半分免除という条件を私が勝手に提示して百姓たちを村に戻したのだと非難されている状況です」と宇塚は見衆中に報告した。これに対して見衆の側は、「百姓たちが訴えてきたので徴収を先延ばしするとあなたに伝えたはずだ、秋の収穫の時期になったので催促しただけのことだ」と冷たく返答した。半分は免除したわけではなく、とりあえず滞納を認めただけだから、あらためて催促するのは当然だというのが領主側の論理だった。ここでも領主側は簡単には減免を認めない方針を貫いており、領主と百姓の間にいる代官の立場は微妙なものだった。条件交渉をしてなんとか百姓たちを郷に帰らせたものの、結局は約束通りの徴収をしていないと叱責されてしまうのである。

しかしこの宇塚道慶はなかなかの人物で、簡単に立場を失うことはなかったようである。彼は苻所郷だけでなく、日光山領のかなりの郷の代官を兼任し、「惣政所《そうまんどころ》」と呼ばれる存在だった。さまざまの所領からの年貢をうまく工面しながら領主側の要望に応えていたらしい。

一〇年後の正長《しょうちょう》二年（一四二九）にはやはり宇塚道慶が代官をつとめる西鹿沼郷《にしかぬま》（鹿沼市）で百姓たちの年貢未進が問題となった。西鹿沼郷は常行堂で行われる念仏供《ねんぶつぐ》の供米《くまい》を毎年納めていたが、不作が続いたこともあって年貢未進がおきていた。収納の時期が近づいた七月末、代官の道慶は見衆中におうかがいをたて、西鹿沼郷は不作が続いていて、今年はことに飢饉《ききん》で困っているようだと伝えたが、見衆の側は強硬で、年貢の減免はもちろんできないと答え、去年の未進分も早く払えと迫った。これを受けた道慶は「去年は不作でしたが、なんとか奔走して未進分は進納させたはずです。それなのに少し未進があると聞いて驚いていています」と回答し、未進分の調査を始めた。

今年分については「山本内《やまもとうち》」というところの九斗五升分と、「又六内《またろくうち》」の六斗分の合計一石五斗五升が未進で、去年分の未進は山本内の五升と又六内の六斗の計六斗五升であることがわかった。道慶はこの分はすぐに運送すると見衆中に約束したが、同時に去年の十二月十三日に納めたはずの山本内の九斗分についても書状にしたためている。「このときの升取りは一音《いちおん》という者で、こちらから書状を差し上げたはずです。この書状の取次ぎにあたったのは次郎左衛門《じろうざえもん》で、年貢を納めたのは西鹿沼の起四郎《きしろう》という百姓です。証人としてこの者たちをお届けしますので、事情を聞いてください」。

きちんと納めたはずの九斗分について、まだ未進だといわれたのだろうが、この道慶の書状から当時の年貢納入の実態がわかる。代官の道慶は年貢の催促はするが、実際の収納や運送に直接関与してはいない。収納にあたって米を計ったのは「升取り」で、年貢の運送も郷の百姓が行っていたのである。このとき運送すると約束した二石二斗分についても、百姓たちはすぐには領主に納めなかったらしく、あらためて督促された道慶は「百姓たちにきちんと申し付けたので、納めてくれているものと思っていました」と返答している。代官は年貢を納めるという約束を引き出すだけで、ほんとうに納入したか確かめることはしていないのである。

図 42　年貢の納入（『たはらかさね耕作絵巻』）

日光山領の事例は年貢の収納と運送の実態を伝えてくれる貴重なものといえるが、郷の百姓がまとまって年貢を集めていたわけではなく、あくまで個々の百姓が自分の分だけを、しかも一括ではなく、さみだれ式に上納していたこともうかがうことができる。年貢未進も百姓全体の未進ではなく、あくまで個々の百姓の未進として認識されていたのである。

百姓たちの姿

上総の佐坪郷でも同じような状況だったらしい。応永六年（一三九九）十月に鶴岡八幡宮の供僧たちは佐坪の政所（代官）にあてて年貢上納にかかわる指示を下しているが、この中に「百姓が自分の年貢を上納するときに、他の百姓に誂《あつら》えて運送を頼み、きちんと年貢の受け渡しをして証文をもらわないで、その百姓が逃げ下っているという状況なので、皆納《かいのう》なのか未進なのかわからなくなっている」と、いいかげんな現状が述べられている。きちんとした決済がなされていないことを問題視しているわけだが、百姓の年貢は郷で一括して納められてはいないことがわかるのである。

江戸時代の「村」には庄屋《しょうや》をはじめとする村役人がいて、年貢などの上納の責任をもち、百姓が未進した場合には、その未進分は村の債務になっている。また戦国時代の北条《ほうじょう》領国などでも郷ごとに名主がいてまとめ役になっていたことが知られる。しかしそれ以前の時代においては、郷の年貢を百姓の代表がまとめて取り立てて上納するといったシステムはできあがっていないとみたほうがいいだろう。

佐々目郷でも佐坪郷でも、あるいは日光山領においても、百姓たちはそれなりに団結して年貢減免の運動を行い、場合によっては逃散にふみきることもあった。旱魃や飢饉が続く中、自らの生活を守るためにまとまって努力していたわけだが、だからといって荘園や郷の百姓たちによって強固な共同体が作られていたというわけでもなく、百姓たちはあくまで個別の百姓として領主に把握され、それぞれが独自の行動を起こすこともあるという面がまだ強かったと考えられる。

応永二年（一三九五）四月のこと、源次三郎《げんじさぶろう》という名の佐坪の百姓が突然鎌倉に現われ、八幡宮の供僧に訴えを起こした。大弐房《だいにぼう》という者に自分の妻を奪い取られたというのが訴えの中身だった。この一件がどう決着したかはわからないが、二年後の応永四年（一三九七）には百姓どうしが田の境をめぐって争いを起こす。了道《りょうどう》という百姓が願法《がんぽう》を相手に訴訟を起こしたもので、一野村にある二人の田の境目が問題となっていた。両者の持分は「分田帳《ぶんでんちょう》」によって定められていたが、境目に近い半反分を、願法が自分のほうに取り込んで耕作していると、了道がわざわざ訴えてきたのである。

訴えを受けた八幡宮の供僧たちは、了道の言い分を認めて代官の平田に現地《げんち》検分《けんぶん》と田地の渡し付けを指示、平田もこれを実行して、了道はめでたく勝訴した。ところがその翌月、「百姓了道は無理の強訴に及んで下地を上たてまつったので、法に従って在ざい所しょを追い払うことにする」という指示が代官あてに下されることになる。詳しいことはわからないが、言い分が正しいかどうかはともかく、鎌倉まで乗り込んで訴えたこと自体が問題視され、了道は追放処分を受けてしまったのだろう。

この一件には後日譚がある。半反の田をめぐる争いに敗れた願法は憤懣《ふんまん》やるかたなく、あらためて八幡宮に訴えるという行動を起こした。しかしその訴えは認められず、やはり「無理の強訴」をしたことを咎められて追放の処分を受けてしまう。了道も願法も結局は郷を追われてしまったのである。

わずか半反の田をめぐってここまでやるのはどういうことか。理解しがたいところもあるが、これも当時の百姓の一面ととらえることもできるだろう。不作や飢饉が続く中、田畠の安定的な経営は難しく、これを子孫に伝えていくことはなかなかできなかった。そうした環境の中にあって、子孫に財産を残すために我慢をしようと思わず、感情に任せて自己主張を貫いてしまったのではないだろうか。子孫のことより自分の気持ちや誇りを重んじるというのが、かれらの生き方だったのかもしれない。

地域社会の実像

ここで再び目を西に向け、播磨国矢野荘のその後について榎原雅治の研究に依拠しながらみてみたい（榎原二〇〇〇）。矢野荘はかなり大きな荘園で、その中に若《わか》狭野《さの》・田井《たい》・雨内《あまうち》・西奥《にしおく》・能毛《のうげ》という五つの「村」が谷沿いに存在していた。そしてこれらの村に住んでいる百姓たちの生産活動は、だいたいその村の中で行われ、村こそが百姓たちの生活基盤だったといってもいい状態になっていた。しかしこうした村はまだ支配の単位をして位置づけられることはなく、これらを含みこんだ荘園というものが領主支配と、それに対する抵抗にあたっての基本単位になっていたのである。

そして代官や田所といった荘官たちは、特定の村に基盤をもつわけではなく、荘園全体に自らの名《みょう》田《でん》を広げながら荘園をまるごと管轄していこうとする。明済のあとの代官にはやはり寺官が任命され、田所の職には本位田《ほんいでん》氏が代々補任されたが、彼らは荘園の内部に権益を獲得しながら百姓たちとの軋《あつ》轢《れき》を強めていった。一方の百姓側も年貢未進の動きを加速させ、応永の末年から永享《えいきょう》初年にかけて未進額が大きく増大することになる。

しかし領主の東寺も手をこまねいていたわけではない。矢野荘では貞和元年（一三四五）の検注以来、九〇年近くも特別の実地調査はなされなかったが、年貢未進の累積という事態に直面した東寺は、永享五年（一四三三）になって久方ぶりの検注を実施し、こののち八回に及ぶ検注が続けざまになされた。現地の実態を知らなければならないと領主側も考え、それなりの努力をしていたのである。

しかしこうした領主側の所領再編の動きに従わず、これに歯止めをかけたのは、本位田氏をはじめとする荘官たちだった。彼らは荘内に多くの名田をもつ存在で、百姓とともに年貢未進を繰り返していたのである。こうした現地の有力者の抵抗にあって領主支配も順調には進まなかったが、かといって本位田のような人々がひたすら力を伸ばすということにもならなかった。荘官としての職務を果たさないことを咎められ解任されると、彼らも立場を失ってしまうのである。

中世における支配の単位は荘園や郷といったもので、その中に「村」とよばれるまとまりがようやく生まれてきたというのが、この時代の状況だった。村は百姓たちの生産の基盤ではあったが、領主支配の単位として正式に認められたわけではなく、荘園や郷という古くからの枠組みは大きな意味を持っていた。従って百姓たちの政治的な行動も荘園や郷を単位になされることが多いが、かといって彼らは荘園や郷の中に閉じこもっていたわけではない。いくつかの荘園や郷を含んだ形のより広い地域社会も同時に存在しており、荘園や郷を越えた形での人々のネットワークも形成されていたのである。たとえば永享年間に行われた近江長浜八幡宮《おうみながはまはちまんぐう》の堂塔建立《どうとうこんりゅう》にあたっては、八幡宮のある八幡荘だけでなく、近隣の福永荘《ふくながのしょう》・山階荘《やましなのしょう》・国友荘《くにとものしょう》などにいる荘官《しょうかん》・殿原《とのばら》層や寺院、さらには荘園内の村々の百姓たちが、奉加《ほうが》をするなどの形で関係している。また大きな堤の修復といったことは、関係する荘や郷が協力して進めなければならなかった（榎原二〇〇〇）。荘園や郷を基盤にしながらも、百姓たちはより広い範囲でネットワークを作り上げ、さまざまな活動をしていたのである。

2——都市の生業と生活

船頭と問丸

荘園制という支配システムは、南北朝内乱を経ても完全に解体することなく、室町幕府のもとであらたな再編を果たし、京都や鎌倉に年貢などが運ばれる形は長く続いた。

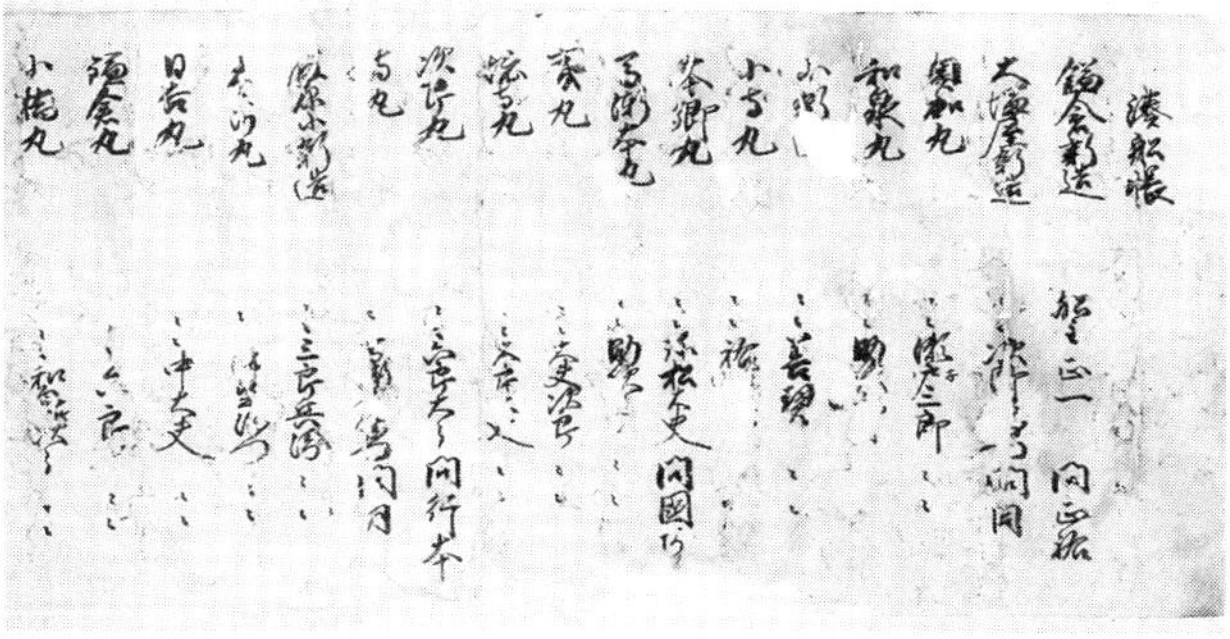

図 43　湊船帳（部分）

年貢の現物を納めるのではなく、どこかで銭に替えて納入することも多く、銭ではなく為替手《かわせて》形《がた》を届ける場合もあったが、いずれにせよ何らかの形で地域の富は都市に住む領主のもとに届けられたのである。

こうした年貢などの運送はどのようになされていたか。為替などの場合にはすべて陸路を用いることもあっただろうが、現物納《げんぶつのう》でも代銭《だいせん》納《のう》でもかなりの量と重みがあるので、船に積んで水路で届けるほうが都合がよかった。船ならかなりの量をまとめて運べるし、運賃も安上がりだったのである。

船による年貢などの輸送はもちろん古くからあるが、その実態を伝えてくれる史料は決して多くはない。しかし室町のころになると水上運送のようすが具体的にわかる事例もみつかるようになる。綿貫友子が分析した「湊船帳《みなとふねちょう》」はその代表的なものである（綿貫一九九八）。これは明徳三年（一三九二）の正月から八月までの間に武蔵の品河湊《しながわみなと》（東京都品川区）に入港した三〇艘の船を列記したもので、それぞれについて船名と船頭の名前、問丸《といまる》がいる場合にはその名前を記載している。ちょうどこの時期武蔵六浦《むつら》（横浜市金沢区）の称名寺《しょうみょうじ》で金堂《こんどう》の修造が企画され、そのための費用として品河湊における船舶の入港税（帆別銭《ほべつせん》）が宛てられることになっていた。「湊船帳」はこうした帆別銭の徴収にかかわって作成された注文とみられる。

ここにみえる三〇艘の船の名はさまざまだが、綿貫はその中にある「大塩屋新造《おおしおやしんぞう》」「馬瀬本丸《まぜほんまる》」をはじめとする数艘の船が、伊勢の大湊《おおみなと》（三重県伊勢市）に拠点をもつ船であると推測している。伊勢神宮《いせじんぐう》の外港ともいえる大湊の船が、東海道《とうかいどう》を東に進んで関東の内海《うちうみ》にある品河まで航行していたことが解明されたのである。関東の各地には伊勢神宮の所領である御厨《みくりや》が広がっていたから、こうした船も御厨の年貢を運送していたものとみていいだろうが、関東から伊勢に行くときには年貢を積んでいたとしても、逆に伊勢から関東に赴くときに船を空にしていたはずはないから、年貢ではない一般の商品も積載して広く商売をしていたと考えられる。このようにはるばる関東まで航行していた船は「関東渡海《とかい》の神船《しんせん》」と呼ばれ、もともとは三六艘あったことが神宮側の史料からわかる。

またこの「湊船帳」にみえる問丸の記載も注目される。正祐《しょうゆう》・国阿弥《くにあみ》・行本《ぎょうほん》という三人の「問」が注文には登場しているが、この三人は品河に本拠を置く問丸で、品河にやってくる船と個別に契約を結び、年貢や商品の水揚げや保管に関わっていたと考えられる。この三人のうち行本は、品河の対岸にあたる上総佐貫《さぬき》（千葉県富津市）でも活動していたらしく、水上交通にかかわる要地を押さえながら広汎な活動を展開する商人の姿をうかがうことができる。

関東の内海においては西海岸の六浦・神奈河《かながわ》（横浜市神奈川区）・品河が湊として栄え、東海岸の古戸《ふんと》（富津《ふっつ》、千葉県富津市）にも問がいたことが史料にみえる。また内陸部から流れる利根川《とねがわ》の河口部の今戸《いまど》（東京都台東区）にも問がいたことが確認される。史料は少ないが、利根川や内海を利用して多くの物資が運送され、交通の要所にいた問丸が荷物の水揚げや管理を行い、時には年貢米を銭に替える業務もつとめていたことがうかがえるのである。

「湊船帳」からは五〇年以上時代が下るが、文安《ぶんあん》二年（一四四五）に摂津《せっつ》の兵庫湊《ひょうごみなと》（神戸市）に入港した船を列記した『兵庫北関入船納帳《ひょうごきたせきいりふねのうちょう》』は、当時の兵庫湊の殷賑《いんしん》ぶりを伝えるなによりの史料である。瀬戸内海に面した兵庫湊は、西国から京都方面への物資輸送の拠点として古くから栄え、東大寺《とうだいじ》と興《こう》福寺《ふくじ》が南北に関所《せきしょ》を設けて、入港する船から米や銭を徴収していた、『兵庫北関入船納帳』は東大寺方の関所である北関での徴税のようすを伝えるもので、日記風に入船を記録し、船ごとに船籍地、積算品目とその数量、関料と納入月日、船頭と問丸の名前を書き出している。

文安二年の一年分が完全に残っているわけではないので、正確なところはわからないが、この一年で兵庫湊に入って関料を納めた船はなんと二〇〇〇艘以上に及ぶ。運送された品目でもっとも目をひくのは塩で、通年で一万七七〇〇石近くの塩が運ばれていた。船籍地は瀬戸内海沿岸一帯と四国の東南部に限定されていて、兵庫に近い瀬戸内海東部の湊からは一〇〇石未満の小さな船、兵庫から遠い西部からは一〇〇石を越える大船が来るという傾向がみられる。武藤直が指摘するように、重要な湊が集中する瀬戸内海の真中あたりで船舶の中継がなされることが多かったのだろう（武藤一九八一）。

この『入船納帳』にも問丸が多くみえる。瀬戸内海舟運の中心地であった兵庫湊が問丸たちの集住の地だったことがわかるが、兵庫の問丸も早くから年貢米の売却などに携わっていたようである。明徳元年（一三九〇）に東大寺領である周防国国衙分《すおうのくにこくが》の年貢が兵庫に運送されたとき、五〇石の米が問丸の世話によって売却されている。米の値段は和市《わし》とよばれる相場によって大きく変動したから、米を売るときも値付けが問題となるが、こうした値付けの業務も問丸が行っていたらしい。

瀬戸内海の事例は特別かもしれないが、それにしても現代とは比較にならない数の船が列島各地を往来していたことはまちがいない。船頭たちに率いられた船が積載していたものは、年貢だけということはほとんどなく、何らかの商品を積んで各地で売却していたとみていいだろう。相場をにらんで遠方まで出かけ、大きな富を手中にする船頭もいたことだろう。そして主要な湊にいた問丸は物資の水揚げや保管、売却の世話など、さまざまな業務をこなしながら蓄財に励んでいたのである。

物の売買と利権をめぐる争い

各地から運ばれた米や塩のような商品は市場で売却されたが、こうした市での商売はだれでも自由にできるわけではなく、商品の内容ごとに営業を独占しようとする集団が現われて、新たに商売に加わろうとする商人たちと争いを繰り返した。瀬戸内などから運ばれた塩の多くは淀《よど》（京都市伏見区）の市で売却されたが、塩の売買を行う淀の商人たちは、自分たちで市場を独占し、他所からの商人があらたに市を開くことを阻止しようとする。永徳三年（一三八三）に大山崎《おおやまざき》（京都府乙訓郡大山崎町）の神人たちが塩商売の新市を作ろうとしたとき、淀の神人《じにん》たちはいっせいに反発し、石清水八幡宮《いわしみずはちまんぐう》の社頭《しゃとう》に籠もって新市開設を阻止しようとしている

(以下、豊田一九五二・脇田一九六九)。

塩を扱う淀の商人は、同時に魚介類を塩漬けにした「塩合物《しおあいもの》」も商っていたので、魚商人と争いになることも多かった。明徳二年(一三九一)に摂津今宮《いまみや》(大阪市浪速区)の生魚商人と衝突したとき、淀の商人や問丸は「海老《えび》、かさめ(大型の蟹)、貝、蛤《はまぐり》などについて、塩漬けになっていないものについては干渉しないが、塩合物はすべて魚市が管轄することになっている」と主張している。生魚ならば他者の商売を認めるが、塩合物を売買するのはわれわれの特権だというのである。

このような特権は彼ら商人が勝手に決めたものではなく、営業独占権をもつ商人たちは特定の「本所《ほんじょ》」とよばれる上位者、公家や寺社などのもとに組織される形をとり、営業利益のうちいくらかを本所に上納していた。このような商業組織は「座《ざ》」とよばれるが、室町期にはこうした「座」が大きく広がり、幕府をはじめとする支配者の側も、座の権益を保護する立場をとりつづけた。

営業の独占を主張して活躍した座の商人としてもっとも著名なのは、石清水八幡宮を本所とする大山崎の油商人であろう。荏胡麻油《えごまあぶら》を売る大山崎の商人は、早くから京都における油の専売権を主張して、大山崎から京都に移住する者も増え、永和二年(一三七六)には六四人に及ぶ商人があらたに京都に住んだ神人として認められている。また京都以外の諸国においても大山崎の神人たちが営業独占を図ったために、その地域の業者があらたに大山崎の神人に加わって公事をつとめ、そのかわりに営業を許可されるという形が広まっていった。畿内近国や瀬戸内海沿岸の地域では大山崎の神人の立場を得た商人たちが荏胡麻の買い付けを行い、彼らが運んだ荏胡麻が大山崎に持ち込まれ、ここで製油がなされて、やはり大山崎神人の商人によって各地に売りさばかれていたと考えられる。原料購入と油生産・販売の分業がなされていたのである。

そもそも大山崎の神人が油の営業を独占することは、公的に認められていたわけではない。明徳三年（一三九二）に将軍の足利義満《よしみつ》から荏胡麻を運送するにあたっては関銭《せきせん》や津料《つりよう》は免除するという御《み》教書《ぎようしよ》をもらっていたが、これは通行税免除というだけのことだった。しかし大山崎の神人たちは、この特権を得たことを利用しながら、なしくずし的に荏胡麻購入の独占をはかり、さらには荏胡麻の販売も一手に収めることになるのである。もちろんこうした独占の動きに反発がなかったはずはなく、摂津の道祖小路や播磨の佐用《さよ》中津河《なかつがわ》（兵庫県佐用郡佐用町）などの商人と深刻な争いがおきたこともあったが、こうした軋轢を乗り越えるなかで、大山崎の神人たちは荏胡麻の販売独占権を確立することに成功するのである。

営業独占をめぐる争いとして最も著名なのは、応永二十六年（一四一九）の麴専売《こうじ》の一件であろう。この年の九月、足利義持《よしもち》は北野社《きたのしや》の西京神人たちに酒の原料となる麴の専売権を認めるという法令を出し、それ以外の商人が営む麴室《こうじむろ》をつぎつぎに破壊させた。北野社松梅院《しようばいいん》の禅能《ぜんのう》が義持の寵愛《ちようあい》を得ていたことが、こうした特権獲得の一因だったらしいが、清水克行が指摘しているように、ちょうどこの時期に義持によって数度にわたる禁酒令が出されており、禅宗《ぜんしゆう》に傾倒した義持が理想的な禁欲生活

図44　馬借（『石山寺縁起』）

を他者にも要求した禁酒令の発布と北野社神人の麹専売は深く関連していて、麹の専売化は間接的な京都市中に対する酒造削減策だったとみることができる（清水二〇〇四）。

北野社はもともと比叡山延暦寺の「末社《まっしゃ》」として位置づけられていたが、禅能が義持の寵愛を集めたことによってその政治力を高め、ついにこうした特権を手に入れることに成功したのである。しかし麹売買から閉めだされた延暦寺の大衆《だいしゅ》たちの反発は必至で、彼らと深い関係にあった近江坂本《おうみさかもと》の馬借《ばしゃく》たちも、経済的不利益を蒙ったとして不満をつのらせた。馬借は陸上の運送業者であるが、米の仕入れから運送、さらには売却まで一手に引き受けており、中小の米商人ともいえる存在だった。しかし麹の消費の落ち込みによって米価の大幅下落が起き、大きな危機に直面していたのである。応永三十三年（一四二六）の六月、近江坂本の馬借数百人が京都に乱入して禅能の家も破却しようとしているという噂が流れた。米価の暴落によって不利益を蒙ったのでなんとかしてほしいと幕府に訴えたが、聞き入れてもらえないので蜂起《ほうき》に及ぼうとしたということだったらしい。

米は最大の商品で、その価格の上下は経済を大きく左右することとなった。そして京都やその近郊の有力な米商人たちは、ときとして米の買占めをして米価を吊り上げようと画策し、さまざまな軋轢を引き起こしていた。応永三十一年（一四二四）には八幡四郷にやってきた他郷の商人たちが米穀を買い占めてしまったので、八幡の人々は商売ができなくなり、石清水八幡宮護国寺《ごこくじ》に閉籠《へいろう》して訴訟を起こしている。永享三年（一四三一）には米価高騰を目論んだ商人たちが京都に至る道を塞いで米を入れないようにするという事件がおき、京都の人々は甚大な被害を蒙った。京都やその周辺に集まってくる大量の米の売買によって、有力商人たちは大きな利益を上げ、中小商人である馬借は立場を失いかけていた。清水が指摘するように、この時代に坂本などの馬借が極端な実力行使に走るのも、自らが有していた利権が脅かされているという危機感によるものとみていいだろう。

土倉と酒屋

中世の土倉《どそう》というと金融業者、あるいは高利貸の代名詞のようにいわれることが多いが、もともと「土倉」にこうした意味合いはなく、本来は土壁で堅牢《けんろう》に作った倉（蔵）のことだった。ところが一般の板屋《いたや》に比べて土壁の倉は火災にも地震にも強く、物品や財産を保管しておくにはもってこいの場所だったので、人々が自分の財産をここに納めるようになった。そのため土倉には多くの金銭や物品が集積されて、土倉を管理している人は質屋《しちや》と金貸しを営むようになり、いつしか「土倉」「土蔵」といえば金融業者を指すようになっていったのである（以下、桑山二〇〇六）。

図45　火事で焼け残った土倉(『春日権現験記絵巻』)

土倉を営む人々は、自分の倉に納められている金銭をうまく運用しながら大きな利益を得ていたので、朝廷や幕府によって課税の対象とされるのは時間の問題だった。重要な行事や造営事業などが企画されたとき、その費用は諸国に賦課される段銭《たんせん》や棟別銭《むなべつせん》などでまかなうのが基本だったが、こうした形で金銭を集めるのはなかなか難しく、時間もかなりかかったから、とくに緊急を要する場合には京都の土倉に銭を供出させて急場をしのぐ、ということがよく行われた。

応安《おうあん》三年（一三七〇）の後光厳《ごこうごん》天皇の譲位のとき、儀式の費用を調達するために土倉から銭を徴収するようにと朝廷から幕府に命令が出された。京都の土倉のほとんどは比叡山延暦寺の支配下にあったので、比叡山が反発するのは必至と考えた幕府は、土倉への課役などできないと返答するが、比叡山の下にいる公人《くにん》の支配権を幕府に与えるからなんとか実行してほしいと朝廷は押し通し、翌応安四年に幕府によって京都の土倉一つにつき二〇貫文の銭が徴収されることになった。そのあとすぐに後円融《ごえんゆう》天皇の即位《そくい》式《しき》の費用調達が問題となり、こんどは土倉と酒屋から一軒につき三〇貫文、さらに酒屋からは壺別《つぼべつ》二〇〇文を借用することで急場をしのいだ。このときは朝廷側が銭を借用する形をとっているが、土倉と酒屋がともにその対象になっている。酒の製造や販売を行っていた「酒屋」も大きな利益をあげており、土倉業（金融業）を兼ねるものが多かったのである。

そして明徳四年（一三九三）十一月、「洛中《らくちゅう》」や「辺土《へんど》」に散在している土倉と酒屋に恒常的に役銭《やくせん》を賦課し、幕府の政所方《まんどころがた》の年中行事を行う費用にあてるという法令が出されることになる。あくまでも政所の年中行事のためという目的を限定したものではあるが、土倉と酒屋からの役銭収入が、幕府の恒常的な財源の一部として加えられたのである。こうした役銭の徴収を行ったのは「土倉方一衆」などと呼ばれる人々で、延暦寺と関係の深い有力な土倉の中から選ばれていたようである。

土倉の経営の実態について具体的にわかる事例は少ないが、下坂守が紹介した永享三年（一四三一）の鷹司高倉《たかつかさたかくら》の土倉をめぐる相論は、土倉の経営と資金の調達について多くを伝えてくれる（下坂二〇〇二）。この土倉の持ち主は祐言《ゆうげん》という者で、父の代から始まった土倉を受け継いでいたが、叔父の円憲《えんけん》に実際の経営を任せておいたところ、彼が長年にわたって会計報告をせず、また納物《おさめもの》の多くも失ってしまっている状況だった。さすがに困った祐言が幕府に訴えて相論《そうろん》が始まり、結局祐言の勝訴ということで決着したが、幕府の裁許状《さいきょじょう》の中で祐言は土倉の「本主《ほんしゅ》」、円憲は「蔵預《くらあずかり》（倉預）」と書かれている。

本主（本所）はその土倉の本来の所有者で、土倉に納められた金銭や物品も彼の管理下にあった。このときの祐言の申し分によれば、「納物」とよばれた土倉の財産は、寺領《じりょう》や親類たちから供出してもらったもので、金銭の運用によって得た利益については出資者に配分していたという。倉預は本主から預かった金銭を元手として利益を図るが、あらたに特別の関係にない人々から広く資金を集めて経営規模を拡大させていった。こうした資金は「合銭《あいせん》」とよばれている。

土倉にしても酒屋にしても、本来の業務から拡大して金融に手を染め、人々に金銭を貸し出しながら、相場の変動をにらみつつ、かなりの利益をあげていた。また港湾都市で活躍した問丸も、同じように金融に携わるようになっていく。このように金融や商売によって利益をあげる人々がこの時代には各地で登場した。豊かな富をもつ人という意味で「有徳人《うとくにん》」とか「富有人《ふゆうにん》」などと呼ばれる人々であるが、幕府も鎌倉府も大きな事業にあたってはこうした「有徳人」に費用を負担させて目的を果たそうとするようになる。「有徳人」に賦課される「有徳銭」というものが、臨時の徴税の方式として一般化してゆくのである。

永享七年（一四三五）のこと、常陸《ひたち》の鹿島社《かしましゃ》の造営費用捻出のために、常陸の各地にいる「富有人」から銭を出させることが決まり、いっせいに「富有人」の調査が行われた。このとき作られた注文には七五人に及ぶ「富有人」が列記されているが、京都やその近郊だけでなく、関東でもそれなりの富を持つ人々が多数生まれていたことがわかる（小森二〇〇八）。そして幕府や鎌倉府といった政治権力も、こうした有徳人層の存在を意識し、彼らがもつ富をうまく利用しようと考えるようになっていったのである。

足利氏の幕府が鎌倉ではなく、京都に置かれたことは、京都の都市としての発展を大きく促す要因となった。天皇や貴族など朝廷に連なる人々と、将軍や大名の家臣たちが京都に集住し、さらにはそれなりの財産を持つ町人たちも増えていって、京都は一大消費都市の相貌《そうぼう》をみせはじめる。そしてそうした中、豊かな人々の生活と娯楽にかかわる芸能を事とする人々の活動も活気づいた。将軍や大名たちの後援を得て活躍した猿楽《さるがく》一座の人々はその代表的なものである。

猿楽能の受容

観世座《かんぜざ》の中心いた観阿弥清次《かんあみきよつぐ》は、応安四年（一三七一）のころから京都を中心に各地の寺社で活動していたが、応安七年（一三七四、あるいは翌年）に新熊野《いまくまの》において将軍義満に猿楽能《さるがくのう》を披露して認められ、これから将軍のもとで猿楽が行われることが頻繁になされるようになっていく。義満はまだ十代だった観阿弥の子をことのほか寵愛し、永和四年（一三七八）の祇園祭《ぎおんまつり》のときには、この少年と並んで見物している。このことを聞いた公家の三条公忠《さんじょうきんただ》は「このような散楽《さんがく》（猿楽）は乞食《こつじき》の所行《しょぎょう》だが、最近はみなが夢中になっている」と批判的に日記に書いているが、ようやく平和を手にした京都の人々にとって、猿楽能は新たな芸能として受け入れられていったのである（以下、今泉二〇〇九）。

この少年はやがて観世三郎元清《かんぜさぶろうもときよ》と名乗り、観阿弥のあとを継いで観世座の中心に立った。応永元年（一三九四）に義満が奈良に下向《げこう》したときには、興福寺一乗院《いちじょういん》で猿楽が催され、元清も能を披露した。応永六年には醍醐寺三宝院《だいごじさんぼういん》で能を演じ、また一条竹鼻《いちじょうたけはな》で三日間にわたって催された勧進《かんじん》猿楽でも観世座が能を披露した。ただ観世座だけが将軍に認められていたわけでなく、犬王道阿弥という役者のほうが当時の義満の寵愛を得て活躍していたらしい。応永十五年（一四〇八）に義満が死去して将軍義持の時代を迎えるが、義持は田楽新座《でんがくしんざ》の増阿弥《ぞうあみ》を贔屓《ひいき》にし、その能を見物することが多かった。

入道して世阿弥《ぜあみ》と名乗った元清は、演能を続けながら、自らの経験から得たものを後世に伝えるべく、芸論《げいろん》の執筆にも力を注いだ。応永七年（一四〇〇）に『風姿花伝《ふうしかでん》』の最初の部分をまとめているが、このあと世阿弥は生涯にわたって多くの芸論を書き続けた。応永二十五年（一四一八）に成立した『花習内抜書《かしゅうのうちぬきがき》』では、「序《じょ》」「破《は》」「急《きゅう》」と続く能のかたちの流れを示し、演能の調子を変えていくことが大切だと述べているが、高貴な人が途中で座敷に入ってきたときには、特別の配慮が必要であるといった細かな注意書きもみえる。

「演能が進行して「急」になっていたときに、貴人が現れたらどうしたらいいか。いまこの場に来た貴人の心持ちはまだ「序」の状態だから、役者がそのまま「急」の形で演じ続けると、今の気分に合わないといわれかねないし、それまで能を鑑賞していた人々も白けてしまう。そういうことにならないように、とりあえず「破」の能の適切なものを、少し「序」の気分を添えてしとやかに舞えば、貴人の意に沿うことができるだろう」。これまでの経験に基づいて、おおまかな形に沿いながらも時には臨機応変の対応をすることも大切だと注意したのである。

応永二十七年（一四二〇）に書き上げた『至花道《しかどう》』では、人々の鑑賞眼の高まった最近の時代に対応できるよう技量を磨くことが大切だと説く。「昔は能を鑑賞されている貴人の方々も、芸を賛嘆するばかりで、いろいろ批判することはなかったが、当世《とうせい》は鑑賞者の目も肥えて、ちょっとしたミスもあれこれと話題にするようになっている。そういう時代なのだから、洗練された幽玄《ゆうげん》の舞台を踏めるよう習練を積まなければならぬ」。

「当世」というのは義持の時代で、「昔」は義満の頃をさすとみていいだろう。足利義持が禅宗に精通していたことはよく知られているが、何事につけこだわりの深い彼が、猿楽能についても鋭い鑑賞眼を持っていたことは容易に想像できるし、また義持だけでなく、諸大名をはじめとする周辺の人々の鑑賞眼も、前代とは比較にならないほど高くなっていたのである。こうした時代の変化に対応するべく芸能の中身を鍛えあげ、後世に伝えようとして世阿弥は芸論の執筆に励んだのだろう。

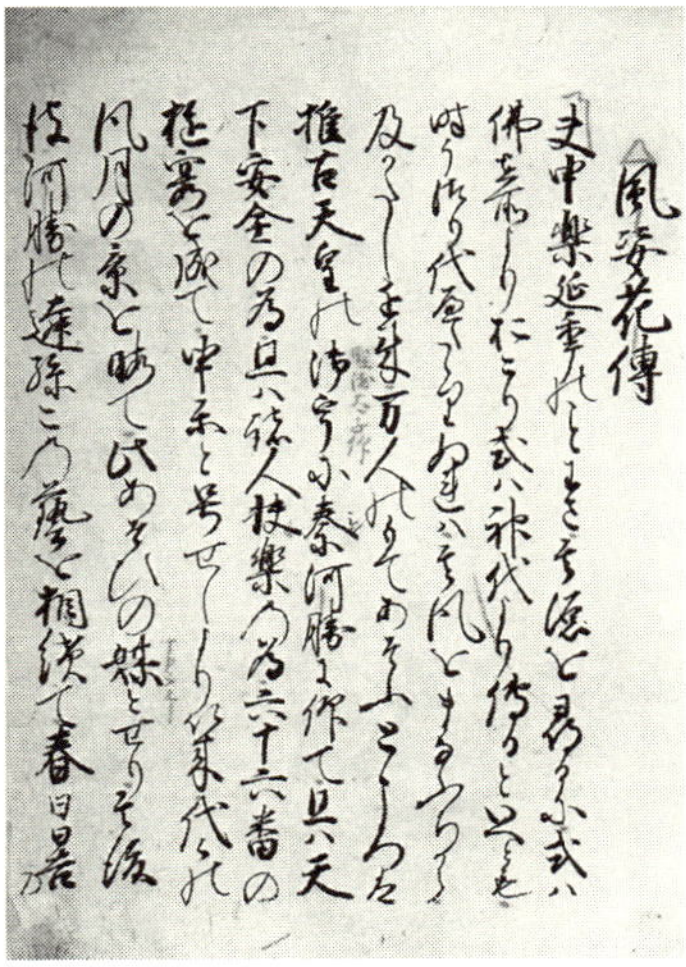
風姿花傳

図 46　風姿花伝

義持は正長《しょうちょう》元年（一四二八）に死去し、弟の義教《よしのり》が将軍となったが、彼は青蓮院《しょうれんいん》の門跡《もんぜき》だった時代から世阿弥の甥の音阿弥元重《おんあみもとしげ》を寵愛し、将軍になるといっそう音阿弥を贔屓して、御所《ごしょ》に招いて諸大名の前でしばしば能を披露させた。一方の世阿弥は将軍から疎まれ、正長二年（一四二九）に後小松《ごこまつ》上皇が猿楽を見たいと言ってきたときも、義教は世阿弥は参入させないようにとくぎをさし、結局院での猿楽は音阿弥が演じることになった。

永享四年（一四三二）の正月、細川持常《もちつね》の若党《わかとう》たちが将軍の御所で猿楽五番を披露した。持常は阿《あ》波《わ》守護もつとめる細川一門の長老だが、その若党たちの中にも猿楽能を練習して将軍の前で披露できるまでに上達した人々がいたのである。若党たちが舞ったあと、同じ舞台で観世大夫《たゆう》の元雅《もとまさ》（世阿弥の子）、ついで世阿弥が将軍の命によって舞いを披露したが、世阿弥父子にとってこれは屈辱以外のなにものでもなかった。将軍義教のいやがらせともいえようが、単に能を鑑賞するだけでなく、自らもこれを演じようとする人々が、大名の家臣のクラスまで広がっていたことは注目すべきであろう。

同じ年の十月、西国から上洛した「女猿楽」一座が鳥羽《とば》で勧進猿楽を興行した。伏見宮貞成親王《ふしみのみやさだふさ》の側近が見物に出かけ、帰ってからその様子を主人に語った。「美女五人の歌舞《かぶ》はすばらしかった。拍《ひょう》子《し》や咲《おかし》（滑稽《こっけい》な寸劇）などは男の役で、女性たちの声は遊君《ゆうくん》のようにきれいだった。観世などにも劣らないほど、猿楽の体は神妙だった。桟敷《さじき》は六十三間もあり、たいへんな人だかりだった」。女猿楽一座というのはさすがに珍しかったようだが、猿楽の世界は大きな広がりをみせていたのである。

永享五年（一四三三）の四月、京都の糺河原《ただすがわら》で七日間にわたる勧進猿楽が催された。将軍義教をはじめとして諸大名や門跡、公家たちが一堂に会して音阿弥らが舞う猿楽能を鑑賞したが、前代未聞の大規模なイベントは、猿楽という芸能を通して将軍の権威をみせつけるためのものだったといえなくもない。そして翌永享六年（一四三四）の六月、義教の命令によって世阿弥は佐渡《さど》に流された。

かつて「乞食の所行」とさげすまれた猿楽の一座は、将軍をはじめ権力につながる人々の保護を受けて大きく発展し、巨額の賜物《たまわりもの》をもらって経済的にも潤った。しかし権力者とのつながりは諸刃の剣で、その寵愛を失うと芸能活動の可能性も断たれることになりかねない状況になっていたのである。

連歌のひろがり

猿楽能と同じようにこの時代に大きな広がりをみせたのが連歌《れんが》である。数人から十数人の人が一座に会合して付句《つけく》を続けながら、鑑賞と創作を楽しむ連歌は、公家だけでなく武家も含む多くの人に親しまれるようになり、宗匠《そうしょう》として連歌の指導にあたる連歌師も活躍した（以下、伊地知一九六六）。

延文《えんぶん》元年（一三五六）から翌年にかけて、関白二条良基《かんぱくにじょうよしもと》が師でもある連歌師救済《きゅうぜい》と協力して『菟玖《つく》波集《ばしゅう》』という私撰《しせん》の連歌集をまとめあげ、後光厳天皇から勅撰《ちょくせん》に准ずるとの綸旨《りんじ》を賜ったが、これがきっかけとなって連歌は和歌と肩をならべうるものとの評価を得、京都だけでなく地方にまで流行することになった。良基は応安五年（一三七二）に連歌をよむときの禁制《きんせい》や故実《こじつ》を列記した『連歌新《れんがしん》式《しき》』（応安新式）とよばれる法度《はっと》を作り、みずからも多くの連歌を世に残した。

救済や良基は写実的で素直な連歌をよむことを提唱していたが、京都では才智に満ちた周阿《しゅうあ》の連歌が愛好され、技巧的な表現が流行するようになっていった。そして嘉慶二年（一三八八）に良基が死去したのちは、これといった力量ある連歌師がいなくなり、むしろ幕府を構成している大名や奉行人《ぶぎょうにん》たちのなかから、連歌に堪能な人々がつぎつぎにあらわれるようになっていく。

のちに地下《じげ》の連歌師として活躍した心敬《しんけい》は、その著作の中で応永の頃の連歌の名手について述べているが、そこには斯波義教《しばよしのり》・細川満元《ほそかわみつもと》・赤松満祐《あかまつみつすけ》といった大名と今川了俊《いまがわりょうしゅん》（貞世《さだよ》）、さらに波多野通郷《はたのみちさと》（元尚）・蜷川信永《にながわしんえい》といった幕臣や、大内氏《おおうち》の家臣の平井道助《ひらいどうじょ》などの名がみえる。また心敬も第一の先達と称賛している梵燈庵主《ぼんとうあんしゅ》は、朝山師綱《あさやまもろつな》という武士で将軍義満に仕え、四十代から九州や東国などを遍歴、六十歳のころに京都に帰り連歌師として活躍した。こうした武家の人々が当時の京都における連歌界の中心に立っていたのである。

大名やその家臣たちは和歌の世界でも修練を積んでいた。末柄豊が紹介したように、尭孝《ぎょうこう》の『慕風《ぼふう》愚吟集《ぐぎんしゅう》』には細川満元や赤松満祐といった大名や、細川氏の一門や家臣たちがひんぱんに和歌の会を催していることがみえる（末柄二〇〇三）。応永二十八年（一四二一）の正月十六日、細川満元の家で月《つき》次《なみ》の和歌会が開かれ、尭孝も和歌を披露しているが、このとき集まった面々は、満元と子息の持元《もちもと》・持之《もちゆき》・持賢《もちかた》、一門の細川基之《もとゆき》・頼重《よりしげ》・持頼《もちより》、赤松満祐・京極高数《たかかず》といった大名、波多野通郷や東益之《とうのますゆき》らの幕臣、そして安富《やすとみ》・薬師寺《やくしじ》・秋庭《あきば》といった細川の被官たちだった。二十九日には赤松満祐が自邸で月次の和歌会を開き、細川満元・持元・基之や京極高数などの面々が参加している。細川満元と赤松満祐が連歌に通じていたことは前述したが、二人は和歌の世界にも造詣《ぞうけい》が深かったのである。

義持の時代になると猿楽能に対する人々の鑑賞眼が厳しくなっていったことは前に述べたが、義持の周囲にいた諸大名や家臣たちは、和歌や連歌の世界でも研鑽《けんさん》を積むようになっていったのである。

こうした状況は義教の時代になっても続き、永享五年（一四三三）二月には京都の北野社で一日万句の法楽《ほうらく》連歌が催されることになる。北野天神はいつしか連歌の神として崇められるようになっていたが、その北野社の境内で大規模な連歌興行がなされたのである。一日に一万句を同じ会席《かいせき》で作れるはずはなく、二〇の座を設定して一座につき五〇〇韻を賦詠《ふえい》し、それをあわせて一万句にするということになった。二〇の座のうち一〇座は細川・山名・赤松・京極といった武家が主催し、残りは公家と寺院、さらに北野社の関係者が座を仕切った。

将軍義教の列席のもとで行われたこの連歌会は、京都における連歌界の作家を網羅する盛大なものだった。同じ年に行われた糺河原の勧進猿楽興行と同じように、将軍義教の権威の偉大さを示すための一大イベントといえなくもないが、それにしてもこれだけ盛大な行事が挙行され、しかも二〇座のうち半分を武家の人々が仕切っているのはたいしたものといわざるをえない。救済や二条良基の努力によって和歌と並ぶ地位を手にした連歌という芸能は、幕府につどう武家の人々にひろく受容され、圧倒的なひろがりをみせることになったのである。

伏見宮家の風雅

伏見宮貞成王が思い立って日記を書き始めたのは応永二十三年（一四一六）の春、四十五歳のときだった。父親の栄仁《よしひと》親王はいまだ健在で、治仁王《はるひとおう》という兄もいて、貞成は気楽な次男だった。栄仁は崇光《すこう》上皇を父にもち、本来ならば天皇になってもおかしくない立場の人だったが、後円融《ごえんゆう》—後小松《ごこまつ》—称光《しょうこう》と別流の一統が天皇位を相承し、栄仁とその一家は伏見の地でひっそりと暮らしていた。将来に不安はあるものの、生活はそれなりに安定していた。次男という気楽な立場も手伝って、貞成は日々の出来事や人々の噂話を熱心に日記に書き続けることになる。

二月二十日のこと、「御所様」とよばれた栄仁親王が、とつぜん茶会を開きたいと言い出し、いつも親しくつきあっている家司《けいし》の田向経良《たむけつねよし》・長資《ながすけ》父子と庭田重有《にわたしげあり》、さらに行蔵庵《ぎょうぞうあん》の寿蔵主《じゅぞうす》が集まった。今日は自分が「頭役《とうやく》」をつとめるから、これからは順番に「頭役」になった人が準備して茶会を開くことにしようと栄仁は提案し、順事茶《じゅんじちゃ》とよばれる茶会が日を置いて続けられることになる。茶会といってもただ茶を飲むわけではなく、茶の種類をあてる「回茶《かいちゃ》」というゲームで、賞品となる「懸物《かけもの》」は頭役が準備することに決まった。

つぎの茶会は二十六日に行われた。このときは貞成王と田向長資、沙弥行光が頭役で、いろいろ手の混んだ「懸物」が披露されたが、なかでも貞成王が準備したものはすばらしいと評判になった。紙で作った笛、茶で作った篳篥《ひちりき》、張子《はりこ》の犬をつけた花笠《はながさ》、銭で作った風鈴《ふうりん》といったミニチュアで、父の命令に従って一生懸命作ったものだった。こうした風流の懸物をながめながら酒一献の儀があり、そのあとで七所の茶の種類を当てる「回茶」が始まり、うまくいいあてた者が懸物を取って、残った懸物はくじ引きで分配された。茶が終ると酒宴になり、みなで酒を飲みあった。

三回目の茶会は三月一日、このときは兄の治仁王と庭田重有、それに広時《ひろとき》という従者が頭人になった。治仁王が持ってきた懸物は船が一艘、その舳先には扇が立てかけられていた。那須与一《なすのよいち》が扇の的を射た、あの有名な故事にちなんだもので、船の中にはさまざまなものが納められ、ごていねいに弓や箭《や》のミニチュアも用意されていた。弟に負けじとばかり治仁王も工夫をこらしたのである。

回を重ねるごとに懸物は華麗になっていった。三月七日の茶会にはいろいろの精進物《しょうじんもの》で作った大黒天《だいこくてん》の像や、柳や桜の木の下に剣や笏《しゃく》を帯びた束帯《そくたい》の官人が立っているという手の混んだフィギュアが披露されたが、この官人のセットでは霰《あられ》や昆布《こんぶ》といった食べ物がふんだんに使われ、官人自体も食物で作られていた。また新しい車のミニチュアや、富士山《ふじさん》をかたどったセットも登場した。

このときは回茶のあとの酒宴で面白いショーが用意されていた。地下政所の禅啓《ぜんけい》が「これから桂女《かつらめ》をごらんに入れます」と宣言すると、美しい桂女が二人登場したが、よく見るとこれはほんものの桂女ではなく、二人の侍《さむらい》が変装して着飾った姿だった。懸物のくじ取りが終わったあとの宴会でも同じように田植の格好をした早乙女《さおとめ》が三人現われ、田歌《たうた》を詠って早苗《さなえ》を植える舞を披露したが、早乙女のうち二人は前に桂女を演じた侍が変装したもので、もう一人も新たに加わった侍だった。続いて広時という侍が猿廻しの格好で登場し、敷皮《しきがわ》で作った猿をあやしながら舞を披露した。これはなかなかのものだったらしく「彼の才能は天性のものだ」と貞成も日記で称賛している。

こんな形のイベントは長続きしなかったようだが、ことあるごとに親しい人を集めては連歌や管絃《かんげん》などの会を催したり、酒宴を開いたりと、伏見宮家の周辺はそれなりに華やかなものだった。京都では平和な時代が長く続き、ミニチュアを作って興じるような世界が作り上げられていったのである。

伏見宮での平凡な日常を、貞成王はていねいに日記に書き続けたが、たまたま京都に行った人が話してくれたことや、どことなく流れてきた噂話もせっせと日記に書き記すようになっていった。もともと公家の日記は儀式次第を記憶し学ぶためのものだったが、天皇家の傍流の、しかも次男にすぎない貞成にはさしたる仕事もなく、堅苦しい日記をつける必要はなかった。ありあまる時間の中、旺盛な好奇心に従って、見聞きしたさまざまのことを日記に書き残していったのである。

桂地蔵のご利益

山城《やましろ》の桂《かつら》の里（京都市西京区）の辻堂《つじどう》にある石地蔵《いしじぞう》のご利益の話を聞きつけた貞成が、こと細かに日記に書いたのは七月十六日のことだった。みんなが口々に噂している話をまとめたわけだが、そのあらましは次のようなものである。「阿波国に貧乏な男がいた。あるとき一人の小法師《こほうし》がやってきて、自分の住家が壊れ果てているので造作してほしいという。男はいったん断ったが、結局小法師の言うとおり出発した。阿波から山城へは三日かかるが、どうしたわけかあっというまに到着し、見てみると壊れた辻堂に石の地蔵がいた。小法師が姿をくらましたので、困った男が近辺の人に尋ねたところ、ここは山城の桂の里だという答えが返ってきた。さてどうしたものかと思案していると、あの小法師が現われて、どこにも行かずここにいるようにと言い置いてまた消えてしまった。阿波の男は言いつけどおりに堂にいたが、そこに西岡《にしおか》の竹商人がやってきた。この商人は前からこの堂が破損しているのを残念に思っているということだったので、阿波の男はいっしょに御堂《みどう》を再建しようともちかけるが、いばった物言いだと西岡の男は腹を立て、刀を抜いて斬りかかろうとした。阿波の男が逃げ出すと、西岡の男は狂乱して石地蔵に切りつけるが、とたんに腰が砕けてへたりこんでしまった。これは地蔵の罰だと反省して、この堂を造営して宮仕えするからなんとかしてほしいと頼み込むと、すぐに腰も立ち、狂気も治った。こうして西岡の男は阿波の男と二人で御堂の再建を志すことになった。これは七月四日の出来事だが、この話を聞きつけた近辺の人々がどっと集まって、地蔵の罰でさんざんにゆがんだ刀を拝みながら、銭やさまざまの物を奉加として二人に渡し、あっというまに基金が集まって辻堂の造営も成就《じょうじゅ》した。それだけでなく、いろんな願い事も叶い、とくに盲目の人も目が見えるようになるという評判で、参詣する人は数知れず、さまざまの風流《ふりゅう》の拍物《はやしもの》をしながら集まってきているらしい」。

こうした話を書き綴ったあと、「噂は信用できないというが、みんなが聞いている話なのでここに書くことにする」と貞成は説明している。こんなことを書くのは褒められたことではないと認識していたようだが、やはり生来《せいらい》の好奇心には勝てなかった。地蔵の霊験《れいげん》の話は怪しいものだったが、人々がご利益を求めて殺到しているというのはほんとうで、数日後に参詣した家司の話によると、地蔵の顔にはたしかに疵《きず》があるが、しだいに治ってきているようだとのことだった。八月になると将軍義持や斯波義教の中間《ちゅうげん》たちが寄り合って、田植えの格好をした拍物をしたり、どこからか山伏《やまぶし》の姿をした男が現われて注目をあびたりしたという話が流れた。

図47　風流踊（『洛中洛外図屛風』）

そのうち貞成の住んでいる伏見の人々も風流の拍物の装いをしながら地蔵参詣に出かけることになった。彼らは早朝に伏見の御所を訪れて挨拶したが、そのいでたちは美麗で、三〇人もの随兵《ずいひょう》がいろいろの腹巻《はらまき》や金銀で飾った太刀《たち》や刀を帯びて行列をなし、そのあと御幣《ごへい》を持った法師と、鬼の面をかぶった棒振りが続き、さらに三〇人の拍物の人々が、風流の小笠を持ちながら進んでいった。貞成はなかなか外出できなかったが、伏見の人々はがまんできず、集団をなして参詣に赴いたのである。

まもなく栄仁親王が病気になり、またかねてからの課題だった所領の安堵の件も心配になったので、なんとか地蔵のご利益にありつこうと、九月になって伏見宮家から二四人が地蔵参詣を果たした。その翌日に所領を安堵するとの後小松上皇の院宣《いんぜん》が到来し、まさしく地蔵のご利益だと人々は喜びあった。噂は信用できないと言っていた貞成も、このころには何も疑わなくなっていた。

ところが十月になって事態は急転する。桂地蔵に仕えていた阿波の男とその与党の七人が、幕府の命令で捕らえられ、獄舎《ごくしゃ》につながれてしまったのである。もともと彼は阿波の人ではなく近所の住人で、与党の人々といっしょに謀計《ぼうけい》をめぐらして地蔵菩薩の功徳《くどく》をいいふらしたというのが罪状だった。目が見えるようになったという話も、もともと盲目でもない人をつかって芝居をさせたのだということで、阿波の男は白状したが、西岡の男は無関係のようで、あいかわらず辻堂に奉仕している。こうした伝聞を日記に書いたあと、貞成は意見を述べる。「考えてみると、ものを信じない連中がいろいろ言っているだけなのではないか。たとえやらせだったとしても、みんながご利益を得ているのだから、どうして謀略ということができようか。地蔵の霊験は人力の及ぶところではない。そういうわけだから参詣の人も減っているわけではなさそうだ」。

地蔵のご利益を伝えるきっかけとなった事件がやらせかどうかは、当時の人々にとってはどうでもいいことだったのかもしれない。現世利益《げんせりやく》を切実に願っていた人々は、地蔵のご利益にすがって殺到し、茶目っ気のある人々は華やかな出で立ちをして風流の拍物に興じた。時には飢饉が襲うこともあり、生活は決して安定していなかったが、そうした中でも現世における楽しみを人々は貪欲に求め続けたのである。

六　専制政治とその挫折

1──義教の政治

足利義教の登場

応永《おうえい》三十五年（一四二八）の正月は何事もなく明けた。ところが八日の夕方になって室町殿足利義持《むろまちどのあしかがよしもち》が重病に陥る。背中の壊疽《えそ》が悪化し、発熱も伴った。三宝院《さんぼういん》満済《まんさい》は十三日になって見舞いに行くが、義持は床に伏したままの状態で、石清水八幡宮《いわしみずはちまんぐう》などに病気平《へい》癒《ゆ》の祈禱《きとう》をするよう命じるのがやっとだった。十六日にも満済は加持《かじ》のために義持のもとに赴き、義持は満済に「四十三歳でこの世を去ることになるが、何も不足はない」と語った。翌十七日、管領《かんれい》の畠山満家《はたけやまみついえ》と斯波義淳《しばよしあつ》・細川持元《ほそかわもちもと》・山名時熙《やまなときひろ》・畠山満慶《みつのり》といった面々が満済のもとに集まり、今後のことを協議する。病気平癒の望みは薄いから、とにかく後継者を決めねばならないということで話はまとまり、管領の畠山と山名時熙の両人が、跡継ぎのことについて義持に申し入れをした。ところが義持は「自分ではなんとも言えないから、管領以下の面々が相談して決めてほしい」と返答する。困ってしまった畠山と山名は、あらためて満済に相談し、こんどは満済が義持のところに行って跡継ぎのことを尋ねたが、返ってきた返答は「たとえ実子がいても、自分からは跡継ぎを決めないつもりだ。ましてや子がいないのだから、とにかく面々で相談して決めてほしい」というものだった。

ここで満済はひとつの提案をする。「幸いなことにご兄弟がいらっしゃるので、その中から器量ある人を指名してもらえないでしょうか。それも無理なら、ご兄弟四人の名前を書いた籤《くじ》を作って、八幡宮の神前で籤を引いて決める、というのはどうでしょうか」。この提案に義持も同意するが、生前に籤を取ることはしないようにと指示を下した。

満済はさっそくこの返答を大名たちに伝えた。籤で後継者を決めることには皆が同意したが、義持の没後に籤を引くのは難しいだろうから、とにかく今日のうちに内々に籤引きをして、亡くなったあとで開封するというのがいいだろう、ということで話がまとまった。大名たちの依頼を受けて満済が自身で籤に名前を書き入れ、紙で包んで糊付けしたのち、山名時熙が封を書き加えた。そして管領の畠山満家が一人で石清水八幡宮に赴き、神前で籤を引いて夜中に帰った。

図48　足利義教画像

明けて正月十八日の巳《み》の刻（午前十時頃）、義持は死去した。焼香《しょうこう》などをすませたのち、大名たちはひとところに集まり、管領の畠山が籤を開いたが、そこに書かれていたのは青蓮院義円《しょうれんいんぎえん》の名前だった。翌日大名たちが青蓮院門跡《もんぜき》に参上して、ことの次第を義円に伝え、その了承を得た。三月になって義円は還俗《げんぞく》して左馬頭《さまのかみ》に任じられ、義宣《よしのぶ》と名乗って室町殿に移った。

あらたな室町殿の時代はこうして始まるが、その門出は必ずしも平坦ではなかった。五月になると鎌倉公方《かまくらくぼう》の足利持氏《もちうじ》が上洛《じょうらく》を企てているというしらせが京都にもたらされた。持氏はかつて義持の猶子《ゆうし》になりたいと話をもちかけたこともあるので、義宣が後継者となったことに不満をもったこともありえなくはないが、関東管領《かんれい》の上杉憲実《うえすぎのりざね》の説得もあって、結局これは沙汰止みとなる。ところがことはこれだけではすまず、伊勢国司《いせこくし》の北畠満雅《きたばたけみつまさ》がまたもや動き出し、後亀山《ごかめやま》天皇の皇子である小倉宮《おぐらのみや》が京都を脱走して北畠のところに赴くという事態に発展する。満雅は関東の持氏と連絡をとりあっていて、持氏の上洛とあわせて南朝勢力の再興を果たそうと企てたのである。

早速伊勢守護《しゅご》の土岐持頼《ときもちより》に対して北畠討伐の命が下されたが、こうした中、京都とその周辺で地下人《じげにん》たちが徳政《とくせい》を要求して蜂起《ほうき》するという、前代未聞のことが起きる。八月のころに近江《おうみ》で始まったが、九月になると京都の周辺にも波及し、満済のいる醍醐でも地下人たちが蜂起して、借金証文を奪い取って焼き捨てるという事態になった。驚いた満済はまず細川持元に連絡し、細川の軍勢数百騎が寺の警固に来てくれたので、郷民《ごうみん》たちもおとなしく退散し、とりあえずの解決をみた。また知らせをうけた管領の畠山が、義宣の了解を得たうえで侍所《さむらいどころ》の赤松満祐《あかまつみつすけ》に一揆《いっき》鎮圧の命令を下し、侍所の軍勢二〇〇騎が山科《やましな》に陣取って対応した。徳政を標榜する土民《どみん》の一揆は、要求を実現できないまま収束するが、一般の郷民が団結して決起すること自体、それまでにはみられないことだった。

鎌倉の持氏が上洛するという危険性はとりあえず去ったが、関東の動きにどう対処するか、義宣や大名たちも頭を悩ませざるをえない状況が続いた。とりあえず使僧《しそう》を関東に派遣することに決まり、また篠川《ささがわ》公方の足利満直《みつなお》や、伊達《だて》・芦名《あしな》・結城《ゆうき》（白河《しらかわ》）といった奥州《おうしゅう》の武士たちに対して、持氏の軍勢を防ぐようにとの御内書《ごないしょ》が下された。まもなくして越後守護代《えちごしゅごだい》長尾邦景《ながおくにかげ》のところから、持氏から自身や越後の国人《こくじん》たちに対して、味方になって忠節を尽くすようにとの御教書《みぎょうしょ》が配られているので、陰謀は明白だという注進《ちゅうしん》が届いた。しらせを受けた幕府では、越後の国人にあてて御教書を出すことにし、また信濃《しなの》守護の小笠原政康《おがさわらまさやす》と駿河《するが》守護今川範政《いまがわのりまさ》に、京都から国に下って関東の情勢に対応するようにとの命が下された。越後・信濃・駿河の三国は、鎌倉府の管国に接していたので、関東に対する最前線となり、守護や武士たちはやがて戦いに動員されてゆくことになる。

伊勢の内乱はまもなく鎮圧され、北畠満雅は討死、小倉宮は嵯峨《さが》に引き戻された。翌正長《しょうちょう》二年（一四二九）三月、関東に派遣されていた使僧が帰京して義宣に謁見《えつけん》し、鎌倉の持氏との交渉が平和裏に整ったことを報告した。まもなく義宣は元服《げんぷく》を果たし、さらに参議左近衛中将《さんぎさこのえのちゅうじょう》および征夷大将軍《せいいたいしょうぐん》に任じられた。このとき義宣は名乗りを義教《よしのり》と改め、半月後には権大納言《ごんだいなごん》に昇進し、従三位《じゅさんみ》に叙せられた。将軍であるとともに朝廷の要職も兼ねる地位を、義教はようやく手に入れたのである。

関東への対応

使僧の派遣によって幕府と鎌倉府の関係は回復されたかにみえたが、篠川公方足利満直がしきりに情勢を幕府に報告し、救援を求めてきたために、義教や満済、そして諸大名たちも、対応に苦慮しつづけることになる。正長二年七月のこと、南奥羽の白河氏を討伐するために鎌倉の大軍が攻め込んでおり、このままだと自分も危ないし、京都にとっても御大事《おんだいじ》であるので、早く救援してほしいという篠川公方の注進が届けられ、対応に悩んだ義教は、奉行人《ぶぎょうにん》の飯尾為《いのおため》種《たね》・為行《ためゆき》の両人を通して、管領をはじめとする大名たちに、自分の意見を申し入れるようにと命じた。

将軍の諮問《しもん》に対して大名たちは個別に返答した。管領の畠山満家は「特に意見はないので上意に従います」と答え、斯波義淳は「越後や信濃・駿河の軍勢を進発させることはやめるべきだ」と主張した。斯波は関東討伐に反対だったわけだが、山名時熙は「篠川殿は忠節を尽しているのだから、助けてやらねばならない、三ヵ国の軍勢を進撃させるのに、何の問題があろうか」と逆の意見を具申した。細川持常《もちつね》と一色義貫《いっしきよしつら》（義範の改名）は「軍勢発向《はっこう》は延期して、とりあえず御教書を出して出陣の準備をさせるのがいい」と中庸《ちゅうよう》の意見を述べ、赤松満祐も大筋では同意見だったが、「軍勢派遣は今でもかまわないのでは」と付け加えた。そして畠山満慶は「軍勢を出すことは絶対にいけない」と強く主張した。

このように諸大名の意見はまちまちだった。持氏追討を強く主張したのは山名時熙で、赤松満祐もこれに近い意見だった。一方斯波義淳は軍勢派遣に反対で、畠山満慶はいちばん強硬な反対論者だった。大名たちの意見を受け取ったのち、義教は満済を招いて意見を求め、満済は篠川公方の注進内容について疑義を述べて、使節を派遣して奥州の情況を調べさせたうえで、あらためて議論するというのでどうかと答えた。これに義教も同意し、畠山満家と山名も納得したため、こんなところで話はまとまった。

しかしその後も篠川公方からの注進は続いた。八月になると下野《しもつけ》の那須《なす》氏が危機に瀕しているので、結城白河も救援に行って籠城しているとの注進がもたらされる。さすがに何もしないわけにもいかず、越後・信濃・駿河の三ヵ国の国人に対して、篠川公方に合力《こうりょく》せよとの御教書を出すことだけは実行された。そのうち「かつて勝定院殿《しょうじょういんどの》（義持）の時代に関東の政務を任せるという御内書を拝領しているから、また同様の御書《ごしょ》をいただきたい」とか、「結城・千葉《ちば》・小山《おやま》といった関東の武士たちにも持氏討伐の御内書を出してほしい」といった要望が篠川公方からつきつけられてきた。

そして前と同じように諸大名の意見が問われることになる。このときは畠山満家にかわって斯波義淳が管領の任に当たっていたが、関東政務の御内書や、関東の武士あての御書を出すことはやめたほうがいいと主張し、畠山満家や畠山満慶も同意見だった。一方山名時熙と赤松満祐は両方とも出しても問題ないとし、一色義貫と細川持常は、政務の御内書はやめたほうがいいが、武士あての御書を出すのは問題ないだろうという、やはり中庸の意見を述べた。前回特に意見を述べなかった畠山満家が斯波に同意しているところがやや異なるが、大名たちの立場は前の具申のときとほぼ同様である。

図49　三宝院満済画像

　大名たちの意見に接した義教は、すぐに満済を呼び出して自分の気持ちを伝えた。「この意見の中では、山名と赤松の言い分がいいと思うのだが、管領の斯波や、前管領の畠山が反対しているのはやはり気になるから、両人の存念《ぞんねん》をあらためて聞き出してほしい」。依頼を受けた満済は、使者を遣わして尋ね、管領は将軍の内意を受け入れたが、畠山は難色を示した。なかなか納得させることは難しかったが、結局満済のはからいで篠川公方と関東の武士あてに御書が出されることになる。

　このころ鎌倉府の使僧が京都に来ていたが、義教は面会をかたくなに拒み、使僧は空しく帰っていった。翌永享《えいきょう》二年（一四三〇）二月、越後・信濃・駿河の軍勢に関東発向を命じるべきかどうか、意見を聞いてほしいと義教から頼まれて、管領の斯波義淳が奉行人を諸大名のもとに派遣した。諮問にあずかったのはいつもの面々だが、拙速に出陣命令を下すことには反対だとみなが同意見を述べた。

　義教は持氏討伐に積極的で、山名や赤松のように強硬派の大名もいたが、さすがに実力行使に及ぶ状況ではないというのがおおかたの判断だった。この後も篠川公方の注進は続き、将軍の御書も出されたが、とりあえず幕府と鎌倉府の対決は回避されることになる。

一色義貫の反抗

権大納言に昇進した当時、足利義教は左近衛中将を兼ねていたが、やがて昇格して右近衛大将を兼ね、永享二年の七月二十五日に大将拝賀《はいが》の儀がとり行われることに決まる。めでたい儀式のはずだったが、このときの一騎打ちの行列の次第をめぐってひと騒動がもちあがる。

一騎打ちの大名たちの並び順は、畠山持国《もちくに》（満家の子）が先頭で、そのあと一色義貫が続き、最後をしめる役は管領の斯波義淳がつとめるということに決まったが、これに一色が難色を示す。五十年前の康暦《こうりやく》元年（一三七九）の、やはり七月二十五日に行われた足利義満《よしみつ》の大将拝賀のときには、祖父にあたる一色詮範《あきのり》が先陣をつとめたのに、今度は畠山の下というのでは「家の恥辱」だから承伏できないというのが彼の言い分だった。畠山と一色では格が違うから、畠山が先頭にくるのは当然だと考えた義教は、山名時熙に義貫の説得を頼み、一色も上意に従いますと返答したが、「特段の配慮で命令に従ってくれたことは神妙であるという内容の御書をいただくか、それが無理なら、御前に召されてこうしたことを言ってもらえればありがたい」という注文をつけ加えた。このことは満済を通して義教に披露されたが、二つの注文にはどちらも応じられないと義教はつっぱねてしまう。

図 50　山名時熙画像

結局病気を口実にして一色は儀式をサボタージュしてしまい、大将拝賀の儀が終わると早速その処分が問題となった。さすがにお咎めなしというのはどうしたものかと考えた義教は、畠山満家と山名時熙の両人の意見を内々に聞こうとして、両者への連絡を三宝院満済と畠山満慶に頼んだ。諮問を受けた山名は「しばらく出仕《しゅっし》停止の処分をして、そのあとで所領を一つ二つ没収する、といったあたりでしょうか」と提案し、畠山満家は「ご折檻《せっかん》されるのはもっともなことですが、大目に見てもらえればありがたい」と一色をかばった。返事を受け取った満済は翌日義教にこれを披露する。

「畠山の意見はわからなくもないが、上意に従わず勝手なことをしたのに処分しないというのでは、公方の威厳が保てないのではないだろうか。このあたりについてもう一度意見を聞いてほしい」。義教の命を受けて、満済は畠山被官《ひかん》の遊佐《ゆさ》と、山名被官の山口《やまぐち》を召し出し、主人の意見を徴するよう指示した。その日のうちに遊佐が来て主人の回答を伝えたが、その内容は「面々のとりなしで一色のことを不問に付しても、公方様のご威光がなくなるようなことはありません」というものだった。

畠山と山名の返事は満済から義教に伝えられたが、義教は簡単に一色を許そうとはしなかった。当の一色義貫が資財を他所に運び出し、討手《うって》が来たら一戦して切腹すると豪語しているという話が広がり、義教も頭にきていたのである。義教の意向は満済を通して畠山と山名に伝えられ、このままでは一色の身が危ないと考えた畠山満家は、内々に管領の斯波義淳や細川持之《もちゆき》（持元の弟で家督《かとく》を継ぐ）・山名時熙・細川持常・赤松満祐と相談して、一色を許してほしいという書状を義教に提出することに決めた。その翌日、満家と満済がこの書状を義教に見せ、結局義教も折れて一件は解決した。

一色の赦免を強く主張したのは畠山満家で、最初は若干の処分をすべきだ言っていた山名時熙も、結局これに同調した。また管領の斯波や細川・赤松といった面々も一致団結して一色の赦免《しゃめん》を求めた。こうした大名たちの説得によって、義教も素志《そし》を断念せざるをえなかったわけである。

永享三年（一四三一）の六月十一日、義教の御所《ごしょ》で連歌《れんが》の会が開かれたが、このときに畠山満家と山名時熙から、政治にあたって私曲《しきょく》を持たないという起請文《きしょうもん》が義教に提出された。これを見た義教はいたく喜び、うれしい限りだと言った。翌日には細川持之・赤松満祐・一色義貫も同様に起請文を提出し、それぞれ守護をつとめる管国の統治に意を注いでほしいと、義教も大名たちに言葉をかけた。

義教が室町殿として迎えられて三年、政治はそれなりに安定し、義教と大名たちの関係も円満さを保っていた。連歌会のときに起請文が提出されるというのも、両者の努力のあらわれといえるが、ほんとうに円満ならばこんなことは必要ないという見方もできるだろう。ようやく自己主張を始めた壮年の室町殿と、無事平穏を願いつづける大名たちの間には、いつしか深い溝が生まれていたのである。

九州の戦乱

こうしたころ、遠く九州での一大事が伝えられる。永享三年七月十三日、周防《すおう》・長門《ながと》・豊前《ぶぜん》三国の守護をつとめ、筑前《ちくぜん》の経営にもあたっていた大内盛見《おおうちもりみ》が、豊後《ぶんご》の大友持直《おおともちなお》と筑前の少弐満貞《しょうにみつさだ》の連合軍と合戦して討死したというしらせが京都にもたらされたのである。戦いは六月二十八日、場所は筑前伊都《いと》郡とのことだった。

図 51　大内盛見画像

前代未聞の出来事に驚いた義教は、いつものように大名たちの意見を聞くことにし、やはり三宝院満済に頼んだ。満済はそれぞれの大名の被官たちを召し出して、主人から意見を聞きだしてきて報告するようにと命じた。大名の意見が徴されたのち、奉行人の飯尾為種と飯尾貞連《さだつら》がその内容を清書して義教に披露した。大名たちの意見を受け取った義教は、九州にすでに下向している二人の使僧のもとに、あらたに二人の僧を遣わして、九州の状況を調べさせるのがいいだろうと命を下した。

これとあわせて九州や中国地方の武士たちに大内に合力せよとの命令を下すべきかどうかも問題になった。大友持直と対立しているいとこの親綱《ちかつな》や、肥後《ひご》の菊池《きくち》兼朝《かねとも》に御内書を下そうかと義教は考えたが、畠山と山名の意見によって、事情がまだわからないので、九州の武士に御内書を下すのは延期して、とりあえず石見《いわみ》と安芸《あき》の国人たちに、大内に合力せよとの命令を出すことに決まった。

ちょうどこのころ、鎌倉府からの使者の二階堂盛秀《にかいどうもりひで》が上洛して、将軍への謁見を願いつづけていた。管領の斯波義淳などが尽力して義教に懇願を続けていたが、なかなか許可がもらえないまま月日が過ぎた。長らく反抗的態度を取り続けてきた持氏と簡単に和睦《わぼく》することなどできないと義教は考えていたようだが、九州の戦乱によって事情は変わる。西の火の手に対応するためにも、関東との融和が必要となったのである。大名たちの意見を受け入れて、義教は使節との対面を了承、七月十九日に二階堂盛秀は義教との謁見を果たした。こうして幕府と鎌倉府の対立はとりあえずの解決をみる。

九州の鎮定にさいしてまず問題になったのは大内氏の跡目のことだった。大内義弘（盛見の兄）の子の持世《もちよ》と持盛《もちもり》が後継候補となるが、幕府は兄の持世を大内家の惣領《そうりょう》に定め、弟の持盛には長門の守護職を与えた。冬になってまた二人の使僧が九州に派遣されるが、翌永享四年（一四三二）の正月、この使僧が京都に現われ、九州でおきたことを注進した。「豊後の大友のところに行こうとしたが、路次《ろじ》不通のところが多く、山賊に追い返されるありさまなので、そのまま帰京しました」。

無責任な使僧の報告に、義教もさすがに不満を隠さなかったが、大友持直の叛意《はんい》は明らかだと判断して、大名たちに意見を聞くことにした。やはり満済が間に立って、いつもと同じように大名たちの意見が集められ、二人の奉行がこれを義教に披露した。この結果、大友親綱に御内書を下すことで話がまとまり、菊池兼朝や安芸・石見・伊予《いよ》の国人たちにも大内を援《たす》けよとの命が下された。

討伐の体制は整えられたが、こうしたさなか、肝腎《かんじん》の大内氏の内部でもめごとがおきる。長門守護に任命された大内持盛が、兄の持世に対して夜討ちをしかけたのである。敗れた持世は長門と石見の国境の要害に逃げ込み、兄弟の戦いが始まることになる。先に惣領と定めた持世の苦境を救うべく、山名が守護をつとめる安芸・石見の軍勢が派遣され、持世は危機を脱するが、大内兄弟の争いと、幕府軍と大友持直・少弐満貞の戦いが同時並行するという複雑な事態になってゆく。

西国は戦乱の渦中にあったが、京都は平穏で、左大臣《さだいじん》に昇進した義教は、しばらくして富士《ふじ》を見るために東国に下向《げこう》したいと言い出した。諸大名や公家たちを従えて出発した義教は、駿河で守護の今川範政と面会し、富士を見物したのち帰京した。西国が大変なときにわざわざ富士遊覧を実行した義教の真意はわからないが、やはり関東の持氏に対する示威行為とみていいだろう。

西国の戦いは長引いていたが、やがて大内持世が大友・少弐追討のために旗を下付してほしいと申請してきた。これをうけて永享五年（一四三三）三月、大友・少弐を退治せよとの御教書と御旗が持世に下され、大友親綱を豊後守護、菊池兼朝を筑後守護とすることも決められた。四月には大内持盛が討ち取られ、とりあえず一つの問題は解決した。

坂本馬借の蜂起

大内の内紛が一段落してほっとしたのもつかの間、こんどは京都で事件がおきる。いつものことだが、比叡山延暦寺《ひえいざんえんりゃくじ》の僧徒《そうと》たちが、日吉《ひえ》の神輿《しんよ》をかざして嗷訴《ごうそ》を試みたのである。七月十七日の朝、根本中堂《こんぽんちゅうどう》に神輿《しんよ》が振り上げられ、山上《さんじょう》も坂本《さかもと》も騒然となった。やがて僧徒たちの主張を書いた事書《ことがき》が幕府にもたらされたが、そこには猷秀《ゆうしゅう》法師のたくらみと、赤松満《みつ》政《まさ》・飯尾為種の悪行が綴られ、赤松は遠流《おんる》にし、飯尾についてはその身柄をこちらに渡すようにと書かれていた。

ほぼ同時に坂本の馬借《ばしゃく》が洛中《らくちゅう》に乱入してくるという噂も流れた。命令を受けた山名時熙が少しばかりの手勢をつかわしたところ、真夜中に大原辻《おおはらつじ》で三〇〇人もの馬借の一団とばったり会ってしまった。しばらくにらみあいが続き、山名の兵士が「おまえたちは敵か味方か」と聞いたところ、「味方のはずがないだろう」という返答と同時に矢が飛んできた。こうして矢戦が始まって、そのあと馬借の一団が襲いかかってきたが、山名の兵が弓で応戦したため、結局馬借たちは退散していった。

三〇〇人もの大軍でありながら、専門の兵士の前ではひとたまりもなかったわけだが、坂本の馬借たちが延暦寺の僧徒と結んで押しかけること自体、やはりこれまでにはないことだった。この後も馬借の蜂起《ほうき》は続き、閏《うるう》七月三日には馬借たちが北白川《きたしらかわ》に発向して放火したため、畠山の軍勢がたちむかってこれを追い払っている。このときは北白川の住人たちも畠山軍に協力して防戦し、一人の死者を出した。村に襲いかかって放火する馬借たちは、住民にとっても敵だったのである。

そうこうする中、延暦寺僧徒の訴えにどう対応すべきか、幕府の内部で議論が続けられた。一二ヵ条の主張のうち三つについては認めてもいいのではないかと、義教も最初は考えていたが、延暦寺で公方の調伏《ちょうぶく》をしているという話を聞いて、一ヵ条たりとも認めないと言い出した。閏七月五日、管領の細川持之と畠山満家・斯波義淳・一色義貫・赤松満祐の五人が満済のもとを訪れ、もし神輿が入洛《じゅらく》したりしたら一大事なので、とにかく三ヵ条だけでも許可するよう義教に披露してほしいと頼んだ。諸大名の意見を受け入れて、三ヵ条だけは認めるとの返答が延暦寺に下されたが、僧徒たちはこれだけではひきさがらず、猷秀と赤松・飯尾の処分をまたもや要求してきた。

そしてまた諸大名の意見が徴される。ここは言い分をある程度のむしかないというのがおおかたの意見だったが、「猷秀と赤松・飯尾を流罪《るざい》にするというのは合点がいかない」と義教はつっぱね、「神輿動座《どうざ》はいつものことで、これまで優しく対応してきたが、やはりまちがった裁許《さいきょ》はできない」と言った。お気に入りを最後までかばおうとしたのである。

この返答に困惑した管領細川持之は、また諸大名に相談をもちかけ、彼らの意見をまとめたうえで、翌日また義教に訴えた。「管領になってまもない私に免じて、無為《ぶい》の御裁許をお願いします」。就任まもなくなのに事件を引き起こしたくないと、持之は懇願したのである。さすがに義教も折れざるをえず、猷秀を流罪にし、飯尾為種を出仕停止にすると指示を下した。

こうして一件はおさまるかにみえたが、延暦寺の僧徒や馬借たちの決起はその後も続いた。八月十二日には、延暦寺の僧徒たちが大勢で園城寺《おんじょうじ》（三井寺《みいでら》）に押し寄せ、壮絶な戦いを繰り広げた。このたびの訴訟に与力《よりき》せず、幕府に味方したことを恨んでのことだった。十一月になって僧徒たちは再び決起し、義教の命令を受けた大名たちの軍勢が鎮圧に向かった。戦いの末、僧徒たちは降参し、根本中堂に振り上げられていた神輿も帰座した。

九州の情勢もこのころには収束に向かっていた。八月には少弐満貞が討ち取られ、大友持直も戦い敗れて、豊後の府内《ふない》（大分市）から船で逃走した。持直はやがて豊後に戻り、大内持世らとの戦いを続けるが、持世はこれを破って九州平定を実現、永享九年（一四三七）の正月には周防に戻り、幕府に戦勝を報告した。大内盛見の戦死から五年あまりで、持世はようやく宿願を果たしたのである。

万人恐怖

永享六年（一四三四）二月、義教は待望の男子に恵まれた。生母は側室《そくしつ》の日野重子《ひのしげこ》で、義教の御所には祝賀のために続々と人々がつめかけたが、生母の兄にあたる日野義資《よしすけ》のところに参賀《さんが》に赴く人も多かった。ところが、何を考えたか義教は日野邸の近くに見張りを置いて、だれが参賀に来たかくわしく注進させたうえで、こうした面々を処分すると言い出した。仁和寺《にんなじ》門跡や前関白九条満教《さきのかんぱくくじょうみつのり》にも追及の手は及び、西園寺《さいおんじ》・甘露寺《かんろじ》・高辻《たかつじ》らの公家たちは所領を没収された。日野邸に赴いた人はあわせて六〇余人だったが、所領を奪われたり、どこかに逐電《ちくでん》したり、惨憺《さんたん》たるありさまだった。

図52　日野家系図

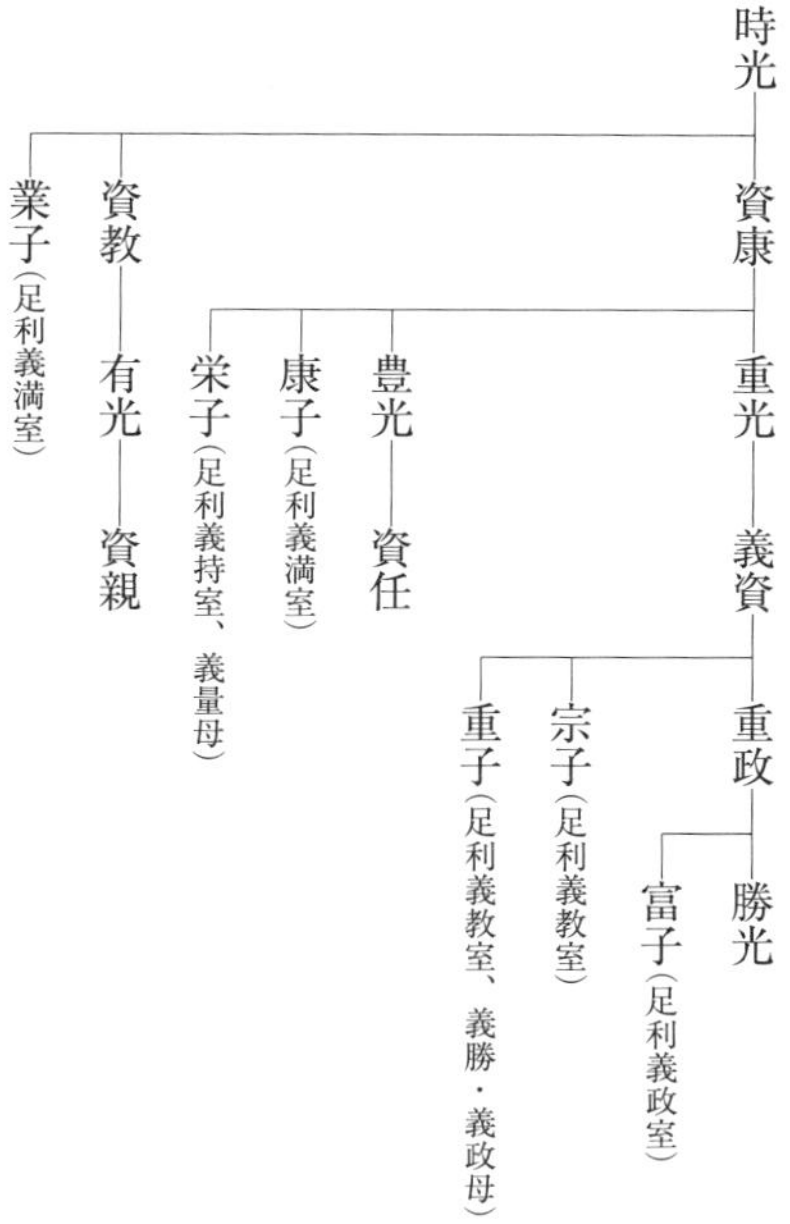

六月になるとこの日野義資が殺害されるという事件が起きた。盗人に殺されたということだったが、これも公方の命令によるものではないかと人々が考えるのは自然のなりゆきだった。数日後、高倉《たかくら》永藤《ながふじ》という公家が突然捕えられる。将軍の近習《きんじゅう》たちが集まっている中で、日野の

横死《おうし》は公方の仕業《しわざ》だと語ったというのが罪状だった。身に覚えがないと永藤は抵抗したが、雑談を聞いていた数十人がたしかに言ったと証言したので有罪が固まり、所領没収のうえ硫黄島《いおうじま》に配流《はいる》と決まった。

そうこうする中、いったんおさまったかにみえた延暦寺の問題が再燃する。円明坊兼宗《えんみょうぼうけんしゅう》と金輪院弁澄《こんりんいんべんちょう》が中心となって決起を図り、日吉の神輿を根本中堂《こんぽんちゅうどう》に振り上げたのである。神輿の入洛に備えて大名たちの手勢が各所に配置され、十月四日、ようやく神輿を擁した僧徒たちは山を下り、京都に向かって進んだが、砂河原というところに神輿を置き捨てて、みんな山に帰っていった。神輿を据えておく台の脚が折れてしまったので、しかたなくそこに振り捨てたということらしかった。

数日後、杉生坊という僧徒が上京して降参を申し出てきた。十一月になると延暦寺に対する攻撃が開始され、この杉生坊が幕府方の先頭に立ったが、僧徒や馬借たちと戦って討死してしまう。続いて大名たちの軍勢が組織され、山名や土岐の軍勢が坂本に攻め込んで馬借たちと戦い、坂本の地はほぼ焼き尽くされた。ついに延暦寺の側も観念し、金輪院弁澄ら四人の僧を京都に送るので、今回のことは赦免してほしいとたのんだ。義教もこれを了承し、四人は入京して義教に謁した。

今回の一件の張本人の円明坊は出奔《しゅつぽん》し、その子の兼珍《けんちん》は廬山寺《ろざんじ》の宿坊《しゅくぼう》で自害した。ところがこのとき乗蓮《じょうれん》という僧が兼珍とともに自害したことから、あらたな問題が発生する。兼珍はさきに上洛した四人のうちの一人だったので、自分に謁見して安堵《あんど》の御判《ごはん》を拝領しながら、こんな振る舞いに及ぶのは不思議だと義教が言い出したのである。彼らにはやましいところがあるのだから、許しておくわけにはいかないと考えた義教は、ここで報復を開始する。翌永享七年（一四三五）二月四日、延暦寺の使節として京都にいた金輪院・月輪院《がつりんいん》・兼覚《けんがく》の三人が突然捕縛《ほばく》され、悲田院《ひでんいん》で処刑されたのである。

さすがにこれには僧徒たちも激怒した。翌日の正午、根本中堂に火が放たれ、前日から振り上げられていた大宮権現《おおみやごんげん》の神輿もろとも灰燼《かいじん》に帰した。根本中堂に籠もっていた二〇人ばかりの僧たちが集団で自害を遂げたというしらせが京都に届き、人々はあっけにとられた。義教にとっても後味のわるい事件で、今後延暦寺の一件についてはあれこれ話してはならぬとの命令が出され、たまたま路次で噂話をしていた煎物商人が捕えられ斬首されるという事件もおきた。このことを日記に書いた伏見宮《ふしみのみや》貞成《さだふさ》親王（後《ご》花園《はなぞの》天皇の父）は、末尾にこう記している。「万人恐怖す、言う莫《なか》れ、言う莫れ」。

いままで抑圧されていた反発かもしれないが、この時期になると義教の所行《しょぎょう》は酷薄さを増し、大名だけでなく一般の人々も薄氷を踏む思いで生活せざるを得ないようになっていった。そしてかつて義教に意見を述べ、幕府政治をきりもりしていた大名たちもつぎつぎに世を去り、世代交代が進んでいった。永享四年に畠山満慶、永享五年には畠山満家と斯波義淳が死去していたが、延暦寺の一件がおわったあとの永享七年六月には三宝院満済、七月には山名時熙が死去した。重鎮たちのうち残ったのは細川持之と一色義貫・赤松満祐くらいのもので、畠山満家の子の持国と、山名時熙の子の持豊《もちとよ》はまだ若く、大きな発言力を持てなかった。室町殿と大名が意見を交わしつつ政治を進めるという形は変わらなかったが、いつしか義教の独裁性がきわだつようになっていったのである。

2――永享の乱と結城合戦

関東管領上杉憲実

正長元年（一四二八）五月、足利義宣（義教）の家督継承に不満をもった鎌倉公方足利持氏が、自身上洛しようと企てたとき、必死になってこれを止めたのは、越後守護上杉房方《ふさかた》の子だったが、本家の上杉憲基《のりもと》のあとをつぎ、長じて関東管領だった。このとき彼は十八歳。このころにはその発言力を確かなものにしていた。

関東管領は鎌倉公方の補佐役だが、管領職自体は将軍から任命されるもので、将軍の配下という面もあわせて持っていた。将軍や大名たちともつながりがあり、幕府にとっては頼りになる存在だった。そして憲実自身も幕府と鎌倉府の融和のために奔走した。永享四年（一四三二）二月、憲実は家臣の判門田壱岐入道《はねだいきにゅうどう》を京都に遣わしてさまざまの交渉をはかり、判門田は義教への謁見も果たした。翌永享五年にはあらたに駿河守護となった今川範忠《のりただ》の入部《にゅうぶ》を反対派の国人たちが阻止しようとして戦いが起こり、鎌倉府が反対派を支援しているとのしらせが幕府にもたらされたが、このときには管領の細川持之から憲実にあてて、軽率なことをしないよう関東をまとめてほしいとの書状が出された。

永享八年（一四三六）には信濃で戦いがおきた。守護の小笠原政康と、佐久《さく》地方に勢力を張る村上《むらかみ》

図 53　上杉憲実木像

頼清《よりきよ》が、領地をめぐって争いをはじめた。村上は鎌倉公方と縁の深い国人だったので、持氏は村上救援のために軍勢を派遣しようとしたが、このときも上杉憲実は持氏を強く諫《いさ》めた。信濃は幕府の管国だから、軽率に介入してはならないと訴えたのである。

憲実は時として公方に諫言することも辞さなかったが、その背後にはこの時期急速に成長してきた家臣たちが控えていた。もともと関東管領の職は山内《やまのうち》家と犬懸《いぬかけ》家で交互につとめてきたが、応永二十四年（一四一七）に犬懸家の氏憲《うじのり》が滅亡したため、山内家の勢力は大きく伸び、関東管領も世襲することとなった。犬懸上杉氏とその与党の滅亡によって、鎌倉公方足利持氏とこれに従う奉公衆《ほうこうしゅう》の勢力が大きくなっていくが、同時に山内上杉氏の側もはなばなしい台頭をみせた。奉公衆の主要メンバーは一色直兼《なおかね》・一色持家《もちいえ》・上杉憲直《のりなお》などで、対する上杉氏の側では、山内上杉氏の家老である長尾忠《ただ》政《まさ》・長尾景仲《かげなか》や、扇谷《おうぎがやつ》家の持朝《もちとも》とその家老の太田《おおた》資清《すけきよ》などが勢力を伸ばしていた。

こうした中で公方派と上杉派の反目はしだいに表面化していき、背後にいる勢力の対立のなかで、持氏と憲実の関係も微妙なものとなった。ともすれば自立の道を歩もうとする持氏を、将軍や幕府と縁の深い憲実がいつも諫めるという構図も、両者の決裂の誘引となりかねなかった。

永享九年（一四三七）六月、信濃の小笠原を退治するために上杉憲直を大将とする軍勢が派遣されるという噂が流れたが、憲実の家臣たちは、小笠原討伐は口実で、ほんとうは主人の憲実を討とうとしているのではないかと疑い、鎌倉中は騒然となった。困った持氏は上杉憲直を藤沢《ふじさわ》に隠居させて解決をはかろうとし、自身憲実の宿所に出向いて、いままでどおり管領職に留まってほしいと頼んだ。憲実も了承していったんの危機は去ったが、両者の決裂は時間の問題だった。

足利持氏の滅亡

永享十年（一四三八）六月、鎌倉公方持氏の嫡男賢王丸《けんおうまる》の元服の儀が執り行われ、若君は義久《よしひさ》と名乗った。京都の将軍の名の一字を拝領するこれまでの習わしを改め、遠く八幡太郎義家《はちまんたろうよしいえ》につながる「義」の字を名乗りに加えたのである。京都の将軍も「義」の字を上においていたから、関東と京都は対等であると宣言したに等しかった。

関東管領の上杉憲実は、もちろん将軍に一字下付《かふ》をお願いすべきだと主張したが、受け入れてもらえず、持氏と憲実の対立は決定的となった。八月になると憲実追討のために軍勢が集められているという噂が広まり、危機を悟った憲実は上野《こうずけ》の平井《ひらい》（群馬県藤岡市）に逃れた。その二日後、持氏は憲実討伐の兵を発して、自身鎌倉を出立し、武蔵府中《むさしふちゅう》（東京都府中市）の高安寺《こうあんじ》に陣を布いた。

関東の情勢が不穏だとのしらせは、七月のうちに京都まで届いていた。駿河守護の今川範忠が幕府に注進し、報告を受けた義教は、合戦が始まったらすぐに上杉に合力せよと、御教書を出して今川に命じた。八月になると奥州の篠川公方満直や、伊達・芦名・白河といった国人たちにあてて、上杉が危機に陥ったら救援せよとの命令が、管領の書状のかたちで下された。憲実が上野に逃れるかなり前から情勢は京都に報告され、いざというときの対応も組まれていたのである。

憲実が上野に逃れ、持氏が出陣したとの知らせを受けた幕府では、早速持氏追討の軍勢が組織され、天皇の綸旨《りんじ》も得て大義名分を確かなものとした。駿河や信濃の武士たちが鎌倉を目指して進み、箱根《はこね》の水呑《みずのみ》で敵と戦った。斯波持種《もちたね》や甲斐《かい》将久《ゆきひさ》らの幕府軍は、錦《にしき》の御旗《みはた》を掲げて京都を出発、義教も自身出陣しようとしたが、管領の細川持之や山名・赤松に説得されて思いとどまった。

九月二十七日、相模《さがみ》の早川尻《はやかわじり》（神奈川県小田原市）で決戦があり、上杉憲直を大将とする鎌倉方は敗北した。その二日後、武蔵府中の高安寺にいた持氏は、相模の海老名《えびな》（海老名市）に陣を移すが、このとき持氏に従っていた千葉《ちば》胤直《たねなお》が裏切って上杉方に転じた。憲実を召し返して和睦をしてほしいと手だてをめぐらしたのに許容されなかったことに不満をもち、主人に背を向けたのである。十月になると鎌倉の留守居役だった三浦《みうら》時高《ときたか》が、やはり上杉に応じて、本拠の三浦に帰ってしまう。

情勢を見て上杉憲実も動き、十月十九日に武蔵の分倍河原《ぶばいがわら》（東京都府中市）に布陣した。十一月一日には三浦時高が鎌倉に攻め込んで持氏の子息たちを捕えた。海老名にいた持氏も鎌倉に帰ろうと出発するが、途中で憲実の重臣の長尾忠政とばったり会ってしまう。観念した持氏はここで忠政に身柄を預け、忠政は鎌倉まで供奉《ぐぶ》したのち、公方を永安寺《ようあんじ》に入れた。数日後持氏は武蔵金沢《かねさわ》（横浜市金沢区）

の称名寺《しょうみょうじ》で出家する。

公方方の大将格だった上杉憲直と一色直兼は、長尾忠政らの率いる軍勢に攻められて自害した。持氏は再び永安寺に幽閉され、千葉胤直と上杉家重臣の大石憲儀が警固役となった。憲直・直兼ら叛徒《はんと》の首は続々と京都に送られたが、義教は公方持氏の処分が遅れていることにいらだちを隠さなかった。公方の持氏はすでに出家していて、若君も喝食《かつしき》の形になって降参しているのだから、命ばかりは助けてほしいと、使節を遣わして憲実は懇願したが、義教はとりあわなかった。

年明けて永享十一年（一四三九）、相国寺住持《しょうこくじじゅうじ》の柏心周操《はくしんしゅうそう》が義教の命を受けて鎌倉に入り、憲実に主命を伝えた。二月十一日、上杉持朝と千葉胤直が軍勢を率いて永安寺に迫り、持氏は叔父の満貞とともに自害して果てた。かつて奥州に派遣されていた稲村《いなむら》公方の満貞は、篠川公方との抗争に敗れて鎌倉に戻り、その後は持氏を補佐していたのである。

報国寺《ほうこくじ》に幽閉されていた長男の義久も二十八日に自害し、争いは収束をみたが、持氏の滅亡はまことにあっけないものだった。上杉憲直や一色直兼など、大将格の近臣は誅伐されたが、持氏恩顧《おんこ》の武士たちはほとんど手つかずの状態で残った。そして彼ら公方派の武士たちは、上杉氏とその被官たちの台頭を阻止するべく決起することになるのである。

結城氏朝の決起

公方不在となった関東では、管領の上杉憲実と、長尾忠政・景仲らの重臣たちが政治を司っていたが、持氏の助命を果たせなかった憲実が引退を表明して藤沢に籠もり、さらに伊豆《いず》の国清寺《こくしょうじ》に隠棲《いんせい》したことにより、状況は混沌としたものになった。京都の義教は自分の子息を鎌倉に派遣する準備を進めようとしたが、信頼する憲実が不在の状態では、安心してわが子を託すこともできず、若君の鎌倉入りはとりあえず延期となった。山内上杉家の家督が不在というわけにもいかず、越後から憲実の弟の清方が鎌倉に迎えられ、しばらくは彼が上杉氏の中心に立つことになる。

年明けて永享十二年（一四四〇）の正月、持氏の余党の一色伊予守が相模の今泉《いまいずみ》で決起し、これが公方派の蜂起の引き金になった。三月になると持氏の遺児の安王丸《あんおうまる》と春王丸《しゅんおうまる》が常陸《ひたち》で兵を挙げ、下総《しもうさ》の結城氏朝《うじとも》がこれを自らの城に迎え入れた。結城氏は下野の小山氏の一族だが、下野守護に任命されるなど、鎌倉公方のもとで尊重されつづけた一族だった。こうした恩義に報いるべく氏朝は若君を城に受け入れ、公方恩顧の武士たちが続々と城に詰め掛けた。武士たちの決起はまもなく京都に伝えられ、大名たちに軍事動員がかけられた。伊豆に隠遁《いんとん》していた上杉憲実も、義教の命令を受けて鎌倉に戻り、上杉清方《きよかた》と上杉持朝を大将とする軍勢が鎌倉を出発した。

いったんおさまったかにみえた関東の動きが再燃し、京都の人々も不安を感じていたが、このような中、人々を震撼させる事件がおきる。有力大名として幕政にも参与した一色義貫と、伊勢守護で軍事に功績の高かった土岐（世保）持頼が、大和の地でともに殺害されたのである。一色を討ち取ったのは若狭《わかさ》の武田《たけだ》信栄《のぶひで》で、義貫を朝飯に誘い、その場でこれに襲いかかった。家臣たちが討死する中、義貫は自害し、陣中に残っていた子息や兄弟たちも、細川持常の軍勢に攻められて、討死したり自害したりした。土岐持頼は陣中にいたところを伊勢の国人長野《ながの》氏などの手勢に攻められて討死した。

事件のおきたのは五月十五日だが、翌日には京都にある一色義貫の館が襲撃をうけた。襲ったのは義貫の甥にあたる一色教親《のりちか》で、館にいた義貫の子息たちは捕えられた。一色義貫は若狭・丹後《たんご》・三河《みかわ》の守護を兼ねていたが、若狭には義貫殺害の下手人の武田信栄が入り、丹後の守護職は一色教親、三河の守護職は細川持常が拝領した。また教親は土岐持頼が保持していた伊勢の守護職も獲得した。

一色と土岐の殺害が義教の命令によってなされたことは誰の目にも明らかだったが、もちろん表立ってこれを批判する人々もなく、政治は粛々と進められた。こうした中でも関東の情勢は緊迫度を増し、結城の安王丸らの命をうけた奥州の石川《いしかわ》が、篠川公方の足利満直を討ち果たすという一幕もあった。関東の主たらんと切望していた篠川公方は、政情の転換の中で非業の最期を遂げたのである。七月の末になって上杉清方を総大将とする軍勢が結城城のまわりに集結し、長い在陣が始まった。千葉・宇都宮・小山・小田・武田といった関東の大名や、上州一揆《じょうしゅういっき》・武州《ぶしゅう》一揆などの中小武士、さらには越後や信濃の軍勢など、東国の諸勢力が総動員されている状態だった。しかし城方にも結城一族や公方の奉公衆がつめかけており、要害堅固な城は簡単には陥落しなかった。

在陣四ヵ月に及んだ頃、上杉清方は総攻撃をするかどうかについて諸将の意見を聞いた。早く攻めるべきだという意見もあったが、慎重論もあり、なかなか決断ができないまま年を越して、永享十三年（一四四一）の元旦には、逆に城内の兵士たちの襲撃を受けた。このときの合戦は包囲軍の勝利に終り、兵士たちは城の中に戻っていった。これから三ヵ月、兵士たちの必死の籠城が続くが、四月十六日の総攻撃によって城は陥落、結城氏朝をはじめ籠城していた武士たちはほとんど討ち取られ、安王丸と春王丸は捕らえられた。翌日には首実検が行われ、戦勝は早速京都に報告された。京都に向けて護送された安王丸と春王丸は、途中の美濃垂井《みのたるい》で、義教の命令によって斬首された。

結城城に結集した公方派の武士たちはほぼ壊滅状態になり、上杉氏の支配が開始されるかにみえていた。しかしこのあとまもなくおきた京都の政変によって関東の政情も一転し、公方派は再び復活することになるのである。

3——変貌する幕府政治

幕府政治の転換

一色義貫と土岐持頼が討たれたあとも、大名たちをめぐってさまざまな事件がおきていた。永亨十三年（嘉吉元年、一四四一）の正月末には、畠山家の惣領だった持国が河内《かわち》に下向し、かわって弟の持永《もちなが》が家督の地位についた。畠山家重臣の遊佐《ゆさ》勘解由左衛門尉《かげゆさえもんのじょう》と斎藤因幡入道《さいとういなばにゅうどう》が持国の追い落としを主導し、足利義教もこれをうけて弟を畠山の惣領にするとの決定を下したのである。結城城が落城して関東の問題が一段落したあとの六月十八日には加賀《かが》守護の富樫《とがし》教家《のりいえ》が義教の怒りに触れて出奔し、三宝院の喝食《かつしき》だった弟がかわって守護に任命された。

この六日後に事件は起きた。六月二十四日の夕刻、招かれて赤松満祐の宿所に赴き、酒宴に参加していた義教が、赤松の手の者によって斬殺されたのである。当主の満祐は狂乱を理由に出仕しておらず、このときも別の家にいて、将軍を招いたのは子息の赤松教康《のりやす》だった。管領の細川持之をはじめ、畠山持永・山名持豊・細川持常・大内持世・京極高数《きょうごくたかかず》といった大名が列席のうえで猿楽《さるがく》が披露されたが、盃が重ねられて五献目になったとき、御座のうしろの障子が開いて、甲冑をつけた武者が数十人あらわれ、義教の首を刎ねた。あまりに突然のことで、大内と京極は刀を抜いて防戦したものの、ほかの大名たちはすぐにその場を逃げ出してしまった。相伴《しょうばん》に来ていた三条実雅《さんじょうさねまさ》は御前にあった太刀をつかんで戦い、義教の近習の山名熙貴《ひろたか》と細川持春《もちはる》も奮戦、熙貴はその場で討たれ、持春も負傷して帰宅ののち死去した。

義教と熙貴の首を剣に突き刺して、赤松教康らは京都の市中を堂々と進み、義教の遺骸《いがい》を放置したまま、事件のあった赤松の宿所には火が放たれた。現場から逃げ出した管領の細川持之は、気を取り直して朝廷に赴き、「今日のことは言語道断の次第です。ただ幸いにも若君がいらっしゃるので、天下は安穏でしょう」と報告した。二日後、義教の長男千也茶丸《せんやちゃまる》が伊勢《いせ》貞経《さだつね》邸から御所に迎えられ、細川持之が管領として補佐することが決まり、播磨に籠もった赤松氏の討伐のことが早速図られた。

義教の急死によって、かつてその怒りに触れて失脚していた人々は息を吹き返し、逆に義教の寵愛《ちょうあい》によって立場を得ていた者は没落の危機におびえた。河内にいた畠山持国はさっそく京都に帰ろうとし、兄にかわって惣領になった畠山持永は、内紛のきっかけを作った遊佐と斎藤《さいとう》とともに京都から脱走し、越中《えっちゅう》に向かった。

足利持氏の子息たちもすぐに赦免された。長子の義久は鎌倉で自害し、安王丸と春王丸は美濃で処刑されていたが、持氏の子息はほかにもいて、各地で逼塞《ひっそく》していた。美濃にいた一人の子は、まもなく上京して土岐の宿所に移った。すぐに鎌倉に入れて公方にすることもありえたが、関東の情勢も不穏だし、赤松の退治も決着していないので、しばらく見合わせようということで話がまとまる。

七月二十八日、赤松宿所の事件で奮戦した大内持世が、このときの傷がもとで世を去った。九州平定を果たした持世は、たまたま京都に来ていて難に遭ったのである。大内の家督として自分を認めてくれた義教は恩人だったから、ほとんどの大名が遁走する中で、自ら踏みとどまって戦ったのだろう。主人の敵の赤松を必ず退治するようにと持世は言い残したらしいが、八月一日には赤松満祐父子を追討せよとの綸旨が発せられ、山名持豊らによる討伐戦は本格化した。そして九月十日、播磨の木山《きのやま》城《じょう》（兵庫県たつの市）が陥落し、赤松満祐は自殺、嫡子教康と弟の則繁《のりしげ》は逃亡した。

いったん越中に逃れた畠山持永は、結局敗れて出家し、播磨のあたりにいたところを土民に襲撃されて落命した。室町殿となった千也茶丸は義勝《よしかつ》と名乗り、細川持之や畠山持国が中心となって幕府の体制は固められてゆく。

山名らの活躍によって赤松討伐は果たされ、幕府は最初の問題を克服したが、ちょうど同じ時期に、京都とその周辺では前代未聞の事件がおきていた。数万人に及ぶ

嘉吉の土一揆

土民たちが、徳政を要求して立ち上がったのである。

土民の蜂起は近江からおこった。坂本や三井寺のあたりでまず始まり、さらに鳥羽《とば》・竹田《たけだ》・伏見《ふしみ》・嵯峨・仁和寺・賀茂《かも》と、京都とその周辺一帯にまたたくまに広がっていった。九月三日には法性寺《ほっしょうじ》のあたりで決起があり、侍所の手勢が駆けつけて防戦したが、なかなかおさまらず、夕方には賀茂のあたりでも鬨《とき》の声があがった。

同じようなことは義教が将軍となった正長元年（一四二八）にもあった。将軍の代替わりには徳政が施されるべきだという社会通念があり、これが土民蜂起の一因となったとみることもできる。前の土一揆《つちいっき》の際には、幕府の軍勢が鎮圧に成功しているが、今回は規模が違っていた。洛中の警固は可能だが、地方の土倉《どそう》までは守れないと考えた管領の細川持之は、財宝を京都まで持ってくるようにと指示し、嵯峨のあたりの土倉がこれに応じて、財産を京都に運ぼうとした。ところがこれを聞きつけた一揆の面々は、そんなことをしたら嵯峨の在地に放火するぞと札を立てて脅迫した。

四日には白河《しらかわ》で土一揆が蜂起し、管領の細川の軍勢などが防戦につとめた。六日の夜には鴨川《かもがわ》の東で鬨の声が鳴り響いた。七日になると浄蓮華院《じょうれんげいん》に押しかけた人々が、金貸しをしている寺の僧に借金証文を出せと要求、拒んだら放火するぞと迫られた僧は、結局契約破棄に応じざるをえなかった。十

日には出雲路《いずもじ》あたりと川崎《かわさき》の土倉が放火されたが、川崎の土倉の放火は一揆衆の所行ではなく、土倉と一揆の争いを見物に来ていた人々が、興奮のあまり火をつけたということだった。徳政を要求する一揆衆だけでなく、見物に集まってきた町の一般庶民も、一種の興奮状態にあったのである。

一揆の蜂起に土倉たちも手をこまねいていたわけではない。彼らは結束して一〇〇〇貫文の銭を用立て、管領の細川持之に送って一揆の鎮圧を求めていた。世上を騒がす者を抑えるのは当然のことだと持之もいったん了承したが、一揆方があまりに大軍のために防戦もままならず、大名たちの間にも批判意見が出たので、結局この一〇〇〇貫文を土倉たちに返し、一揆を防ぐことはできないと宣告した。

図54　細川持之画像

細川持之をはじめとする幕府首脳部は、もはや徳政令を出すしかないと判断し、一揆たちとの交渉を始めた。ところが一揆の面々は「わたしたちの借銭《しゃくせん》や質物《しちもつ》はたいしたことはありません。公家や武家の方々がお困りのようなので、今回の所行に及んだのですから、土民だけでなく公家や武家も徳政の対象にしてください」と、不思議なことを言い出した。殊勝な物言いのようだが、もし土民だけの徳政ということになれば、あとで処罰を受けるかもしれないから、そうならないために公家も武家も対象にせよと訴えたのではないかと、公家の万里小路時房《までのこうじときふさ》は日記の中で推測している。

これには幕府側も困惑したが、許可されなければ霊仏霊社を焼き払うぞといわれて、しかたなく天下一同の徳政令を発布した。九月十二日のことである。二日後には河東の一揆衆が各地の土倉に押しかけ、文句をいわずに質物を出せと迫り、目的を達成して退散した。

京都やその周辺の土倉たちは、銭を貸しながら利殖に励み、借銭を返せないで困る人々が巷《ちまた》にあふれていたのだろう。将軍の代替わりを契機に、負債をかかえた人々は決起して幕府に徳政令の発布を迫り、これを実現させた。土倉にしてみればたまったものではないが、銭を借りる側の主張も時には認められることもあるのだと、彼らは身をもって示したのである。この一件を日記に綴った万里小路時房は、「徳政という名前は立派だが、その実は無理やり借書を破り、質物を返させるという非道なものだ。ものすごい高利の場合にはいいだろうが、常識的な利息のときに元金も利息も破棄するというのは理解できない」と不満をもらしているが、徳政令発布で助かった人も多かった。ただ敗者となった土倉側もかわいそうだということで、幕府は一年間課役《かやく》を免除してやると彼らに伝えている。

畠山持国と日野重子

義教横死ののち幕府の中心にあって、とりまとめに苦慮していた細川持之は、心労のためか病に陥り、嘉吉《かきつ》二年(一四四二)六月に管領職を辞退、かわりに畠山持国が就任した。このとき持国は四十五歳、いったんの挫折を乗り越えて、ついに幕府政治を司ることになったのである。八月には細川持之が四十三歳で死去し、十三歳の子息が家督を継いだが、まだ若年なので、持之の弟の細川持賢《もちかた》が後見役をつとめることになった。そして十一月、足利義勝は元服を果たし、征夷大将軍に任じられた。同じ日に細川の子息の元服の儀も執り行われ、勝元《かつもと》と命名がなされた。

年明けて嘉吉三年（一四四三）、春から京都は騒然となった。加賀守護代の山川八郎《やまかわはちろう》が、与党とともに京都に攻め入り、管領の畠山持国の館に押し寄せると言い出したのである。そもそも問題の発端は、二年前に将軍義教が富樫教家から守護職を奪い、弟の喝食を守護に任じたことだった。富樫泰高《やすたか》と名乗った弟は早速加賀に入部するが、まもなく義教が暗殺されたために、兄の教家とその一党が勢いをもりかえし、富樫家は二つに分裂してしまう。教家自身は守護をいったん退いているので、子息の亀童丸《かめどうまる》が表に立つことになり、本折《もとおり》らの家臣が加賀に乱入して、山川ら泰高党との戦いが続いた。そして現地での戦いに敗れた山川が、亀童丸を扶《ふ》持《ち》している畠山に対して実力行使に及んだのである。

畠山と並び立つ細川家の中心にいた細川持賢は一方の泰高を後援していたので、富樫両家の対立は畠山と細川の争いに発展しかねなかった。このままではいけないと考えた細川持賢は、粗《そ》忽《こつ》なことをしてはならぬと山川を説得した。また義勝の生母の日野重

図 55　足利義勝木像

子は、なんとか無事に収まるように計らえと畠山に指示したが、「無理やりに京都に入部したときに御料所《ごりようしょ》の代官を討ち取るなど、山川らの悪行は甚だしい、どうして許すことができようか」と持国は反論する。困った重子は細川持賢や山名持豊に相談し、「畠山の言い分はもっともです。とにかく館を開いて退散するか、ここはおとなしく引っ込んで、あとで訴えてくるように富樫泰高に命令するのがいいでしょう」と両人は答えた。

こうして重子から泰高の一党に命令が下されることになる。しかし山川らはなかなか了承せず、かくなるうえは討伐もやむなしということになって、武士たちに出兵の準備をするよう指示が出された。その翌日、主人の富樫泰高を助けていただき、惣領の亀童丸に対して泰高を扶持するようにと命じてもらえれば、責任を取って自身は切腹すると山川が申請し、大名たちもこの申し出を受け入れた。この日のうちに山川八郎とその父が切腹し、京都を震撼させた事件は終わった。

畠山持国は管領の地位にあり、幕府を代表して事にあたらねばならない立場にあったが、この事件に関しては当事者でもあり、表立って行動できないところもあった。そうしたこともあって将軍生母の日野重子が折衝に乗り出し、細川や山名らの大名と協力して事態の収拾に努めたのである。将軍が幼少という事情のなかで、大名だけでなく将軍生母の力も必要とされるようになっていた。

ところがまもなく悲劇が起きる。この年の七月、将軍の義勝が赤痢《せきり》にかかり、わずか十歳で死去してしまったのである。一色義貫や足利持氏、それに赤松満祐の怨霊《おんりょう》のしわざだという評判で、「本人には責任はないのに、父君のやったことのためにこんなことになり、かわいそうだ」と万里小路時房は日記に書いた。生母の重子の歎きもひとしおだったが、幸いにも母を同じくする弟がいたので、ただちに室町殿として迎えられた。三春《みはる》という名の少年はこのとき八歳、義教の五男だったが、日野重子を母にもつということであとつぎに選ばれたのである。

その二ヵ月後、数十人の賊が内裏《だいり》を襲って神璽《しんじ》と宝剣《ほうけん》を奪い取るという、これまた前代未聞の事件がおきた。天皇はからくも脱出したが、神璽と宝剣は奪われてしまう。首謀者は南朝の子孫の尊秀王《そんしゆうおう》と公家の日野有光《ありみつ》で、細川や山名も同心しているという噂も流れ飛んだ。尊秀王と有光は延暦寺に入って根本中堂に籠もるが、結局は幕命に屈した延暦寺の僧徒たちに討ち取られ、有光の子の資親は六《ろく》条河原《じょうがわら》で斬首された。神璽の行方はわからなかったが、宝剣はなぜか清水寺の御堂の中から発見された。

管領の細川持国はそれなりに政務に励んでいたが、細川や山名との関係を築くのはなかなか難しかったのだろう。この一件が落着したのち、持国は管領職を辞退したいと言い出す。日野重子の慰留によって持国も気をとり直し、管領を続けることにしたが、大名たちの間の不協和音は解消されなかった。文安《ぶんあん》元年（一四四四）になると近江守護の六角《ろっかく》氏でもめごとがおこり、また美濃守護の土岐家でも、家臣の戸島《としま》と斎藤の対立が表面化して、守護の命令ということで戸島が殺害されるという事件がおきる。幕府政治は表面的には平穏を保っていたが、時代は確実に変貌していたのである。

文安二年（一四四五）の三月、畠山持国は管領職を辞し、かわって細川勝元が管領となった。まだ十六歳だったが、若くして幕政の中心に立つことになったのである。斯波家では当主の早世が続き、当時の家督の千代徳《ちよとく》もまだ少年だったので、畠山と細川がこれからしばらく交代で管領職をつとめることになる。

いったん決着をみせた富樫家の問題が、このころにはまた再燃していた。先にみたように惣領の亀童丸は畠山が扶持し、泰高は細川が後援していたが、細川勝元が管領となるに及んで泰高も復権を果たし、幕府に出仕することになった。加賀の守護職も与えられた泰高は現地に下向するが、対する亀童丸とその父教家は簡単にはひきさがらず、翌文安三年（一四四六）には合戦が始まった。斯波持種が泰高に合力したこともあって教家と亀童丸はいったん退去したが、やがて力をもりかえして加賀に攻め入り、国を乗っ取ってしまう。

細川勝元の登場

このように教家の一派の抵抗は激しかったが、実をいうと彼らの裏には室町殿がいるという噂が流れていた。ようやく十一歳になった室町殿がはじめて自己主張したともいえるが、さすがに怒った細川勝元は不満をもらし、管領職を辞退したいと言い出した。説得に折れて一ヵ月後に勝元は出仕し、富樫の件については亀童丸と泰高に加賀の半国ずつを与えるという形で解決が図られた。

足利三春はこのころには義成《よししげ》と名乗り、文安五年（一四四八）の末には左馬頭に任じられた。そして文安六年（一四四九）四月十六日、十四歳の義成の元服の儀が執り行われ、細川勝元が加冠《かかん》の役をつとめた。その数日後、義成は征夷大将軍に任命される。

細川勝元が管領をつとめていた時期、関東の再編もようやく具体化していった。鎌倉公方が不在のまま、長尾景仲・太田資清らが主導する形で関東の政治はなされており、上杉憲実はあいかわらず隠遁《いんとん》の意志を表明していた。引退したいという憲実の申し出を受け取った細川持賢は、関東管領にふさわしいのは上杉しかいないから、なんとか思いとどまってほしいと考えて工夫をめぐらしたが、憲実の意志は固く、自らの子息たちにも出家して政治には関わるなと訓戒《くんかい》していた。

こうした中、長尾らの家臣たちが憲実の子のひとりをかつぎあげて鎌倉に迎え入れ、上杉憲忠《のりただ》と名乗ったこの若者が関東管領になった。文安四年のことである。また同じ頃に足利持氏の遺児の万寿王《まんじゆおう》丸《まる》が鎌倉に迎えられ、公方と管領が久しぶりに揃うことになる。文安六年になって上杉の家臣の長尾四郎左衛門尉《しろうざえもんのじよう》が上洛し、新しい公方のために将軍の一字を拝領したいと申し出、これを受けて成氏《しげうじ》という名が与えられた。八月二十七日、足利義成は参議《さんぎ》に任じられて左近衛中将を兼ね、同時に鎌倉の成氏も左馬頭の官途《かんと》を得た。

畠山と細川

管領に就任して四年と半ばで細川勝元は辞任し、かわってまた畠山持国が管領となった。宝徳《ほうとく》元年(一四四九)十月のことである。このとき持国は五十二歳、すでに老境にさしかかっていたが、幕政を担えるのは彼しかいなかったのである。

翌宝徳二年(一四五〇)には関東でひと騒動が起きる。鎌倉公方の復帰によってかつての公方派の武士たちが息を吹き返し、つぎつぎと復権を果たしたが、これが長尾景仲ら上杉派の危機感をあおったのである。四月二十一日、景仲ら上杉方の武士たちは、先手をとろうと公方の御所に押し寄せたが、事態を察知した成氏は前夜のうちに御所を逃れ、江の島《えのしま》に逃れた。こののち相模を舞台に公方派と上杉方との戦いが展開するが、結局長尾景仲は糟屋《かすや》（神奈川県伊勢原市）に退き、管領の上杉憲忠は七沢山《ななさわやま》（厚木市）に籠もってしまう。

かつて細川持賢が上杉憲実の復帰を切望したことからもわかるように、細川は上杉氏の京都における後ろ楯だった。そして対する公方派の側の後援者となったのは畠山持国だったようである。畠山持国の管領就任は彼らにとってもありがたいことで、京都の管領の支援も得て、公方派の人々はその勢力を拡大していく。上杉派の決起はこうした事態を打開するためのものだっただろうが、戦いは思うようには進まず、結局は江の島の成氏と和議《わぎ》を結ばざるを得なくなった。八月になって成氏は鎌倉に帰り、しばらく七沢に逼塞していた上杉憲忠も幕府の和睦勧告を受け入れて鎌倉に戻った。

このころ斯波家重臣の織田氏の家督をめぐってひとつの問題がおきる。斯波氏の重臣筆頭は甲斐将久で、それに次ぐ地位にいたのが織田《おだ》と朝倉《あさくら》だったが、この織田家の家督をめぐって将軍義成が介入してきたのである。当時の家督は織田久広《ひさひろ》だったが、その兄の織田郷広《さとひろ》を義成が扶持して、織田の家督を兄に渡すことにしたいと言い出した。甲斐将久がまず諮問を受けるが、「兄のほうはどうしようもない人物なので、とても承諾できない」と甲斐は拒絶した。にべもなく断られた義成は、こんどは管領の畠山持国に話をもちかける。ところが持国は「先代（義教）のときにこんなふうに陪臣《ばいしん》の家にちょっかいを出したから、天下が乱れたのです。とにかく私に免じてあきらめてください」と返答し、それでも義成が折れずにいると「こんな御沙汰を止められないようでは、管領職にいる意味がないから、やめさせてもらう」と言い切った。そもそも足利義教が織田郷広を叱責して弟を家督にすえたことが内紛の遠因だった。

この問題は翌年までひきつがれたが、こんどは母親の日野重子が説得にかかり、斯波の当主の千代徳も反対しているので、なんとか断念してほしいと義成に頼んだ。さらに管領の畠山や、細川勝元・細川成之《しげゆき》・畠山義忠《よしただ》・山名持豊・一色義直《よしなお》・京極持清《もちきよ》といった面々が、三宝院義賢《ぎけん》を通じて義成に申し入れをし、重子が不満をもっていることを伝えて説得を試みた。このころ重子は嵯峨に潜んで、わが子に背をむけていたのである。義成もさすがに折れざるを得ず、家督の交代は沙汰止みとなる。

義成が織田のことにこだわったのは、愛妾《あいしょう》の今参局《いままいりのつぼね》のさしがねだというもっぱらの評判だったが、十五歳を越えた若い将軍の自己主張とみることもできるだろう。畠山と細川という重臣たちが政治を司る時代がしばらく続いていたが、このころから若い将軍が政治の舞台に顔を出してくることになる。

享徳元年（一四五二）十一月、畠山持国から細川勝元に管領職の交替がなされた。表だった変化はなかったが、二派の対立が続く関東では、細川の管領就任はそれなりの影響をもった。享徳三年（一四五四）三月、鎌倉公方が命令を出すときには、必ず管領の副状《そえじょう》が必要だという指示が、細川勝元によって下された。上杉方は息を吹き返し、公方の行動も制約するようになっていったのである。そして公方派の人々にとって大きな打撃になったのは、頼みにしていた畠山家における内紛勃発だった。

事件は四月三日に起きた。畠山持国の家臣の神保次郎左衛門《じんぼじろうざえもん》が、持国の館で切腹させられ、遊佐らの襲撃を受けて、神保越中守が討死を遂げた。持国には義夏《よしなつ》という実子がいたが、彼らは甥にあたる弥三郎を擁立しようとし、企てが発覚して誅殺《ちゆうさつ》されたのである。畠山弥三郎はその夜のうちに没落し、一件は落着したかにみえたが、八月になると弥三郎派がもりかえし、持国と義夏は館から脱走する。逃亡していた畠山弥三郎をかくまったのは細川勝元の被官だった。館に入った弥三郎は、建仁寺《けんにんじ》に隠れていた持国を迎え取り、自分が家督をつぐかわりに何事も養父の意見に従うと申し入れた。持国はしぶしぶ館に戻り、とりあえず一件落着するが、三ヵ月後にはまたまたどんでんがえしが起きる。十二月十四日、五、六〇〇騎の軍勢を率いて畠山義夏が河内から上洛、翌日には将軍義政《よしまさ》（前年に義成から改名）との謁見を果たし、半月後に敗れた弥三郎は少しばかりの家人を連れて没落した。

京都の館を逃れたのち、畠山義夏は伊賀《いが》に潜伏していたが、将軍義政の援助によって勢力を盛り返し復権を果たしたのだという噂が流れた。二転三転する形で畠山家の内紛は繰り広げられたが、畠山家の凋落《ちようらく》は関東の公方派にとって大きな痛手だった。この直後、危機を悟った公方派は実力行使に及び、関東は長い動乱に突入する。そしてしばらくは平和を保った京都でも、大名家内部の分裂を要因とする戦いが、十三年後には勃発することになるのである。

終章　室町時代の政治と社会

小さな政治

室町幕府という政権の政治運営の実態は、現代の常識ではとらえにくいところがある。現代の日本には国会や地方議会があり、定例の会議によってさまざまなことが決められているが、室町幕府においてはそもそもこうした定例会議が存在しない（ただ鎌倉府では月に三回の定例の評定《ひょうじょう》がある）。国政のトップにいる室町殿（将軍）と諸大名が重要事項を審議し決定している、ということはいえるが、彼らが一同に会して会議を行うことは多くはなく、室町殿から諮問《しもん》を受けた大名たちが個別に返答書を書き、それがまとめられて室町殿に提出され、一応の決定がなされるという手順を踏むようになっていく。今でいうメール会議のような形で最高意思決定がなされているのである。

本文でも述べたように、足利義教《あしかがよしのり》の時代の初期に主として諮問にあずかった大名は畠山満家《はたけやまみついえ》と山名《やまな》時熙《ときひろ》で、彼らと将軍との仲介役を果たしていたのは三宝院満済《さんぼういんまんさい》だった。そして畠山と山名だけでは話がすまなくなったときにはじめて、ほかの諸大名も意見を求められている。諸大名といってもせいぜい数人で、当時の幕府のトップにいたのはほんの一握りの一団だったのである。

しかし幕政に参与した大名のみが個人的に発言権を持っていたと素朴に考えるわけにもいかない。

将軍の諮問が満済を通して諸大名に伝えられるときには、大名の重臣が使者の役をつとめ、満済のところにしばしば赴いている。中央政治にかかわることがらを最も知悉していたのはメッセンジャー役の彼ら重臣たちだったとみることもできるだろう。

裁判などの実務は奉行人が担当していたし、将軍御所《ごしょ》の護衛などにあたる近習《きんじゅう》もいた。また地方政治は守護に委ねられ、実際には在京する守護にかわって守護代（あるいは守護又代）が現地の管理を担った。このようにさまざまなプロットでそれなりの政治が運営されていたのである。これを全体的にまとめあげるシステムが確立していたとは思えないが、それでも破綻することなくなんとなくまとまっているというのが、この時代の特徴といえなくもない。

将軍─大名─被官層といった身分秩序は厳然として存在しているが、人々はその枠の中のみで活動していたわけではない。たとえば義持《よしもち》や義教は大名の重臣たちとも直接関係を取り結んでいるし、畠山家重臣の遊佐《ゆさ》と斎藤《さいとう》が、畠山持国《もちくに》にかえて弟の持永《もちなが》を擁立したように、重臣たちが主家の家督《かとく》問題を左右することもみられるようになっていった。こうした被官層の自立の動きはその後も勢いを増し、政治構造を大きく変えてゆくことになる。

京都の幕府

足利尊氏《たかうじ》が開いた新たな幕府が京都に本拠を置いたのは必然的なことではない。武家の都鎌倉に幕府が置かれる可能性も充分あったと思われるが、さまざまの事情が作用して、幕府は京都に留まることになる。

そしてこのことが室町幕府の性格を決定づけた。鎌倉時代には朝廷と幕府はかなり離れたところに所在していたので、あまり深く関係をもたずにすんだといえるが、この時代には朝廷と幕府が同じ京都で面と向っており、また延暦寺《えんりやくじ》をはじめとする古代以来の権門《けんもん》寺院とも幕府は直接向かい合わざるを得なくなったのである。

もちろん室町幕府も「武家」の政権で、各地の武士たちの利益を保証する役割を帯びていたが、京都に本拠を置いて朝廷・公家や権門寺院と向かい合ったことによって、古くからの勢力の権益もそれなりに保護せざるを得ないという難しい立場に置かれることになった。そして武士たちの新たな動きを認めながらも、中世的な社会秩序自体は擁護するという方針を幕府は固め、そうしたこともあって中世社会は再編を果たすことになる。南北朝内乱の中で台頭した新興勢力のエネルギーが、保守的な幕府によって圧殺されてしまったという側面も否定できない。

細川頼之《よりゆき》の時代の事件などを見ていると、幕府を最も悩ませたのは南朝などではなく、延暦寺・興《こう》福寺《ふくじ》などの近隣の宗教勢力のように思えてならない。神輿《しんよ》や神木《しんぼく》を奉じながら嗷訴《ごうそ》を繰り返した権門寺院の勢いは注目できるが、しかしこれがひたすらエスカレートしたわけでもなく、義満《よしみつ》の時代の後半にはかなり従順になっていることも見逃せない。度重なる嗷訴に悩まされながらも、室町殿と幕府はこうした勢力を統括する存在として認められていったのである。もちろん宗教勢力の活動が鎮静化したわけではなく、義教の時代には再燃して大きな事件をひきおこすが、いずれにせよこうした勢力との対峙という問題がこの時代の幕府の大きな課題だったことはまちがいないだろう。「室町殿」は公武双方にかかわるかたちで一種の「王権」を構成するが、武家の棟梁《とうりょう》という面も失ったわけではなく、「将軍」として武家の頂点に立つ存在であるという認識も強く残った。京都においては公家や寺院の勢力が保持されたが、地方政治は武家の守護に委ねられ、地域の武士たちはその勢力を拡大させていた。古い勢力が復活した側面もあるが、大局的にみれば、やはり武家の力が列島全体を覆うようになっていった時代とみていいだろう。

人々の意識とその変化

地域社会や人々のありようも、中央政治と同じように茫漠としてつかみにくい。江戸時代の後半から明治・大正の頃には、いわゆる「家」制度が確立していて、人々は「家」の構成員として位置づけられ、そうした「家」をもつ百姓たちが集まって「村」を構成していた。「家」は代々受け継がれるべきものと認識され、「村」は一定の自治権を持って支配組織の末端を担った。このような状況の萌芽は戦国時代の頃にはいくらか認められるが、それより以前の社会においては、こうした「家」や「村」が確立していたとはどうもいえないようである。いくつか事例をあげて本文でも指摘したが、この時代の百姓たちは自分の財産と家名が子孫に代々相伝されるとはあまり考えていないようだし、「村」というまとまりも未熟で、「村」を越えた荘園《しょうえん》のわくぐみや、もっと広い地域空間の中で人々は活動していたように思えるのである。

このような生活の基盤だけでなく、ものの考え方や感性も、この時代の人々は後代の人とはかなり違っていたのではないかという印象を受ける。中島圭一が指摘したように、徳政一揆《とくせいいっき》の頻発は債務破棄を正当化するプロセスではなく、契約は履行されるべきだという認識が広がって追い詰められた借主たちの最後の抵抗とみることができる。それ以前の社会では貸借は「一時の仮の姿」だというふうに人々は考えていたが、この時代になってようやく契約は適切に履行されるのが望ましいという考え方が芽生えていったとみることができるのである（中島二〇〇三）。

桜井英治が紹介した近江《おうみ》の商人の「立庭堺」をめぐる相論の事例も、この時代の人々の意識の変化をうかがわせるものである。応永《おうえい》末年に小幡商人が延暦寺に提出した申状《もうしじょう》によると、保内商人と小幡商人の「立庭」の堺は保内川と定めると三十年前に決めておいたが、そのときは特別の証文は作成しなかったという。ものごとを取り決めるときに文書を作成する文化はこの当時にはまだなく、音声の世界ですべてが処理されていた。そして三十年後になって争いがおき、文字を後世に残すことが必要となったのである（桜井一九九六）。

円形方孔《ほうこう》の金属片であればすべて一枚一文と認識し、十貫文と書かれただけの割符《さいふ》（手形）にも特段の疑いをもたない。物事を決めるときも特別の証文を作らない。このような中世の人々の意識の世界が広がりをみせるとともに、こうしたことに対する疑いの目を人々が持ちはじめたのがまさにこの時代だったといえるだろう。いわゆる「合理的な発想」が人々の心を覆うようになる直前、「あまり考えない」「ふわふわした」時代の到達点に、室町時代は位置しているのである。

基本文献紹介

『大日本史料』《だいにほんしりょう》

明治三十四年（一九〇一）に刊行が開始された日本史の基本史料集で、出来事を年月日順に掲げ、関係史料を列挙する。現在も東京大学史料編纂所で編纂と刊行が続けられている。本巻が担当する時代に関わるものとしては、第六編のうち延文《えんぶん》三年（一三五八）から永和《えいわ》元年（一三七五）までと、第七編の明徳《めいとく》三年（一三九二）閏十月から応永《おうえい》二十五年（一四一八）までの部分が刊行されている。

『空華日用工夫略集』《くうげにちようくふうりゃくしゅう》

義堂周信《ぎどうしゅうしん》（一三二五～八八）の日記。義堂は当代一流の禅僧で、鎌倉において公方基氏・氏満や上杉氏の帰依を得、のちに上洛して将軍義満の指導にあたった。鎌倉にいた時期の日記は当時の関東の状況をよく伝えてくれる。全文を翻刻した辻善之助編『空華日用工夫略集』（太洋社、一九三九年）と、訓読と注釈を施した蔭木英雄編『訓注空華日用工夫略集』（思文閣出版、一九八二年）が刊行されている。

『後深心院関白記』《ごしんしんいんかんぱくき》

近衛《このえ》道嗣《みちつぐ》（一三三二～八七）の日記。『愚管記』《ぐかんき》ともいう。道嗣は近衛家の当主で関白・左大臣をつとめ、将軍の足利義満とも親交が深かった。そのため日記には義満との交流の様子も細かく記されている。『続史料大成』収録の刊本があり（愚管記）、また現在『大日本古記録』として刊行中である（後深心院関白記）。

『後愚昧記《ごぐまいき》』

三条公忠《さんじょうきんただ》（一三二四〜八三）の日記。公忠は内大臣をつとめた北朝の公家で、娘の厳子《いつこ》は後円融《ごえんゆう》天皇の後宮に入り、後小松《ごこまつ》天皇を生んでいる。将軍足利義満とも親交があり、その日記からは当時の朝廷と義満の関係などをうかがうことができる。『大日本古記録』に収録されている。

『荒暦《こうりゃく》』

一条経嗣《いちじょうつねつぐ》の（一三五八〜一四一八）の日記。経嗣は一条家の当主で関白・左大臣をつとめた。実父は二条良基《にじょうよしもと》で、一条兼良《かねよし》は子にあたる。足利義満・義持の信任厚く、その日記からはとくに義満の代の末期から義持の時代前半のようすをうかがうことができる。『大日本史料』第七編に記事の多くは収載されている。

『満済准后日記《まんさいじゅごうにっき》』

醍醐寺座主《だいごじざす》・三宝院門跡《さんぼういんもんぜき》をつとめた満済（一三七八〜一四三五）の日記。満済は足利義持・義教の護持僧《ごじそう》をつとめるとともに、政治顧問として幕府政治のとりまとめ役を果たした。長く政権の中心にいたため、その日記は当時の幕府政治の実態をよく伝えてくれる。『続群書類従』補遺として上下二冊が刊行されている。

『看聞日記』かんもんにっき

伏見宮貞成親王《ふしみのみやさだふさしんのう》（一三七二〜一四五六）の日記。貞成親王（貞成王）は伏見宮栄仁《よしひと》親王の子で、兄の治仁王の死後伏見宮家の当主となった。後花園天皇の父にあたり、没後後崇光院《ごすこういん》の称号を与えられる。洛南伏見の地にありながら日常生活や社会の状況を詳しく日記に書き残した。『続群書類従』補遺として上下二冊の刊本があり（看聞御記）、また現在『図書寮叢刊』（宮内庁書陵部編）として刊行中である。

『建内記』けんないき

万里小路時房《までのこうじときふさ》（一三九四〜一四五七）の日記。時房は権大納言・内大臣をつとめた公家で、武家伝奏《ぶけてんそう》として幕府との取次ぎ役にもあたった。その日記は義教期から義政の代のはじめまでの政治状況を伝える基本史料である。『大日本古記録』に収録されている。

『中世法制史料集』ちゅうせいほうせいしりょうしゅう

日本中世の法制にかかわる史料を集成した書物で、岩波書店から全六巻（別巻一）が刊行されている。本巻では第二巻「室町幕府法」（佐藤進一・池内義資編、一九五七年）と、第四巻「武家家法Ⅱ」（佐藤進一・百瀬今朝雄編、一九九八年）のうち室町期にかかわる部分（武家の置文や一揆契状などを収載）を利用した。

『東寺学衆方評定引付』とうじがくしゅかたひょうじょうひきつけ

京都の東寺の寺僧組織には各種法会《ほうえ》を担当する二十一口方《にじゅういっくかた》、教学面を担当する学衆方《がくしゅかた》などがあり、それぞれの組織で評定《ひょうじょう》が行われて、その内容が「引付《ひきつけ》」の形で記録された。本巻第五章で紹介した播磨国矢野荘の百姓逃散《ちょうさん》事件は、学衆方評定引付の中に収められている。矢野荘にかかわる引付は、二十一口方と学衆方のものをあわせてすべて『相生市史』第七巻に収録されている。

『鶴岡事書日記』　つるがおかことがきにっき

鎌倉の鶴岡八幡宮（鶴岡八幡宮寺）には二十五の坊があり、内方《うちかた》と外方《とかた》に分れていた。鶴岡事書日記はこのうち外方供僧の衆会の記録で、明徳二年（一三九一）十一月から応永七年（一四〇〇）七月までの分が残されている。本巻第五章で紹介したように、武蔵《むさし》国佐々目《ささめ》郷や上総《かずさ》国佐坪《さつぼ》郷の支配や百姓の動向などにかかわる記事を多く含む。『神道大系』神社編二十（鶴岡）と『戸田市史』資料編一（原始・古代・中世）に収録されている。

本の豊かな世界と知の広がりを伝える

吉川弘文館のPR誌

本郷

定期購読のおすすめ

◆『本郷』(年6冊発行)は、定期購読を申し込んで頂いた方にのみ、直接郵送でお届けしております。この機会にぜひ定期のご購読をお願い申し上げます。ご希望の方は、**何号からか購読開始の号数**を明記のうえ、添付の振替用紙でお申し込み下さい。

◆お知り合い・ご友人にも本誌のご購読をおすすめ頂ければ幸いです。ご連絡を頂き次第、見本誌をお送り致します。

●購読料●　(送料共・税込)

1年(6冊分)	1,000円	2年(12冊分)	2,000円
3年(18冊分)	2,800円	4年(24冊分)	3,600円

ご送金は4年分までとさせて頂きます。

※お客様のご都合で解約される場合は、ご返金いたしかねます。ご了承下さい。

見本誌送呈　見本誌を無料でお送り致します。ご希望の方は、はがきで営業部宛ご請求下さい。

吉川弘文館

〒113-0033 東京都文京区本郷7-2-8／電話03-3813-9151

吉川弘文館のホームページ http://www.yoshikawa-k.co.jp/

（ご注意）

・この用紙は、機械で処理しますので、金額を記入する際は、枠内にはっきりと記入してください。また、本票を汚したり、折り曲げたりしないでください。

・この用紙は、ゆうちょ銀行又は郵便局の払込機能付きＡＴＭでもご利用いただけます。

・この払込書を、ゆうちょ銀行又は郵便局の渉外員にお預けになるときは、引換えに預り証を必ずお受け取りください。

・ご依頼人様からご提出いただきました払込書に記載されたおところ、おなまえ等は、加入者様に通知されます。

・この受領証は、払込みの証拠となるものですから大切に保管してください。

収入印紙
課税相当額以上
貼　　付

印

この用紙で「本郷」年間購読のお申し込みができます。

◆この申込票に必要事項をご記入の上、記載金額を添えて郵便局でお払込み下さい。

◆「本郷」のご送金は、４年分までとさせて頂きます。

※お客様のご都合で解約される場合は、ご返金いたしかねます。ご了承下さい。

この用紙で書籍のご注文ができます。

◆この申込票の通信欄にご注文の書籍をご記入の上、書籍代金（本体価格＋消費税）に荷造送料を加えた金額をお払込み下さい。

◆荷造送料は、ご注文１回の配送につき420円です。

◆入金確認まで約７日かかります。ご諒承下さい。

振替払込料は弊社が負担いたしますから無料です。

※領収証は改めてお送りいたしませんので、予めご諒承下さい。

お問い合わせ　〒113-0033・東京都文京区本郷７－２－８
吉川弘文館　営業部
電話03-3813-9151　FAX03-3812-3544

この場所には、何も記載しないでください。

02 東京

払込取扱票

通常払込料金加入者負担

口座記号番号	金額
00100-5-244	千 百 十 万 千 百 十 円 ※

加入者名	料金	備考
株式会社 吉川弘文館		

各票の※印欄は、ご依頼人において記載してください。

ご依頼人・通信欄

フリガナ ※お名前	
郵便番号	電話
※ご住所	
※	

◆「本郷」購読を希望します

購読開始 　号 より

1年 1000円 (6冊)　3年 2800円 (18冊)
2年 2000円 (12冊)　4年 3600円 (24冊)
(ご希望の購読期間に○印をお付け下さい)

日附印

裏面の注意事項をお読みください。(ゆうちょ銀行)(承認番号東第53889号)

これより下部には何も記入しないでください。

切り取らないでお出しください。

記載事項を訂正した場合は、その箇所に訂正印を押してください。

振替払込請求書兼受領証

口座記号番号	00100-5-244 通常払込料金加入者負担
加入者名	株式会社 吉川弘文館
金額	千 百 十 万 千 百 十 円 ※
ご依頼人	おなまえ ※　様
料金	日附印
備考	

この受領証は、大切に保管してください。

略年表

西暦	和暦	事項
一三五八	延文 三	4月 足利尊氏死去。10月 細川清氏執事となる。12月 足利義詮、征夷大将軍となる。
一三六〇	五	7月 仁木義長京都を脱走。
一三六一	康安 元	9月 細川清氏京都を脱走。12月 南朝軍入京。足利義詮近江に逃れ、のち京都を回復。
一三六二	貞治 元	7月 斯波義将執事となる。細川清氏讃岐で敗死。
一三六三	二	3月 上杉憲顕関東管領となる。この年 大内弘世、幕府に降り上洛。
一三六四	三	8月 山名時氏、幕府に降り上洛。12月 春日社神人、神木を奉じて入京。
一三六六	五	8月 斯波高経、京都を脱走し越前に下向。
一三六七	六	3月 中殿和歌御会。4月 足利義詮高麗の使者と会う。鎌倉公方足利基氏死去。11月 細川頼之執事となる。12月 足利義詮死去。
一三六八	応安 元	4月 足利義満元服。6月 幕府、寺社本所領などについての法を定める。8月 延暦寺衆徒、日吉神輿を奉じて入京。9月 上杉憲顕死去。
一三七〇	三	3月 明の太祖、日本に使節を遣わす（懐良親王と会見）。
一三七一	四	2月 今川貞世九州に赴く。3月 後光厳天皇譲位し、後円融天皇践祚。12月 興福寺衆徒、春日社神木を奉じて入京。
一三七二	五	5月 明の使節、博多に着く。8月 今川貞世、大宰府を陥落させる。
一三七三	六	6月 明の使節上洛。
一三七四	七	1月 後光厳上皇死去。6月 日本の使節南京に入り、足利義満の書を皇帝に奉る。
一三七五	永和 元	8月 今川貞世、肥後水島で少弐冬資を誘殺。
一三七七	三	1月 播磨矢野荘の百姓、逃散して代官祐尊の罷免を要求。

西暦	和暦		事項
一三七八	永和	四	4月 関東管領上杉能憲死去。6月 足利義満、藤若（世阿弥）とともに祇園祭を見物。
一三七九	康暦	元	2月 足利義満、土岐頼康討伐を諸将に命じる。3月 関東管領上杉憲春自殺。義満、土岐を赦免。閏4月 細川頼之京都を脱走し四国に入る。斯波義将管領となる。
一三八〇		二	6月 足利氏満、小山義政討伐のため出陣。
一三八二	永徳	二	4月 後円融天皇譲位し、後小松天皇践祚。小山義政滅亡。
一三八三		三	2月 後円融上皇、三条厳子を打擲。6月 足利義満准三宮（准后）となる。
一三八六	至徳	三	7月 足利氏満、小山若犬丸討伐のため出陣。
一三八七	嘉慶	元	閏5月 信濃の小笠原氏ら、守護斯波氏の軍勢と戦う。
一三八八		二	9月 足利義満駿河に赴き、富士山を観る。
一三九〇	明徳	元	閏3月 足利義満、土岐康行討伐を諸将に命じ、康行美濃を逃れて越前に走る。
一三九一		二	12月 足利義満、京都で山名氏清・満幸らと戦う。氏清戦死し、満幸逃亡する。
一三九二		三	8月 相国寺慶讃供養。閏10月 南朝の後亀山天皇、神器を後小松天皇に譲る。
一三九三		四	11月 幕府、土倉・酒屋への役銭賦課を定める。12月 播磨矢野荘の百姓、逃散して代官明済の非法を訴える。
一三九四	応永	元	12月 足利義満、征夷大将軍を辞し、長子義持将軍となる。義満太政大臣となる。
一三九五		二	6月 足利義満、太政大臣を辞し出家。8月 義満、今川貞世を九州から召還。
一三九八		五	11月 鎌倉公方足利氏満死去、子の満兼つぐ。
一三九九		六	11月 足利義満、大内義弘討伐のため出陣。12月 大内義弘、堺で戦死。
一四〇一		八	5月 足利義満、祖阿らを明に派遣。
一四〇二		九	9月 足利義満、明の使節を引見。
一四〇六		十三	12月 日野康子（足利義満の室）准三宮となり、国母に准ぜられる。

一四〇八	十五	3月 後小松天皇、足利義満の北山第に行幸。5月 足利義満死去。
一四〇九	十六	7月 鎌倉公方足利満兼死去、子の持氏つぐ。
一四一二	十九	8月 後小松天皇譲位、称光天皇践祚。
一四一五	二十二	4月 足利義持、伊勢の北畠満雅討伐を諸将に命じる。
一四一六	二十三	10月 足利満隆・上杉氏憲、挙兵して鎌倉を制圧。11月 足利義嗣捕えられる。
一四一七	二十四	1月 足利満隆・上杉氏憲、鎌倉で自害。
一四一八	二十五	1月 足利義嗣殺害される。11月 足利義持、富樫満成を勘当、満成逃亡する。
一四一九	二十六	2月 富樫満成殺害される。6月 朝鮮の軍勢、対馬に攻め入る。9月 足利義持、北野社神人に酒麹の専売権を認める。
一四二〇	二十七	6月 足利義持、朝鮮使節宋希璟を引見。
一四二三	三十	3月 足利義持、征夷大将軍を辞し、子の義量将軍となる。4月 義持出家。
一四二四	三十一	2月 足利義持、鎌倉府と和睦。5月 足利義持、院女房らの密通により関係者を検挙。6月 石清水八幡宮の神人ら、幕府に嗷訴し、幕府軍と戦う。
一四二五	三十二	2月 将軍足利義量死去。
一四二六	三十三	6月 近江坂本の馬借、京都に乱入。
一四二七	三十四	10月 足利義持、赤松満祐討伐を諸将に命じる。11月 義持、赤松持貞を自殺させ、満祐を赦免。
一四二八	正長 元	1月 足利義持死去、弟の青蓮院義円つぐ。3月 義円還俗して足利義宣と名乗る。7月 称光天皇死去、後花園天皇践祚。8月 義宣、伊勢の北畠満雅討伐を諸将に命じる。9月 京都周辺の地下人徳政を要求、幕府これを斥ける。12月 北畠満雅敗死。
一四二九	永享 元	3月 足利義宣、征夷大将軍に任じられ、義教と改名。
一四三一	三	6月 畠山満家・山名時熙・細川持之ら、政道にかかわる起請文を足利義教に呈する。大内盛見、筑前で戦死。7月 足利義教、鎌倉府の使節二階堂盛秀を引見。

西暦	和暦	事項
一四三二	永享 四	9月 足利義教駿河に赴き、富士山を観る。
一四三三	五	2月 北野社万句連歌会。4月 京都糺河原勧進猿楽。7月 延暦寺衆徒、幕府に嗷訴、坂本の馬借これに加わり幕府軍と戦う。8月 大内持世、少弐満貞を筑前で討つ。
一四三四	六	2月 足利義教、日野義資に参賀した公家らを処分。12月 義教、延暦寺衆徒を降す。
一四三五	七	2月 足利義教、延暦寺の使僧を殺す。延暦寺衆徒、根本中堂に放火して自害。
一四三八	十	8月 関東管領上杉憲実、足利持氏と不和となり上野に逃れる。持氏、憲実討伐のため出陣。足利義教、持氏討伐を諸将に命じる。11月 持氏捕えられる。
一四三九	十一	2月 足利持氏、鎌倉で自害。
一四四〇	十二	3月 足利安王丸・春王丸常陸で挙兵、下総の結城氏朝これを迎える。4月 足利義教、結城討伐を諸将に命じる。5月 義教、一色義貫・土岐持頼を大和で殺す。
一四四一	嘉吉 元	4月 結城城陥落。6月 足利義教、赤松満祐の宿所で殺される。9月 赤松満祐滅亡。京都周辺の地下人、蜂起して徳政を要求し、幕府徳政令を発布。
一四四二	二	11月 足利義勝、征夷大将軍となる。
一四四三	三	2月 加賀守護代山川八郎、京都に乱入。7月 将軍足利義勝死去、弟三春つぐ。
一四四六	文安 三	12月 足利三春、義成と名乗る。
一四四七	四	7月 上杉憲忠、関東管領となる。この頃 足利持氏の遺児成氏、鎌倉公方となる。
一四四九	宝徳 元	4月 足利義成元服し、征夷大将軍となる。
一四五〇	二	4月 長尾景仲ら足利成氏の御所を襲い、成氏江の島に逃れる。8月 成氏鎌倉に帰る。
一四五三	享徳 二	6月 足利義成、義政と改名。
一四五四	三	4月 畠山持国、家臣の神保を討つ。8月 畠山弥三郎、持国を襲う。持国逃れ、ついで和睦。12月 畠山義夏上洛し、弥三郎没落する。足利成氏、上杉憲忠を謀殺。

参考文献

伊地知鉄男『連歌の世界』（日本歴史叢書）吉川弘文館、一九六七年
石原比伊呂「足利義教と義満・義持―朝廷行事における行動の分析から―」『歴史学研究』八五二号、二〇〇九年
伊藤喜良『南北朝の動乱』（日本の歴史8）集英社、一九九二年
伊藤喜良『日本中世の王権と権威』思文閣出版、一九九三年
伊藤喜良『中世国家と東国・奥羽』校倉書房、一九九九年
伊藤喜良『足利義持』（人物叢書）吉川弘文館、二〇〇八年
伊藤俊一「高井法眼祐尊の一生―南北朝～室町前期における東寺の寺領経営と寺官―」『日本史研究』三五四号、一九九二年
伊藤俊一「中世後期における「荘家」と地域権力」『日本史研究』三六八号、一九九三年
伊藤俊一「「有徳人」明済法眼の半生―室町前期における寺院経済転換の一断面―」大山喬平教授退官記念会編『日本社会の史的構造』（古代・中世）所収、一九九七年
井原今朝男「日本中世の利息制限法と借書の時効法」『歴史学研究』八一二号、二〇〇六年
今泉淑夫『世阿弥』（人物叢書）吉川弘文館、二〇〇九年
今枝愛真『中世禅宗史の研究』東京大学出版会、一九七〇年
今谷　明「瀬戸内制海権と入船納帳」『兵庫北関入船納帳』中央公論美術出版、一九八一年
今谷　明『室町幕府解体過程の研究』岩波書店、一九八五年
今谷　明『守護領国支配機構の研究』法政大学出版局、一九八六年

今谷　明『土民嗷々―一四四一年の社会史』新人物往来社、一九八八年
今谷　明『室町の王権』中公新書、一九九〇年
今谷　明『日本国王と土民』（日本の歴史９）集英社、一九九二年
今谷　明『室町時代政治史論』塙書房、二〇〇〇年
今谷　明『籤引き将軍足利義教』（講談社選書メチエ）講談社、二〇〇三年
臼井信義『足利義満』（人物叢書）吉川弘文館、一九六〇年
馬田綾子「逃散と一揆」『相生市史』第二巻（第二章第一節）、一九八六年
江田郁夫『室町幕府東国支配の研究』高志書院、二〇〇八年
榎原雅治『日本中世地域社会の構造』校倉書房、二〇〇〇年
榎原雅治「一揆の時代」同編『一揆の時代』（日本の時代史11）吉川弘文館、二〇〇三年
榎原雅治「寄合の文化」歴史学研究会・日本史研究会編『日本史講座』４（中世社会の構造）東京大学出版会、二〇〇四年
大田壮一郎「足利義満の宗教空間―北山第祈禱の再検討―」『ＺＥＡＭＩ―中世の芸術と文化』四号（足利義満の時代）、二〇〇七年
大田壮一郎「室町幕府宗教政策論」中世後期研究会編『室町・戦国期研究を読みなおす』思文閣出版、二〇〇七年
大田壮一郎「室町殿権力の宗教政策―足利義持期を中心に―」『歴史学研究』八五二号、二〇〇九年
岡野友彦「「応永の検注帳」と中世後期荘園制」『歴史学研究』八〇七号、二〇〇五年
小川剛生『二条良基研究』笠間書院、二〇〇五年
小川　信『細川頼之』（人物叢書）吉川弘文館、一九七二年
小川　信『足利一門守護発展史の研究』吉川弘文館、一九八〇年

小国浩寿『鎌倉府体制と東国』吉川弘文館、二〇〇一年
垣内和孝『室町期南奥の政治秩序と抗争』岩田書院、二〇〇六年
金子　拓『中世武家政権と政治秩序』吉川弘文館、一九九八年
川岡　勉『室町幕府と守護権力』吉川弘文館、二〇〇二年
川岡　勉『中世の地域権力と西国社会』清文堂出版、二〇〇六年
川嶋将生『室町文化論考』法政大学出版局、二〇〇八年
川添昭二『今川了俊』（人物叢書）吉川弘文館、一九六四年
岸田裕之『大名領国の構成的展開』吉川弘文館、一九八三年
久保田順一『室町・戦国期上野の地域社会』岩田書院、二〇〇六年
久留島典子「領主の一揆と中世後期社会」『岩波講座日本通史』9（中世3）岩波書店、一九九四年
黒川直則「守護領国制と荘園体制」『日本史研究』五七号、一九六一年
黒嶋　敏「奥州探題考」『日本歴史』六二三号、二〇〇〇年
黒田弘子『中世惣村史の構造』吉川弘文館、一九八五年
桑山浩然『室町幕府の政治と経済』吉川弘文館、二〇〇六年
高坂　好『赤松円心・満祐』（人物叢書）吉川弘文館、一九七〇年
小葉田淳「勘合貿易と倭寇」『岩波講座日本歴史』7（中世3）岩波書店、一九六三年
小林一岳『日本中世の一揆と戦争』校倉書房、二〇〇一年
小林保夫「入船納帳にみる国料と過書」『兵庫北関入船納帳』中央公論美術出版、一九八一年
小森正明『室町期東国社会と寺社造営』思文閣出版、二〇〇八年
酒井紀美『日本中世の在地社会』吉川弘文館、一九九九年

桜井英治『日本中世の経済構造』岩波書店、一九九六年
桜井英治『室町人の精神』（日本の歴史12）講談社、二〇〇一年
桜井英治『破産者たちの中世』（日本史リブレット）山川出版社、二〇〇五年
桜井英治「足利義満と中世の経済」『ZEAMI―中世の芸術と文化』四号（足利義満の時代）、二〇〇七年
佐々木銀弥『中世商品流通史の研究』法政大学出版局、一九七二年
佐々木銀弥『室町幕府』（日本の歴史13）小学館、一九七五年
佐々木銀弥『日本中世の流通と対外関係』吉川弘文館、一九九四年
佐藤和彦『南北朝内乱』（日本の歴史11）小学館、一九七四年
佐藤和彦『南北朝内乱史論』東京大学出版会、一九七九年
佐藤和彦『日本中世の内乱と民衆運動』校倉書房、一九九六年
佐藤和彦『中世の一揆と民衆世界』東京堂出版、二〇〇五年
佐藤進一『南北朝の動乱』（日本の歴史9）中央公論社、一九六五年
佐藤進一『室町幕府守護制度の研究』上、東京大学出版会、一九六七年
佐藤進一『足利義満』平凡社、一九八〇年
佐藤進一『室町幕府守護制度の研究』下、東京大学出版会、一九八八年
佐藤進一『日本中世史論集』岩波書店、一九九〇年
佐藤博信『古河公方足利氏の研究』校倉書房、一九八九年
清水克行『室町社会の騒擾と秩序』吉川弘文館、二〇〇四年
清水克行『喧嘩両成敗の誕生』（講談社選書メチエ）講談社、二〇〇六年
清水克行『大飢饉、室町社会を襲う！』（歴史文化ライブラリー）吉川弘文館、二〇〇八年

清水克行「室町殿権力と広域逃散」『歴史学研究』八五二号、二〇〇九年
下坂　守『中世寺院社会の研究』思文閣出版、二〇〇一年
新城常三『中世水運史の研究』塙書房、一九九四年
末柄　豊「室町文化とその担い手たち」榎原雅治編『一揆の時代』（日本の時代史11）吉川弘文館、二〇〇三年
杉山　博「守護領国制の展開」『岩波講座日本歴史』7（中世3）岩波書店、一九六三年
鈴木敦子『日本中世社会の流通構造』校倉書房、二〇〇〇年
関　周一「明帝国と日本」榎原雅治編『一揆の時代』（日本の時代史11）吉川弘文館、二〇〇三年
高岸　輝『室町王権と絵画』京都大学学術出版会、二〇〇四年
高橋公明「海域世界の交流と境界人」大石直正・高良倉吉・高橋公明編『周縁から見た中世日本』（日本の歴史14）
講談社、二〇〇一年
高良倉吉「琉球の形成と環シナ海世界」大石直正・高良倉吉・高橋公明編『周縁から見た中世日本』（日本の歴史
14）講談社、二〇〇一年
田代　脩「佐々目郷と農民の動向」『戸田市史』通史編上（第三編第三章）、一九八六年
辰田芳雄『中世東寺領荘園の支配と在地』校倉書房、二〇〇三年
田中克行『中世の惣村と文書』山川出版社、一九九八年
田中健夫『中世海外交渉史の研究』東京大学出版会、一九五九年
田中健夫『中世対外関係史』東京大学出版会、一九七五年
田中義成『南北朝時代史』明治書院、一九二二年
田中義成『足利時代史』明治書院、一九二三年
田辺久子『上杉憲実』（人物叢書）吉川弘文館、一九九九年

田辺久子『関東公方足利氏四代』吉川弘文館、二〇〇二年
田沼　睦『中世後期社会と公田体制』岩田書院、二〇〇七年
玉村竹二・井上禅定『円覚寺史』春秋社、一九六四年
富田正弘「室町殿と天皇」『日本史研究』三一九号、一九八九年
豊田　武『増訂中世日本商業史の研究』岩波書店、一九五二年
豊田　武『中世の商人と交通』（豊田武著作集第三巻）吉川弘文館、一九八三年
内藤虎次郎（湖南）「応仁の乱に就て」『室町時代の研究』星野書店、一九二三年
永井英治「南北朝～室町期の権力と紛争解決」『歴史学研究』八四六号、二〇〇八年
中島圭一「室町時代の経済」榎原雅治編『一揆の時代』（日本の時代史11）吉川弘文館、二〇〇三年
永原慶二『日本封建制成立過程の研究』岩波書店、一九六一年
永原慶二『下剋上の時代』（日本の歴史10）中央公論社、一九六五年
永原慶二『日本中世社会構造の研究』岩波書店、一九七三年
永原慶二『内乱と民衆の世紀』（大系日本の歴史6）小学館、一九八八年
永原慶二『室町戦国の社会』吉川弘文館、一九九二年
西島太郎「中世後期の在地領主研究」中世後期研究会編『室町・戦国期研究を読みなおす』思文閣出版、二〇〇七年
新田一郎『太平記の時代』（日本の歴史11）講談社、二〇〇一年
羽下徳彦『中世日本の政治と史料』吉川弘文館、一九九五年
早島大祐『首都の経済と室町幕府』吉川弘文館、二〇〇六年
早島大祐「ものはもどるのか─中世の融通と徳政─」中世後期研究会編『室町・戦国期研究を読みなおす』思文閣出版、二〇〇七年

林屋辰三郎「兵庫北関入船納帳について」『兵庫北関入船納帳』中央公論美術出版、一九八一年
原田正俊『日本中世の禅宗と社会』吉川弘文館、一九九八年
福田豊彦『室町幕府と国人一揆』吉川弘文館、一九九五年
松岡心平「室町の芸能」『岩波講座日本通史』9（中世3）岩波書店、一九九四年
松永和浩「南北朝・室町期における公家と武家—権限吸収論の克服—」中世後期研究会編『室町・戦国期研究を読みなおす』思文閣出版、二〇〇七年
松本一夫『東国守護の歴史的特質』岩田書院、二〇〇一年
三枝暁子「中世後期の身分制論」中世後期研究会編『室町・戦国期研究を読みなおす』思文閣出版、二〇〇七年
水野智之『室町時代公武関係の研究』吉川弘文館、二〇〇五年
峰岸純夫『中世の東国』東京大学出版会、一九八九年
宮川　満「荘園制の解体」『岩波講座日本歴史』7（中世3）岩波書店、一九六三年
武藤　直「中世の兵庫津と瀬戸内海水運」『兵庫北関入船納帳』中央公論美術出版、一九八一年
村井章介『アジアのなかの中世日本』校倉書房、一九八八年
村井章介『中世倭人伝』（岩波新書）岩波書店、一九九三年
村井章介『国境を超えて—東アジア海域世界の中世』校倉書房、一九九七年
村井章介「南北朝の動乱」同編『南北朝の動乱』（日本の時代史10）吉川弘文館、二〇〇三年
村井章介『分裂する王権と社会』（日本の中世10）中央公論新社、二〇〇三年
村井章介『中世の国家と在地社会』校倉書房、二〇〇五年
村田修三「惣と土一揆」『岩波講座日本歴史』7（中世3）岩波書店、一九七六年
桃崎有一郎「足利義満の公家社会支配と「公方様」の誕生」『ZEAMI—中世の芸術と文化』四号（足利義満の時

代）、二〇〇七年
桃崎有一郎「室町殿の朝廷支配と伝奏論―〈公武統一政権〉論の再考に向けて―」中世後期研究会編『室町・戦国期研究を読みなおす』思文閣出版、二〇〇七年
桃崎有一郎「足利義持の室町殿第二次確立過程に関する試論―室町殿の同時代的・歴史的認識再考―」『歴史学研究』八五二号、二〇〇九年
百瀬今朝雄「主なき鎌倉府」「鎌倉府の没落」（『神奈川県史』通史編1、第三編第三章第三節・第四節）一九八一年
百瀬今朝雄「足利成氏の幼名」『日本歴史』四一四号、一九八二年
森　茂暁『南北朝期公武関係史の研究』文献出版、一九八四年
森　茂暁『佐々木導誉』（人物叢書）吉川弘文館、一九九四年
森　茂暁『闇の歴史 後南朝』（角川選書）角川書店、一九九七年
森　茂暁『満済』（ミネルヴァ日本評伝選）ミネルヴァ書房、二〇〇四年
盛本昌広『日本中世の贈与と負担』校倉書房、一九九七年
安田次郎『走る悪党、蜂起する土民』（全集日本の歴史7）小学館、二〇〇八年
山田邦明『鎌倉府と関東』校倉書房、一九九五年
山田邦明「上総佐坪にみる室町期の在地社会」千葉歴史学会編『中世東国の地域権力と社会』岩田書院、一九九六年
山田邦明「足利義詮と朝廷」佐藤和彦編『中世の内乱と社会』東京堂出版、二〇〇七年
山田　徹「南北朝期の守護論をめぐって」中世後期研究会編『室町・戦国期研究を読みなおす』思文閣出版、二〇〇七年
山家浩樹「室町時代の政治秩序」歴史学研究会・日本史研究会編『日本史講座』4（中世社会の構造）東京大学出版会、二〇〇四年

弓倉弘年『中世後期畿内近国守護の研究』清文堂出版、二〇〇六年
横井　清『看聞御記』そしえて、一九七九年
吉田賢司「将軍足利義教期の諸大名―その幕政参与についての一考察―」『竜谷史壇』一一七号、二〇〇一年
吉田賢司「室町幕府による都鄙の権力編成」中世後期研究会編『室町・戦国期研究を読みなおす』思文閣出版、二〇〇七年
脇田晴子『日本中世商業発達史の研究』御茶の水書房、一九六九年
脇田晴子「室町期の経済発展」『岩波講座日本歴史』7（中世3）岩波書店、一九七六年
脇田晴子『室町時代』（中公新書）中央公論社、一九八五年
渡辺世祐『室町時代史』早稲田大学出版部、一九〇七年
渡辺世祐『関東中心足利時代之研究』雄山閣、一九二六年
綿貫友子『中世東国の太平洋海運』東京大学出版会、一九九八年
綿貫友子「中世の都市と流通」榎原雅治編『一揆の時代』（日本の時代史11）吉川弘文館、二〇〇三年

あとがき

室町時代の通史を書くというのは、考えてみれば無鉄砲な冒険だったように思う。鎌倉府に関する卒論を書いて以来、関東地方のことはそれなりに研究を積み重ねてきたが、京都の幕府や畿内近国の荘園などについては不案内で、まともな論文を書いたことがなかったからである。最近はかなり状況が変わってきているが、かつては関東地方の研究というのはマイナーなテーマで、周囲の方々の話題の中心にあったのはやはり京都や畿内のことだった。京都の地名や寺社名、荘園の名前などがちりばめられた周りの話を聞きながら、こうした会話に入っていけたらいいのに、と考えていたこともあったように記憶している。

そういう状況を顧みずにこんな仕事を引き受けてしまったのは、頼まれたらいやといえない生来の性分によるところもあるが、関東をフィールドとして研究を進めるうちに、室町時代の人々や社会についてそれなりの認識を持つようになっていったし、そろそろあこがれの京都や畿内のことに踏み込んでいってもいいのではという気持ちが芽生えていたからだと思う。

安請け合いを後悔したあと、とりあえず始めたのは『大日本史料』第六編の通読だった。ありがたいことに南北朝時代の史料はほとんどこの史料集に収められていて、自分の分担部分でも義詮《よしあきら》の時代から義満《よしみつ》の時代のはじめまではこれでカバーすることができる。そう思って、とにかく関係しそうな箇所をコピーして、これを読みながら、大事な事件と関係史料をひたすらパソコンに打ち込むという作業を続けた。コピーの史料に傍線を引くだけでは頭に入らないので、わざわざ史料の原文をパソコンに打ち込んで、手製の『大日本史料』ダイジェスト版を作ったわけだが、こうした作業をすると史料の内容をよく記憶でき、政治史の叙述をスムーズに進めることができた。そのうちコピーはやめて（なにせかさばるので）事件の概要（綱文）と史料をパソコンに入れるだけにし、『大日本史料』のないところは『史料綜覧』と刊行されている記録類などで補った。

本巻の政治史の部分はこのような作業によってまとめていったので、ひたすら時間軸に沿って主要な事件を紹介する形になった。これまでの研究をまとめて論点を整理し、自分なりの見解を述べるというような形はとらなかったが、一般向けの通史ということもあるし、とにかく時代ごとの政治のありようを具体的に再現することが必要ではないかと考えたからである。読み直してみると、事件の描写がちょっと詳しすぎるような気もするが、日記の原文などを読み込んでいくうちに、事件の概要ではなく、ともすれば見逃されがちな細かなこと（たとえば「誰が誰に何を伝えたか」）も結構大事なのかもしれないと思うようになったからだと思う。『後深心院関白記《ごしんしんいんかんぱくき》』『満済准后日記《まんさいじゅごうにっき》』『看聞日記《かんもんにっき》』といった日記の記事はとにかく詳細で興味深く、知らず知らずのうちにのめりこんでしまう。こうした面白い日記が多く生れたのもこの時代の特質の一つといえるだろう。

幕府政治や地域社会のことを書きながら、当時の人々の考え方の特徴のようなものをつかむことができないかと少し模索してみたが、戦国時代やそれ以後の人々と比べたとき、室町時代の人というのはかなり違っているのではないかという印象も受ける。上杉能憲《うえすぎよしのり》が関東管領《かんれい》の辞職を強く望んだことは第一章で紹介したが、京都の管領にしてもその職務にしがみつくのではなく、できれば早めに引退したいと考えていたようなふしもあるし、大名をはじめとする政治家も、強烈な権力欲を持つタイプは少なく、それなりのバランス感覚で他者とつきあい、最小限の仕事をこなしている。考えてみれば彼らは自らの意志で政治の中心に立ったわけではなく、たまたまそういう家柄に生れたから仕事を勤める結果になったにすぎない。現代の政治家とは根本的に違っているのである（現代でも世襲の政治家は多いが、それでも自分の意志で職業を選択している）。中世の身分秩序が解体に瀕し、才能があれば立身が可能になった戦国時代には、強烈な上昇志向をもつ武将が登場するが、身分秩序がそれなりに保たれていた室町時代の政治家は、もっと優雅で余裕があるように思えるのである。

地域社会に生きる人々については、第五章で上総《かずさ》佐坪郷《さつぼごう》の百姓の事例を紹介し、まだ家や村が固まっていない時代の百姓は、子孫に残す財産を守るために保身を図ったりせず、かなり無鉄砲な形で自己主張をすることが多かったのではないかと述べてみた。もちろんこうしたことは実例を積み重ねて考えていかねばならない問題だが、家を第一に考える後世の百姓と比べて、当時の百姓は個人的な発想で行動することが多かったのではないかと思うのである。村の枠組みと家制度が解体に瀕している現代社会に生きる私たちは、案外室町時代の人々に近いのかもしれない。

技術革新や情報革命などによって社会状況がめまぐるしく変わる現代は「戦国時代」にたとえられることが多い。しかし先の敗戦から六十年以上にわたって平和が続き、それなりに社会も爛熟《らんじゆく》してきているように映る現代は、室町時代と共通するところも多いのではないかと思う。序章でも述べたように、とにかく戦国時代はメジャーで室町時代のことはほとんど知られていないが、もう少しこの渋いながらも豊かな時代に興味を持つ人が増えてくれれば、と願っている。

二〇〇九年八月三日

山田邦明

著者略歴
一九五七年　新潟県に生まれる
一九八四年　東京大学大学院人文科学研究科博士課程中退
現　在　愛知大学文学部教授

〔主要著書〕
鎌倉府と関東　戦国のコミュニケーション
日本の歴史八　戦国の活力　鎌倉府と地域社会
敗者の日本史八　享徳の乱と太田道灌

日本中世の歴史

日本中世の歴史5
室町の平和

二〇〇九年（平成二十一）十月一日　第一刷発行
二〇一九年（平成三十一）四月一日　第三刷発行

著　者　山田邦明《やまだくにあき》
発行者　吉川道郎
発行所　株式会社　吉川弘文館
郵便番号一一三―〇〇三三
東京都文京区本郷七丁目二番八号
電話〇三―三八一三―九一五一〈代表〉
振替口座〇〇一〇〇―五―二四四
http://www.yoshikawa-k.co.jp/
印刷＝株式会社　三秀舎
製本＝誠製本株式会社
装幀＝蔦見初枝

ISBN978-4-642-06405-7

日本中世の歴史

刊行のことば

歴史上に生起するさまざまな事象を総合的に理解するためには、なによりもそれらを創り出している大きな潮流を捉える必要があろう。そのため、これまでもいわゆる通史を目指したいくつもの取り組みがなされてきた。「歴史研究にたずさわるものにとって、『通史』の叙述は究極の目標であり課題でもある」ともいわれるように、意図するか否かは別としても、歴史研究は常に通史の書き換えを目指しているといえよう。

しかし、それら近年の通史は、一九七〇年代以降の社会史研究が生み出した研究対象の拡大と多様化という成果を積極的に組み入れようと努力した結果、通史の部分と各論とのあいだの不整合という弱点をかかえざるを得なかった。

本シリーズは、これらの成果を受け継ぎながらも、日本の中世を対象として、政治史を中心とした誰にでも分かりやすいオーソドックスな通史を目指そうと企図された。第1巻において中世全体の時代像を示し、第2巻から第7巻までは現在の研究状況を反映させ、院政期から江戸時代初期までを範囲として最新の研究成果をふまえた基本的な論点をわかりやすく解説した。

次代を担う若い読者はもちろん、新しい中世史像を求める多くの歴史愛好家の方々に、歴史を考える醍醐味を味わっていただけるならば幸いである。

企画編集委員　木村茂光
池　享

日本中世の歴史

1 中世社会の成り立ち　木村茂光著
2 院政と武士の登場　福島正樹著
3 源平の内乱と公武政権　川合　康著
4 元寇と南北朝の動乱　小林一岳著
5 室町の平和　山田邦明著
6 戦国大名と一揆　池　享著
7 天下統一から鎖国へ　堀　新著

定価各2600円（価格は税別）
吉川弘文館